思想觀念的帶動者

文化現象的觀察者

本土經驗的整理者

生命故事的關懷者

Psychotherapy

探訪幽微的心靈，如同潛越曲折逶迤的河流
面對無法預期的彎道或風景，時而煙波浩渺，時而萬壑爭流
留下無數廓清、洗滌或抉擇的痕跡
只為尋獲真實自我的洞天福地

心靈工坊 PsyGarden

HALF IN LOVE WITH DEATH

Managing the Chronically Suicidal Patient (2nd Edition)

與死神曖昧

長期自殺傾向病人的治療之道

喬爾・帕里斯（Joel Paris）——著
廖偉翔——譯

Routledge
Taylor & Francis Group

目錄

【推薦序】

沒有終極專家的戰場：與長期自殺傾向者比肩同行

• 廖士程

國立台灣大學醫學院醫學系精神科教授

自殺防治是攸關生命的公共衛生挑戰，其中「長期自殺傾向」的處遇尤為艱鉅。2019 年台灣《自殺防治法》立法後，更需深化臨床實務的視野——本書的問世，正填補了這關鍵的空白。

在精神醫療體系，特別是具備急性病房工作經驗的夥伴，或許早已熟悉急性高自殺風險個案的治療處遇，也曾依據各種治療指引，成功協助具急性自殺風險的重大精神疾患個案恢復平靜與安全。醫療團隊也有機會見證諸如這樣的案例：精神病性憂鬱症患者，因為罪惡妄想或虛無妄想，或源於幻聽教唆，劇烈地企圖自殺，幸運獲救後，經過各種治療，甚至接受改良型電氣痙攣治療法，神奇地痊癒，一掃陰鬱展開新生活。

然而，治療具有長期自殺傾向的個案卻又是另一幅光景。過去對於長期自殺傾向個案處遇的教材或教育訓練，或侷限於僅針對邊緣性人格疾患的討論，或附屬於特定心理治療技術的理論與實務，均缺乏針對這主題的完整論述。助人專業同道們，應該經常期待有一個貼近臨床現場，完整涵蓋生物、心理、社會層面，並提供各種處遇困境思辨的教材。

本書完美地填補當代精神醫學教育的缺口——有別於急性處遇，它提供「長期自殺傾向」的系統性工作框架，為助人專業人員訓練與治療指引補上不可或缺的一塊拼圖。

作者帕里斯（Joel Paris）教授是加拿大精神醫學泰斗，著作等身，誨人不倦，運用十二個章節，完整涵蓋當代治療長期自殺傾向個案的關鍵議題，行文流暢，平易近人，著實大師風範。譯者廖偉翔醫師以精準而富臨床溫度的譯筆，重現了帕里斯教授行雲流水的論述。字裡行間的「信、達、雅」，不僅傳遞知識，更承載了對專業的深刻體悟——這是 AI 難以複製的人文厚度。

帕里斯教授以濟慈的〈夜鶯頌〉為引，帶領讀者走進長期自殺者的精神迷霧。書中交織嚴謹科學實證與文學性敘事：既剖析「空虛感」、「無望感」如何驅動自殺意念，也透過生動案例，揭示患者如何將「保留死亡的選項」視為生存的動力——這分不容易做到的深刻同理，正是治療的起點。

本書令人驚豔之處，在於廣泛清晰地討論關於醫療決策、法律責任甚至是生命倫理的兩難困境。作者旁徵博引，滔滔雄辯，氣勢磅礡，於過去相關教科書中實屬罕見。本書直球對決醫療決策的灰色地帶：從住院治療的利弊、藥物治療的侷限，到心理痛苦是否應被視為無法緩解的痛苦，連接安樂死或「醫師協助死亡」的倫理爭議。帕里斯教授以科學實證為盾，直言「過度強調安全」反而阻礙康復；他更鏗鏘斷言：「長期自殺傾向是可治療的！」——這分信念，絕非僅僅源自於助人專業工作者的自我許諾與使命感，更是依循大量臨床工作經驗以及對於當代實證研究的完整掌握而來，為臨床工作者注入莫大力量。

在法律與倫理的兩難困境，作者特別提醒我們避免因恐懼法律責任而過度強調安全處置。作者務實而精準地分析指出，長期自殺傾向患者的死亡風險實際上難以準確預測，因此鼓勵治療師在安全與法律責任之間找到更具彈性的處置方式，以避免因過度防範而阻礙患者的康復之路。帕里斯教授以大師高度，揭櫫人道主義價值同時，也不忘回眸當代治療標準框架，殷殷叮囑勿忘治療常規以及紀錄完整詳實。

行文至此，不禁想起已故的李宇宙醫師，當今台灣許多精神科同道懷念的啟蒙導師，在二十多年前一位長期自殺傾向案主不幸自殺身亡後的個別督導中，有感而發，詩人般的喟歎迴盪迄今，他說：「自殺防治沒有終極的專家，只有在創傷中淬煉智慧的專業遺族。」本書作者同樣以智慧之心寬慰同道，他說：「與長期自殺傾向個案比肩同行，是任何臨床專業人士，無論資歷多深，都極具挑戰性的任務。」

誠摯推薦本書予所有助人專業工作者。願它成為您面對長期自殺傾向個案時的指南針，提升處遇能力、深化人性化實踐，更守護自我療癒的能量。《與死神曖昧：長期自殺傾向病人的治療之道》問世，必將為台灣自殺防治工作，點亮一盞關鍵的明燈。

※本文作者為國立臺灣大學醫學院醫學系精神科教授、臺大醫院新竹分院精神醫學部主任、衛生福利部自殺防治諮詢會委員、衛生福利部委辦全國自殺防治中心前執行長

【譯者序】

無法完全理解，但可以更接近

• 廖偉翔

醫學領域中，當某個臨床問題有爭議的時候，通常代表這件事尚無公認的最佳做法。原因可能是證據不足，無論是研究不夠多、研究品質不夠好，抑或是正反面的證據至今仍旗鼓相當，而那就是醫學科學值得繼續探究之處。本書所處理的正是這樣的議題。

在逐漸成為一位精神科醫師的訓練過程中，我發現同儕與師長們對於「如何治療長期自殺傾向病人」這個議題，往往莫衷一是。所以當我發現這本《與死神曖昧：長期自殺傾向病人的治療之道》（*Half in Love with Death*：*Managing the Chronically Suicidal Patient*）時，非常欣喜，覺得終於找到對這個主題做系統性整理的書，能分享給基於各種原因而同樣關心這個主題的人；也終於為這個臨床議題找到了一個不錯的參照點，得以成為臨床工作者彼此進一步討論的共同基礎。

作者喬爾．帕里斯（Joel Paris）醫師曾於 1997 年至 2007 年擔任麥基爾（McGill）大學精神醫學系的主任長達十年，並曾擔任精神科知名期刊《加拿大精神醫學期刊》的主編，是精神醫學領域的知名專家。帕里斯醫師有二十多本著作，其中一本曾翻譯為繁體中文的是《精神科藥物的使用與誤用：以實證為基礎的評論》（合記書局，2015，黃致翰譯）。我自己是因此才知道帕里斯醫師這個人。當時閱讀後的感受，深感這是一位對臨床實務有批判思考，但寫作卻又頗具建設性的作者。因此，後續有機會我都會多留意帕里斯醫師的著作或論文，也進而才能認識這本書。

本書的核心立論是奠基於「長期自殺傾向」（chronic suicidality）的特殊性，這是一群獨特的病人，治療方式也應當與急性自殺傾向的處置有所不同。藉此我想說明，為什麼不把這個詞直接就字面上翻譯為「慢性」自殺傾向呢？我的考量點在於，在疾病的脈絡下，「慢性」通常意味著難以痊癒，但其實帕里斯醫師在書中要強調的是：長期自殺傾向是可以治療的。因為這個緣故，我選擇將其翻譯為「長期自殺傾向」。

此外，書中大多使用「病人」一詞，有時候則是使用「個案」，其實是指涉同樣的對象。由於作者本身是臨床醫師，也無需刻意避免這一點，正如臨床上實際的情況，運用什麼詞彙做溝通（譬如要稱呼病人、個案還是案主等），都是視當下的情境脈絡而定。

在我看來，本書主要對話的對象，是第一線的臨床工作者。我猜想，帕里斯醫師應該是出於想幫忙病人更多的熱忱，且在臨床實務上發現還有許多可以做的事情，才寫出這樣的一本書。值得一提的是，此書曾進行過一次改版（此為第二版的譯本），原出版社願意改版再出，代表應有一定銷量，也顯示出這本書確實在臨床上有其重要角色。

更難能可貴的是，書中不只說明臨床工作者「對外」

——在行為上可以採取什麼樣的措施（例如避免住院、重視心理治療、謹慎用藥），更強調「對內」——在心理上的工作要如何進行（例如忍受長期自殺傾向、接受一定程度的風險）。這點至關重要！我們不會單純因為擁有了「醫師」或「治療師」的頭銜，就真的比較知道怎麼做治療；而診斷手冊或治療指引也不會探討面對病人時，我們的內心要如何調適比較好的問題。如果我們認同，「醫師」或「治療師」是建立治療同盟不可或缺的要素，又如何可能不去思考及探討要如何修練自己的內在情感與治療技術呢？本書對此做了很好的示範與提醒。

最後，我想感謝心靈工坊願意出版這本書，也謝謝總編嘉俊與主編士尊對這本書付出的心力。更要感謝一路上曾經相遇的師友、同儕與病人，有你們的帶領，我才有機會更接近那些我原先可能完全無法理解的情感與經驗。

本書獻給我的病人，

他們教我許多關於人類境況的事。

viii

前言

在暗中我傾聽，有好幾次，
幾乎要愛上安逸的死神，
冥想用詩韻暱喚他名字，
將我平靜的呼吸融入夜氛。

——濟慈，〈夜鶯頌〉（余光中譯）

長期自殺傾向的問題

濟慈的詩句描述了我們會在長期自殺傾向的病人身上見到的心理狀態。生命變得如此灰暗，以至於他們感到「幾乎要愛上」死亡（“half in love” with death）。

長期自殺傾向對精神健康的臨床工作者而言是棘手的問題，而我撰寫本書，即為了幫助臨床工作者了解與治療這些病人。有許多作者寫過威脅自殺或嘗試自殺之病人的臨床處置議題，然而探討*長期*自殺傾向的文獻卻令人意外地少。大多數研究論文與書籍，聚焦於評估憂鬱症發作持續幾個月的病人，但有長期自殺傾向的病人會思索自殺好幾年，並做出多次嘗試。

麥斯伯格（Maltsberger）（1994a, 1994b, p. 199）充滿說服力地描寫過這個兩難：

> 威脅自殺、自傷，以及時不時作出嚴重自殺嘗試的病
> 人，對臨床工作者造成很大的負荷與挑戰。每間醫院都有
> 關於這類病人事蹟的傳說。當這些病人因自殺過世，隨之
> 而來的是一陣悲傷與內疚。許多治療師將他們排除在治療
> 範圍之外；與他們工作時要保持臨床平衡是很困難的。[1]
> 難以治療的自殺病人需要負責照顧他們的工作人員付出大 ix
> 量的時間與精力。他們引起司法上的關注，並激發醫院管
> 理者採取行動。他們引發的焦慮大多來自於一個問題：他
> 們是否應該住院？以及一旦他們住院後，反過來的問題
> 是：他們是否應該出院？美國訴訟風氣越來越盛，使治療
> 這類病人變得極其困難。

治療師缺乏處理這些問題的準則。沒有準則，長期自殺傾向的病人可能讓人感到驚恐。治療師最大的恐懼正是病人自殺。我們試著做能做的任何事來避免這種結果，但在職業生涯的某個時間點，我們大多都將經歷自殺這件事。

因此，有些治療師試圖避免治療這群人，也就不意外了。然而，沒有任何精神健康的臨床工作者能長期執業而不遇到長期自殺傾向的病人。一旦病人正在接受治療，我們就有義務要提供幫助。因此我們大多一路掙扎前進，盡我們所能地處理這個問題。

然而，自殺可能會對臨床工作者造成創傷。就純粹的人性

---

1 譯註：原文應該是 keeping clinical balance in working with them is difficult，書上將 in 寫成 if。

層面而言，治療師關心他們的病人，失去投入許多時間心力共處的病人可能令人感到痛苦。就專業層面而言，自殺的發生挑戰了我們認為幫得上忙且有辦法勝任的感覺。最後但同樣重要的是，臨床工作者必須擔心自殺死亡的後果。若病人在接受治療的過程中死亡，同事們會怎麼想？他們是否必須承受憤怒家屬提出的訴訟？

以下這個案例說明了前述的某些問題：

> 柯琳是一位二十五歲的護理師，在吞服一大把藥物之後來尋求治療。最近的誘發因子是與男友分手。然而，柯琳說自從十三歲以來，自殺對她而言始終是一個選項。她在就讀九年級時，在一次跟媽媽爭吵後，生平第一次服藥過量，是二十顆阿斯匹靈。柯琳隔天早上醒來時覺得很不舒服，但仍去上學，且從未告訴家人她做了什麼。後來幾年，柯琳持續感到她的生命空虛，即使她表面上達成一定程度的成功。柯琳在護校表現優異，且在加護病房擔任工作繁重的職位。但在柯琳成年後，她發現自己無法找到親密感與快樂，而絕望主宰了她的生活。
>
> 接著一年來，柯琳接受每週一次的治療。雖然她沒再嘗試自殺，但柯琳與她的治療師總知道，她有方法確保下一次的自殺會致命。例如，柯琳工作時可以取得氯化鉀的小玻璃瓶，她家裡有，跟針筒擺在一起。每節治療都處理自殺的可能性。治療師永遠無法確定柯琳是否能活到下一次的治療。而倘若她確實自殺了，整個醫療社群都會知道這件事。

這些臨床問題深具挑戰性，而本書將為治療師提供如何處理這些問題的建議，不因恐懼感而嚇得束手無策。這也將挑戰處理自殺傾向的傳統觀念，我會說，多數處理急性自殺傾向的「傳統」方法運用在長期自殺傾向的病人時，是錯誤或適得其反的。本書並不只是要抨擊錯誤觀念而已，我們將提供治療的不同方法，希望讀者們能感到這些方法正面且實用。

出版第二版的理由

本書第一版是在二〇〇六年出版的。自那時起，自殺、自殺嘗試與自殺意念的研究已有所進展。在處理這些病人時，我們可能比我們過去做得更好。然而，臨床與研究文獻持續聚焦於急性（而非長期）的自殺傾向。第二版讓我有機會擴展我的論點，也就是用於急性症狀的方法對長期自殺傾向並沒有幫助。當前的研究也持續支持這樣的觀點：自殺死亡通常無法準確預測，這使得自殺防治的努力，至多也只能說是充滿不確定性。因此，本書的第二版將更新立論基礎的資料，且擴展處理這些問題的臨床指引。

1

導論

挑戰傳統觀念

自殺傾向是精神健康實務最困難的挑戰之一。然而，處理自殺意念與自殺嘗試的傳統觀念，可能造成誤導。治療師時常被告知，要盡一切可能預防病人死亡；他們並未總是被教導去分辨自殺傾向與自殺幻想。反而，臨床工作的訓練使治療師相信，當病人「想自殺」的時候，即使只是*思索*關於死亡的事，都必須高度警覺並主動介入以避免致命的後果。這樣的觀點帶來住院治療的做法，其假設在於此選項是拯救生命所必要。

本書將說明，這些觀念的支持證據很少。首先，「自殺傾向」不是單一的概念。自殺意念和危及生命的自殺嘗試有很大的區別。再者，沒有數據顯示住院確實能避免死亡。只有在需要執行門診不易提供的介入措施時，住院才是合理的。因此，住院對於有精神病（psychosis）或有憂鬱特徵的鬱症（melancholic depression）而需要積極精神藥物治療的自殺病人而言是必要的。但對長期自殺傾向的病人，這群人通常對藥物反應不佳，住院治療常常無效也無助益。為急性自殺傾向設計的療法，可能不見得對*長期*自殺傾向的病人有用。

這些結論以實證為基礎，但容易遭遇阻力。我常聽聞對

「醫療法律」後果的恐懼，彷彿任何自殺死亡都一定會導致訴訟。這層恐懼背後有一種信念，即認為治療師對確保病人*安全*要負完全的責任。本書將說明，「安全」是一種假象，且甚 2
至會是一個適得其反的目標。病人在醫院病房待上數天至數週，一旦出院之後，住院這回事並不會保護病人免於自殺，而且還把他們跟生活的連結切斷了，包含工作、家庭，以及社交網絡。

本書將論稱，減少聚焦於長期自殺傾向病人「安全」的議題，實際上解放了治療師，使他們得以理解自殺傾向背後的理由，並對這些問題進行工作。弔詭的是，當治療這群病人的時候，治療師要做的最重要的事情之一，便是忍受自殺傾向。這提供了處理自殺想法及行為背後心理議題的基礎。

本書的四大重點

1. 長期自殺傾向病人的內在世界充滿精神痛苦、空虛感和無望感；自殺傾向是一種因應這些心理狀態的嘗試。
2. 長期自殺傾向很少只與憂鬱症有關，而大多常與嚴重的人格障礙症有關，尤其是邊緣型的分類（邊緣型人格障礙症〔borderline personality disorder, BPD〕）。
3. 一般用以處理急性自殺傾向的方法建議，對長期自殺傾向的病人不僅無效且適得其反。
4. 有效的治療需要治療師忍受長期自殺傾向，同時朝更健康的因應方式進行工作，這些因應方式最終能使自殺想法及行為變得不再必要。

長期自殺傾向病人的內在世界

為長期自殺傾向的病人規劃治療，便需要了解*為何*他們想死。這些病人的內在世界對我們多數人而言可能很陌生。在他們經驗的核心裡有一種矛盾。自殺傾向成為存在的核心。死亡成為一種*活著的方式*。

病人可以從自殺想法獲得*安慰*，儘管這可能難以想像。他們苦於高強度的困擾，唯有知道可以逃脫這些困擾，他們才能夠忍受它們。這正是為何長期自殺傾向的病人會「幾乎要愛上死亡」。

長期自殺傾向的病人，對未來能否感到幸福，或是否能改變現狀，往往僅懷抱一絲渺茫的希望。然而，如果他們可以選擇不活下去，他們就能保有一種奇怪的力量以掌握命運。這正
3 是為何某些病人每天都會考慮自殺。當危機來臨時，或當生命顯得更空虛且沒有意義時，他們不需要被動地忍受，而是可以做些能帶來主動感和控制感的事情。這些行為可能包含嘗試自殺（通常透過服藥過量）或自傷（切割傷、燒燙傷與撞擊），這些行為通常與自殺意圖無關。

當行為模式展現功能的時候，通常傾向於維持穩定。正因如此，自殺傾向是一種因應策略。長期而言，大部分長期自殺傾向的病人將*不會*以自殺結束生命。這裡正是矛盾所在。唯一讓他們得以繼續存活的方式是保持死亡的選項。他們保有自殺的想法，是為了活下去。

本書將探討影響這些病人情緒經驗（emotional life）的某些獨特心理議題。第一項是*心理痛苦*（*psychological pain*）

（Schneidman, 1973）。長期自殺傾向的病人試著處理的感覺，超出我們多數人的經驗。同理這些心理狀態需要一些想像力。我們都知道憂鬱或焦慮是怎麼回事。這些感覺的層級是讓人不愉快但是可處理的，那是因為我們通常預期痛苦的情緒將隨著時間消退。然而，想像一下，經歷嚴重而持續的痛苦卻看不到任何改變的希望，是什麼感覺。長期自殺傾向的病人很少能連續幾天感到快樂。大多數時間他們的情緒都是憂鬱、焦慮或憤怒的。由於這種程度的痛苦在量上超乎常人的經驗，它在質上也變得不同。

第二項長期自殺傾向的病人描述的獨特感受是*空虛感*（*emptiness*）（Dagostino et al., 2020）。這種心理狀態並不等同於憂鬱。臨床上憂鬱的病人有一種失落感，但感到空虛的病人描述的是一種內在空無一物、自己不存在的感覺。正如我的一位老師這樣說過，這些病人的感覺不是「曾經存在」，而是「從未存在」。

第三項與長期自殺傾向有關的感受是*無望感*（*hopelessness*）（Joiner et al., 2005）。這種心理狀態也會出現於典型的憂鬱症，但差別在於時間尺度。如果一個人無法記得曾經感到滿足，那他幾乎沒有能夠重返快樂的希望。

這正是為何憂鬱症的診斷不足以解釋長期自殺傾向的原因之一。大多數人不時都會感到「低落」。在人的一生中，至少十位就有一位將符合憂鬱症的臨床診斷準則（Kessler et al., 2005）。只要這種狀態持續，沒有任何事物能使病人開心起來。但憂鬱症通常是暫時的。如果憂鬱症並非太嚴重，病人會 4
記得過得比較好的時光，並了解到他們在患病時並不像平常的自己。雖然許多憂鬱的病人有短暫的死亡念頭自殺想法，只有少數人會透過嘗試自殺來使想法付諸執行。而一旦憂鬱症緩解，自殺意念也隨之消解。

何種病人有長期自殺傾向？

許多自殺傾向的病人（如果不是大多數的話）符合人格障礙症的診斷準則，尤其是 BPD（Paris, 2020a）。雖然自殺傾向的病人可能只被診斷有憂鬱症，而且臨床工作者可能不會在診斷思考上更進一步。事實上，大多數有任何種類自殺想法的病人（更不用說有自殺嘗試病人）通常符合憂鬱症的標準診斷準則。但這個診斷對於為何病人變得有自殺傾向，或是什麼樣的性格和生命經驗促使他們希望死亡，幾乎沒提供什麼資訊。這個診斷也無法解釋為何抗憂鬱劑在長期自殺傾向的病人身上不太可能有效。

這種困惑很多是來自於我們定義憂鬱症的方式。《精神疾病診斷與統計手冊第五版修訂版》（*DSM-5-TR*）（American Psychiatric Association, 2022）列出鬱症發作（major depressive episode）的九條準則，並僅要求病人符合至少其中五條。這個切分點並不明確，而且是以手冊中所描述的臨床特徵有超過半數（九取五）出現為根據。因此，要足夠困擾到獲得這個診斷並不是非常困難的事。再者，時間尺度非常短，幾乎任何嚴重不快樂超過幾週的人都將被視為有「重度」憂鬱症（“major” depression）。這種低標準解釋了為何憂鬱症的盛行率如此之高，使得有將近半數人口在一生中的某個時間點為憂鬱症所苦（Kessler et al., 2005）。其定義所根據的概念過於廣泛，而且對於將有長期情緒及關係問題的長期自殺傾向病人，與在失落或挫敗後出現鬱症發作的病人做出區分，特別沒有幫助。

自殺傾向的長期性所需的診斷學概念是能解釋長時間持續功能失調的概念。有其他精神科診斷的病人，諸如雙相情緒障礙症、有憂鬱特徵的鬱症、物質濫用，以及思覺失調症，確實也可以有長期自殺傾向（我可以對這些主題寫另一本書。）然而，在大部分的案例中，要理解長期自殺傾向最有用的診斷學概念是 BPD（Paris, 2020a）。在沒有人格病理存在的情況 5
下，人們比較不可能發展出長期的自殺想法與行為。

探討長期自殺傾向的最大宗文獻來自於 BPD 的研究，而這是診斷系統要做出此診斷的其中一條準則。這些也是給治療師帶來最多麻煩的病人。這正是本書為何要聚焦於此類臨床群體。

如何不處理長期自殺傾向

自殺學（suicidology）是一個獨立的學科（O'Connor and Pirkis, 2016）。透過大量檢視自殺風險因子的實證研究，自殺學處理了重要的臨床問題。自殺風險評估與處置的臨床指引，其目標是辨認出更可能自殺的病人（至少就統計學而言是如此）。例如，死亡的結果在男性比女性更常見，尤其是老年男性。自殺更可能發生在病人社會支持不佳，以及對未來感到無望的時候。先前嘗試過自殺的病人更可能有死亡的結果，雖然如我們即將看到的，大多數人並不會死亡。在特定的診斷群體中，死亡的風險也更高：有憂鬱特徵的鬱症、雙相情緒障礙症、酒癮，以及思覺失調症。

然而，這些風險因子用於預測任何*個體*是否將會死於自殺，並非特別有用。這種研究困擾的是有非常大量的偽陽性結果（有風險因子的病人，但未曾自殺過）。更重要的是，很少系統性研究的證據顯示，辨認出這些風險因子可以幫助預測或預防死亡的結果。

特別要注意的是，處理自殺傾向的治療指引已常規地被用在想自殺、威脅自殺，或做出不危險的自殺嘗試的病人身上。非必要的介入措施用於急性自殺傾向，可以說幾乎不會帶來什麼傷害，因為這種情境是暫時的。然而，開發來評估與治療急性自殺傾向病人的方法，用在症狀絕非暫時性的長期自殺傾向病人身上，就可能並不適合，甚至會適得其反。相反地，這些介入措施透過提供增強（當病人出現更多症狀時給予更多治療），實際上可能會增加長期自殺傾向。因此，每個病
6 人都被視為有立即性的風險，這種「一觸即發」的反應並不合理。僅有一小部分的病人最終會結束生命，而且幾乎不太能預測哪些病人最可能如此。

為釐清這些議題，本書將對全都被稱為「自殺」的許多不同模式做出根本的區別。首先，常見於憂鬱狀態的自殺想法，並非自殺行為的良好預測指標。其次，自傷行為實際上並沒有自殺的意圖，而是能用於控制負面情緒的手段。最後，可能致命的高風險自殺行為，與諸如輕度服藥過量（minor overdose）等行為，有不同的意義。這些情境的每一種都不相

同，且需要不同的處理方式。

自殺想法有頗高的終生盛行率：據估計，全球是百分之九．二（Nock et al., 2008），而在美國是百分之十三．五（Kessler et al., 2005）。自殺嘗試的終生盛行率，據估計全球是百分之二．七（Nock et al., 2008），在美國是百分之三．九（Kessler et al., 2005）。考量到憂鬱症發作期間經常出現自殺意念與嘗試，這兩者在罕見的死亡結果方面，都不是臨床上有用的風險因子。再考慮到美國當前的自殺率仍維持接近總人口的百分之〇．〇一，偽陽性結果實在太多了。這正是為何準確預測自殺，無論在臨床或社區的人口之中，都仍是不太可能的（Paris, 2021）。

有鑑於這些研究發現，本書的結論將是，例行性地讓可能有自殺意念或自殺嘗試的長期自殺傾向病人住院治療，帶來的成效很少。況且，當病人會長時間持續想自殺時，「安全」是一種轉瞬即逝的目標。為了避免死亡而設計的治療方式，其風險反而強化這些方式本身試圖遏制的行為。再者，住院治療雖然成效不彰，卻常常重複進行。當治療變得僵化且無效時，就可能創造出一個惡性循環。

在治療中處理長期自殺傾向

本書將論稱，治療長期自殺傾向的病人需要治療師忍受某些程度的風險。其中大多數人並不會死於自殺。若我們能精準辨認出誰的風險最高，積極介入可能還有道理。但我們無法辨別出這些病人。結果可能是，偽陽性的病人接受了積極的介入

措施，但對長期自殺傾向病人來說，最合理的方法卻是避免非
7 必要的介入措施，並著手治療根本的生活問題。我將用研究和
臨床文獻來支持此結論。

本書將解釋，有人格障礙症的長期自殺傾向病人，為何處置的核心是門診心理治療。我懷疑現有的藥物治療對這個病人群體的治療價值。雖然藥物可以減輕不悅感（dysphoria），但其治療價值既被高估也被誇大了。未來我們可能有更好的選項，但目前我們只能得到這樣的結論：藥物治療無法緩解導致病人產生長期自殺傾向的疾病。相比之下，對這個病人群體而言，證據顯示心理治療的療效比起任何藥物介入更好。談話治療的問題並非欠缺療效，而是在於費用，導致難以普及。

更一般性的原則是，治療師應該避免提供非必要的介入措施，而將重點放在處理問題的根本原因上。我們需要處理使活著變得無法忍受的現實生活議題。直到病人發展出新的技能，並擁有新的、更為正面的經驗之前，他們不會輕易放棄自殺傾向。治療的最終目標是幫助病人「好好生活」（get a life）。

復元通常需要時間。但在等待生活品質改善的同時，忍受自殺傾向是必要的策略。若保有自殺的選項是病人得以繼續活下去的方式，他們必須被允許保有這個選項。之後，當他們逐漸能體驗到生活的滿足時，便能遠離對死亡的執著（preoccupation），並開始解決生活中的問題。同時，病人可以被教導辨認及忍受不悅的情緒，退一步並觀察這些情緒，且重新評估引發這些感受的情境。

本書檢視的許多問題並沒有基於研究數據而得的明確答

案。但我不希望加入那些僅基於臨床經驗（時常來自有限且不具代表性的臨床案例）就提供教條式意見的作者行列。然而，臨床工作者及其病人不該被期望要再等待五十年才能得到這些問題的確切答案。因此，我雖然沒有未系統性地測試本書中的每一個想法，其中的臨床建議將借鑑於我作為研究者的經驗，且這些建議也將與實證文獻顯示的一致。

我如何逐漸對長期自殺傾向感興趣 8

當我是個年輕精神科醫師時，我時常不確定自己是否真的正在幫助病人。但如果病人在治療的一開始就有自殺傾向，我至少會知道他們最終是活著或是死亡。再者，我對自殺傾向者的內在世界深感興趣，並因其帶來的挑戰而感到充滿活力。此外，擁有醫學訓練是一種優勢，在沒有這種訓練背景的情況下，其他精神健康專業人士可能會對接手這樣的個案感到更加小心謹慎。因此，在我的執業過程中，我開始優先接手長期自殺傾向的病人。

我花了多年才了解，這些病人大多可能被診斷有 BPD。我在受訓的階段就學過這個疾病，但並不了解它，而我的某些老師並不鼓勵使用這個診斷。一直到一九七〇年代，都很少有針對任一種人格障礙症所做的正式研究。接著，這個領域見證了戲劇性的成長，產出大量的實證資料。雖然沒有研究的正式訓練，但我成為這波研究運動的一部分，從同儕那裡學習如何進行實證研究，並最終發表我自己對 BPD 的研究成果。

雖然研究成為我專業生涯的重要部分，但它並未為我提供處理長期自殺傾向病人的指引。另一方面，對於 BPD 長期研究的結果的發現（Paris, 2003），幫助我對這項工作感到更加自在。即使這些病人多年來一直有自殺傾向，但他們大多最終會復元，並恢復一定程度的功能。

由於這些考量，我們可以保持一種審慎的樂觀態度。再者，那些自殺的人，並不是在他們對治療師最有威脅性的時候這麼做，而是在之後的某個時間點，通常是當他們不再接受治療的時候。這項觀察有助於減少我對治療這些病人的焦慮。我希望這本書對讀者也有同樣的效果。

本書的計畫

本書每一章都將發展出基於實證資料的理論觀點，且許多章將由臨床實例進行說明。

第一章將區別不同種類的「自殺傾向」—— 想法、嘗試，以及自傷。這些區分幫助我們了解自殺傾向與自殺死亡之間的關係。

9 第二章是本書第二版新增，將回顧各種形式自殺傾向的流行病學文獻。雖然長期自殺傾向的社區資料很少，大規模的調查可以為自殺死亡、自殺意念、自殺嘗試，以及非自殺性自傷（non-suicidal self-injury, NSSI）的盛行率提供洞見。至於自殺死亡，雖然其頻率隨年齡增加，自殺死亡仍是青少年與年輕成人死亡主因。這些發現在全球各地也有差異，而這樣的變異性進一步支持社會因子在自殺的角色。其他資料顯示，NSSI 在意圖上通常並非要自殺，而是一種情緒調節的嘗試。然而，自傷會增加其他形式自殺行為的風險。

第三章將對這個想法提出批判：用現有的介入措施，自殺在臨床情境下可預知並因而能夠避免。本章將說明為何住院治療對長期自殺傾向的病人沒有用，並檢視某些替代方案。

第四章將探討長期自殺傾向病人的內在世界，特別聚焦於痛苦、空虛感，以及無望感。

第五章將說明，長期自殺傾向是如何能發源自兒童與青少年時期，而且是更早於任何臨床表現之前。本章也將提出觀點說明，為何青少年時期通常是明顯自殺意念跟行為首度出現的時間點。

第六章將檢視長期自殺傾向與人格障礙症之間的關係，尤其是邊緣型人格障礙症的類別。本章將對這個概念提出質疑：長期自殺傾向主要是憂鬱症的結果。

第七章將回顧心理治療成效的數據，並將把這些發現運用於長期自殺傾向病人的治療上。

第八章將回顧藥物治療對長期自殺傾向病人之成效的數據。

第九章將聚焦於治療師在忍受長期自殺傾向上的問題。

第十章將提供處置方式的指引，其中即使是最令人驚懼的行為也能以實際的方式處理。

第十一章將討論處理這個病人群體的訴訟風險。

第十二章將以簡短回顧主要論點作結，接著舉出這些要點在治療上的實際意涵，以及未來研究的方向。

10 # 致謝

第三章是以既有的文獻綜述（Paris, 2021）為基礎，擴寫而成的版本。

特別感謝彼得・泰勒（Peter Tyrer）與強・李維斯理（John Livesley）審閱本書第二版之書稿提案，並提出多項實質的改進建議。

【第 1 章】

11

自殺傾向與自殺

什麼是自殺傾向？

每個人都知道*自殺*這個詞是什麼意思。但當治療師們彼此談論，說有位病人「想自殺」，就並不會總是清楚知道他們指的究竟是什麼。這是單一詞彙，卻可能包含多重意涵。了解「自殺傾向」這個詞，並非只是語意學上的問題：言語上的模糊性，將導致實作上的混淆。通常，當臨床工作者形容病人有自殺傾向，他們是在表達對病人自殺意念以及自殺嘗試風險的擔心。但這並不必然意味病人正處於死亡的危險中。

大部分的文獻對「自殺傾向」的定義廣泛，這些情境包含病人考慮自殺、割腕、輕度的服藥過量，或執行威脅生命的行動。然而，每種情境都有其不同的自殺風險，且必須以不同的方式處理。本章將針對前述每種臨床場景的研究作回顧，並探討自殺意念與行為究竟在何種程度上構成致命的風險。

自殺意念

使用「有自殺傾向」這個字來指涉一個人結束自己生命的*想法*，是混淆了意念與行為。當然，那些嘗試自殺或最終死亡的病人，事前必定曾思考過此事。但絕大多數有自殺意念的病人從未做過嘗試（Kessler, Berglund et al., 2005），也沒有更高致命結果的風險。

然而，臨床工作者接受的訓練是，要透過詢問病人是否考
12 慮自殺來評估自殺風險，而如果答案是「是」，那就要提高警覺。因此，幾乎任何形式自殺意念的出現，無論有或沒有明確的計畫，都會讓警鈴大作。但聲稱的意圖與死亡之間的關係非常薄弱。那是因為自殺意念非常常見，而自殺死亡則相對罕見。若你試圖從常見的風險因子預測罕見的結果，最終會得到非常大量的偽陽性結果。因此，臨床工作者被教導的，關於自殺意念與自殺風險之間的關係，其實沒什麼科學基礎。

讓我們回顧各種自殺傾向的相關統計數據，一如本書導論所探討的。在大多數國家，每年自殺死亡的盛行率約是十萬分之九，或是百分之〇・〇〇九（World Population Review, 2020）。但自殺意念的終生盛行率，在跨國研究則估計高達百分之九（Nock, Borges et al., 2008），也就是多了一千倍。在某些國家中，差異甚至更大。一項大型的美國流行病學研究，美國國家共病調查（Kessler et al., 1995; Weissman et al., 1999），報告指出自殺意念的終生盛行率為百分之十七。相比之下，美國的自殺盛行率長期以來一直接近十萬分之十六（〇・〇一六）。

因此，由自殺意念預測自殺風險經常造成誤解。再一次地，由於大量的偽陽性結果，自殺意念並非自殺行為有效的預測指標。這正是為何把有結束生命想法的病人指稱為「有自殺傾向」，會讓人誤解。或許可以用「保持警覺比錯失致命後

果來得好」的理由，來辯護此種用詞方式，儘管致命後果罕見。但即使這個理由是正確的，也很少有證據指出，辨認出自殺意念能幫助提供預防自殺的方式。

這並不是要說當病人有自殺想法的時候，臨床工作者無需關注病人的困擾。但自殺意念通常是在反映或傳達心理痛苦，而非真的希望死去。我們不該驚慌，相反地，要去承認且認可那個痛苦的程度，那是一種讓病人想結束生命的痛苦。

可以理解的是，治療師為著因自殺而失去他們任何一位病人感到焦慮。但自殺意念的存在，並不需要帶來「膝跳反射」般的反應，在這種反應中，光是考慮自殺就被視為危及生命。在醫學領域裡，偽陽性就跟偽陰性一樣有問題。

時常被用來指導處置措施的「流行語」，是*安全*（*safety*）。然而我們並不真正知道，對考慮結束生命的病人
來說，安全的環境是由什麼所構成。如我們即將見到的，實證 13
資料提供的答案與當前的臨床實務並不相符。

自殺想法非常常見，通常在青少年更為普遍，其盛行率至少有百分之十二，且可能高達百分之二十四（Nock et al., 2013）然而，在這個年齡層的人因自殺而死亡，並不常見，且死亡率比之後的生命階段要低得多（Cha et al., 2018）。

自殺意念在一般大眾的高頻率出現，反映出憂鬱症的常見。憂鬱症的終生盛行率比自殺意念的盛行率更高，據估計高達百分之二十（Hasin et al., 2018）。這些比率可能是《精神疾病診斷與統計手冊》中憂鬱症的廣泛定義所造成的人為現象，符合定義的症狀僅需持續兩週，而且並非所有憂鬱的病人都認真地考慮自殺。無論如何，自殺想法可能是短暫的，會隨

著憂鬱症狀的緩解而消失。這並非長期自殺傾向病人的情況。

正如預防性戰爭（preventive wars），預防自殺的努力可能造成非預期性的結果。將每一個有自殺意念的病人都當作面臨即將死亡的風險個案來處理，惡化或改善的可能性其實差不多。這對長期自殺傾向病人來說是尤其重要的問題，對他們而言，自殺意念的形式或意義都並不相同。

如果我們把每個有自殺意念的病人都當成有生命危險來治療，醫院病房會滿載，如此我們就無法收治其他能從住院照護得到更多幫助的病人。我們可能會基於未經證實的假設拯救了少數人，卻因而錯誤地治療大量的病人。

然而，即使自殺的想法不是死亡的前兆，也絕不應該被視為無關緊要。渴望死亡是痛苦的反映。最終，自殺意念其實是一種訊號，表達的是治療必須緩解心理痛苦。換言之，治療師無需恐慌，反而可以仰賴自己訓練有素的同理心能力。

自殺嘗試

在美國，約有百分之五的人在其一生中嘗試過自殺（Welch, 2001; Weissman et al., 1999; Kessler et al., 1999）。因
14 此，一生中自殺嘗試與死亡的比例可能高達五十比一。這些基於社區資料的統計數據可能被高估，因為它們包含程度較輕的嘗試（有時被稱為「作態」〔gestures〕），這些嘗試從未引起醫療關注。那正是為何許多研究發現約為二十比一的比例（Turecki and Brent, 2016）。在住院環境中，自殺嘗試與死亡有比較強的關係。儘管如此，在嘗試自殺的臨床群體中，大多

數病人都不會死於自殺。

一項大型研究，追蹤了因自殺嘗試而至急診就醫的大量樣本，發現最終死亡的比率約為百分之三（Hawton, Harriss et al., 2003）。因此，雖然這個群體的自殺死亡率比一般大眾要來得高，然大多數的病人從未結束生命。

這種差異的主要原因是，如研究所顯示，*自殺死亡與自殺嘗試來自不同的群體，兩者間僅有部分重疊*（Beautrais, 2001）。此一重要結論已受許多研究確認（Turecki et al., 2019）。

那些以自殺結束生命的人通常更年長，男性為主，使用更致命的方式自殺，且初次嘗試就死亡。相比之下，自殺嘗試者通常更年輕、女性為主，使用較不致命的方式，且存活下來（Maris et al., 2000; Turecki et al., 2019）。行為遺傳學研究與全基因組關聯分析發現，這兩群人之間甚至有生物學上的不同（Edwards et al., 2021）。考慮到自殺嘗試與死亡通常的截然不同，其處置就須仰賴不同的原則，把自殺傾向與自殺死亡區別開來。

臨床上，急診就醫的次數當中，自殺嘗試者的佔比頗高，估計多達所有病人的百分之二．八（Pajonk et al., 2002）。自殺嘗試也與衝動性（impulsivity）有廣泛的關係，且這些病人通常有外化型障礙症（externalizing disorders）（Hill et al., 2005），特別是物質濫用（Hawton et al., 1997）。關鍵的是，因自殺嘗試而至急診就醫的病人中，至多有半數也符合人格障礙症的診斷準則，尤其是邊緣型的分類（Forman et al., 2004; Grilo and Udo, 2021）。在精神科門診的病人中，約有半數可被診斷有某種形式的人格障礙症，而有百分之九符合 BPD 的診斷準則（Zimmerman et al., 2005）。再者，BPD 的病人特別可能有長期自殺傾向，而這些特點在臨床實務上很常見。

並非所有的自殺嘗試者都有長期自殺傾向的困擾。這反映出做一次自殺嘗試的病人與反覆嘗試的病人之間的差異，
15 反覆嘗試的模式增加最終死亡的風險，其比率為百分之六（Hawton et al., 1997）——這仍是數量相對少的少數人。另一方面，若我們看向第一次自殺嘗試即死亡的病人，整體的圖像看起來會非常不同（Bostwick et al., 2016）。這些人與並未前來接受治療和通常使用致命方式嘗試自殺的人，是同一群人。

就算是我們經常在急診室見到的反覆嘗試者，大多數也不會因自殺結束生命。事實上，這群人中的大多數最終放棄了這個行為。在一個經典研究中，馬利斯（Maris, 1981）追蹤一個大型的反覆自殺嘗試者群體，並發現此行為並未無限地持續，而是通常會停止（約四次嘗試之後）。

這項發現與牛津研究一致（Hawton, Harriss et al., 2003; Zahl and Hawton, 2004; Hawton et al., 1997）。此研究得益於長期追蹤三至二十二年的時間，涵蓋因自殺嘗試至急診就醫的*所有*病人（共一萬一千五百八十三人）。如我們已知的，只有百分之三的病人（共三百人）最終死於自殺。其他研究也證實，更高頻率的自殺嘗試與終生死亡風險上升有關（Welch, 2001）。然而，即使多次自殺嘗試者的風險高出百分之六，此研究中大多數的病人*並未*死於自殺。清楚明白的是，由任何模式的自殺嘗試預測死亡，將導致非常大量的偽陽性結果。

另一項英國的大型研究（Cooper et al., 2005）在四年期間，追蹤七千九百六十八位「刻意自傷」（deliberate self-harm, DSH，這個詞包含服藥過量與非自殺性自傷〔NSSI〕）的病人。依研究人員報告，只有六十人死於自殺（是原始樣本的百分之〇・一）。這是相當低的比率，但其間的差異可能源於採用了展現出較不危險的自殺行為的樣本。

因此，追蹤研究的重大方法學問題在於，程度較輕的自殺嘗試與危及生命的自殺嘗試被混為一談了。若從嚴重自殺嘗試的樣本著手研究，死亡比率註定會更高。聚焦於此群體的調查會得出更高的最終死亡比率。在瑞典，針對一千〇五十二位急診就醫病人的追蹤研究有百分之五的死亡率（Skogman et al., 2004）；在芬蘭，針對一千〇一十八位病人的追蹤研究有百分之六・七的死亡率（Suokas et al., 2001）；而一份針對一千一百九十八位刻意自傷病人的追蹤，研究則有百分之五的死亡率（Suominen, Isometsa, Haukka, Lonnqvist, 2004）。然而，在全部這些研究中，大多數的自殺嘗試者其實都有存活下來。

另一個區別高風險及低風險的方法，是對危及生命的自 16
殺嘗試，與風險較低的行為區分。住院治療的病人，以及作出危及生命的自殺嘗試的病人，有更高的死亡率。但在紐西蘭的一項大型研究（Gibb et al., 2005），住院病人十年後最終死亡的比率也僅有百分之四・六。布翠斯（Beautrais, 2003）發現，有醫學上嚴重的自殺嘗試的樣本中，百分之六・七（N = 302）最終死於自殺。但當芬蘭研究（Suominen, Isometsa et al., 2004）報告指出，相似的群體在四十年後，每一百位病人中有多達十三人最終死於自殺，且其中有八人是在初次自殺嘗試的十五年後或更晚才死亡。雖然這些數字指向長期的風險，但樣本是相對小的。而如同常見的情形，這方面文獻中的矛盾，取決於樣本性質的不同。在這種情況下，一切都取決於誰被醫院收治住院。

最後，讓我們考慮診斷的角色。許多精神疾病都與高自殺率有關：思覺失調症、有憂鬱特徵的鬱症、雙相情緒障礙症，以及酒癮；這些全都有高達百分之十的自殺率（Inskip et al., 1998）。BPD 也有類似的比率（Linehan et al., 2000; Paris, 2003）。然而再一次地，這些數字並未告訴我們，在任何個別病人或特定時間點，自殺的機率是否是高的。

或許最安全的結論是，介於百分之三至百分之七之間某個比例的自殺嘗試者，最終會結束自己的生命。然而，就算我們接受這個範圍的上限是準確的，臨床應用上仍存在問題。我們只能在統計學上測量風險，而我們無法得知病人在任何先前的自殺嘗試時或當前的自殺嘗試後，是否處於緊急的風險中。

自殺意圖與自殺計畫

臨床工作者接受的訓練是要問病人是否有自殺的計畫或明確的自殺意圖。諾克等人（Nock et al., 2008）報告指出，自殺計畫的終生盛行率為百分之三．一，比自殺嘗試的終生盛行率要來得低。

自殺計畫的存在會增加多少死亡風險？這個問題可以透過設計以測量自殺意圖的問卷來處理。數十年前，亞倫．貝克（Aaron Beck）發展出兩種量表：《自殺意念量表》（*Suicida*

Ideation Scale）（Beck et al., 1974）與《自殺意圖量表》
（*Suicide Intent Scale*）（Beck, 1974）。在一項芬蘭自殺嘗試
者的追蹤研究中，自殺意圖量表是*唯一*的預測指標（此研究中
使用了許多其他預測指標）；這個發現後來被一項英國研究重
複驗證（Hariss et al., 2005）。然而，這些統計上的關係只是 17
統計學上的關係，並沒有足夠強到支持把這些量表當成臨床工
具使用。

自殺意圖也可以透過辨認出使病人想活下去的因子來評估。這類量測工具的其中一個是《為何而活量表》（*Reason for Living Inventory*）（Linehan et al., 1983）。它的子量表包含生存與因應信念、對家庭的責任、對孩子的關心、對自殺的恐懼、對被社會否定的恐懼，以及道德上的反對。但以此量表預測自殺死亡，在臨床上還沒有被證實有用。

判斷自殺意圖最重要的因子是自殺的方式（Maris et al., 2000）。使用槍枝或上吊的病人，比起服藥過量的病人，顯然有更強的動機想死，而服藥過量可能是與死亡玩俄羅斯輪盤的一種方式。但因為不是每一位嘗試自殺的人都知道什麼藥物最危險，致命與非致命的服藥過量之間的區別，可能因為缺乏知識而不易判斷（Beck, 1974）。服用苯二氮平類藥物過量（很少致命）的病人可能認為這些藥物是危險的，因為它們是處方藥。另一方面，病人可能把成藥視為是無害的，且可能並未理解到一整瓶的阿司匹靈或泰諾（Tylenol）就足以殺死你。

缺乏可預測性的意涵

總結而言，無論自殺意念、自殺嘗試，或自殺意圖，對於預測哪個病人最可能自殺死亡，都不是有用的預測指標。自殺學家經常引用的這些風險因子，沒有一項具有大於統計相關性的基礎，因而它們在臨床預測上都不實用。

針對因自殺傾向住院治療的住院病人，有兩項大型研究（Goldstein et al., 1991; Pokorny, 1983），試圖使用根據文獻描述的風險因子所產出的演算法來預測自殺。在戈德斯坦（Goldstein et al.）等人針對愛荷華州某間醫院一千九百〇六名病人的研究中，這些風險因子是先前自殺嘗試的次數、入院時的自殺意念、雙相情緒障礙症、性別、出院時的結果，以及躁症的家族史。在波克尼（Pokorny）針對榮民醫院四千八百名病人的研究中，許多項測量憂鬱及物質使用的量表被用來預測自殺。又一次，沒有演算法可以預測出誰會存活與誰會死亡。兩項研究都無法辨認出*任何*自殺死亡的個別案例。這裡的
18 失敗，完全是因為偽陽性（有風險因子但卻從未真正死於自殺的病人）所導致。後續就沒有這類研究了，但一項近期的文獻綜述（Large, 2018）證實了此一結論：由於偽陽性結果過多，無法進行準確預測。

這些發現可被視為見仁見智，依觀點不同可解讀為「半滿的杯子」或「半空的杯子」。曾嘗試自殺的病人，大多數最終會選擇活著，雖然有少數病人最後決定死亡。雖然研究者可以辨別出更可能導致致命結果的風險因子，但並不可能以臨床上有用的方式從自殺嘗試中預測自殺身亡。

再次強調，預測為何如此困難的主因是，相對於自殺行為，死亡其實是相對罕見的。此外，大多數的自殺死亡發生在第一次嘗試，不會有之前並未死亡的行動（例如非致命性的服藥過量）。在許多調查中（Maris, 1981; Isometsa et al., 1998; Bostwick et al., 2016），針對初次自殺嘗試的社區研究的整體死亡率範圍介於百分之五十六至百分之七十五之間。

與長期自殺傾向特別相關的是，自殺嘗試對不同病人可能有不同的意義。在臨床群體中，大多數的自殺嘗試反映出矛盾的動機。對於使用非致命性方法（例如小量的服藥過量）的病人而言尤其如此，他們也特別可能在溝通或人際的脈絡下（經歷爭吵或被拒絕後）做出自殺嘗試。其中一種結果是，重要他人發現並／或護送病人前往急診室。這些情況就像某種與命運玩俄羅斯輪盤，冒著死亡風險的同時，也留下有人可能前來救援的可能性。

為何自傷並非自殺行為

在本章描述的所有行為中，自傷是與自殺死亡最不相關的。事實上，此類行為不應被視為真正的「自殺行為」。

文獻使用許多名詞來形容這種模式，這可能是某些混淆的原由。法發薩（Favazza, 1996）將「自殘」（self-mutilation）定義為「對某人身體組織刻意非自殺性的毀壞」。「自傷行為」（Self-injurious behavior）（SIB; Stanley et al., 2001）也被稱為「自傷」（self-injury）或「自我傷害」（self-wounding）（Osuch et al., 1999），本質上是相同的。另一種形容這些現象的方式是「模擬自殺」（parasuicide），定義為「帶有明確意圖，欲造成身體傷害或死亡的任何非致命性的自傷行為」
19（Comtois, 2002, p. 1138），但這個詞也把自傷與自殺傾向合併或包含在一起。

刻意自傷（DSH）是一個在自殺文獻中廣為使用的詞，而其定義是「有意地傷害自己的身體，而沒有明顯的自殺意圖」（Hawton et al., 1997, p. 1501）。DSH 是一個更廣泛的概念，因為它同時包含自傷與服藥過量，合併了非自殺與自殺的行為。哈里斯等人（Harriss et al., 2005）建議把此名詞更簡單重新定義為「自傷」（self-harm）（在消費者團體投訴「刻意」〔deliberate〕這個詞可能帶來汙名之後）。

如今，許多研究者更偏好「非自殺性自傷」（NSSI）這個詞（Heath and Nixon, 2009），而我將會使用這個詞或「自傷」來描述這類症狀。NSSI 首次在文獻中被記載已是超過五十年前的事（Pao, 1967）。一般來說，這類模式涉及在手腕與手臂表面的割傷，這些行為與嚴重的生命危險無關。雖然偶爾會在割傷的病人身上見到危險的深割，大部分的事件都是「精細割傷」（delicate cutting）或皮膚深度的割傷，不會損傷神經、肌腱或血管。雖然最常見的部位通常是手腕，有些病人會在相對看不見的地方割傷自己的手臂和腿，以避免他人的評論。也有病人會燒傷自己、深深抓傷自己，或用拳頭或頭部撞擊牆壁。

NSSI 在一般大眾的盛行率與自殺嘗試的盛行率差不多，也就是約為百分之四（Klonsky et al., 2003）。但與自殺嘗試不同的是，自傷行為與自殺之間並沒有一致的關係。事實上，這種模式有時可能有在臨床脈絡之外的意義。雖然在自傷的病人中，年輕女性更為常見，但自傷在宗教團體中也已經存在很長一段時間，而且在男性囚犯中也不罕見（Favazza, 1996）。

雖然自傷可以出現在自殺嘗試之前，但這些行為的意圖是不同的（Winchel and Stanley, 1991; Gerson and Stanley, 2002）。自殺嘗試可能被描述為試圖逃離困難的生活，但自我傷害卻扮演了不同的功能：控制負面情緒、表達憤怒、自我懲罰，或只是為了轉移自己對生活問題的注意力。有一項比較兩組 BPD 病人的研究，一組是自殺嘗試者，另一組則是有 NSSI 者（Brown et al., 2002），發現兩組都說其行為是為了舒緩負面情緒。這些病人其實並不想死，而是使用自傷來讓自己冷靜下來。

因此，NSSI 有一種心理上的功能，就是對強烈不悅的情 20
緒提供短期的調節。正因為它成功達成這項目標，可能可以解釋為何 NSSI 經常反覆出現（Linehan, 1993）。弔詭的是，割傷是如此有效，使它可能變得讓人成癮。再者，當有些病人割傷時處於解離狀態，不太感覺得到疼痛（Leibenluft et al., 1987; Herpertz et al., 1995）。而就像任何其他成癮一樣，割傷可能極具強化作用。

NSSI 調節不悅感的主要方式可能是透過提供注意力的轉移，以身體的痛苦取代心理的痛苦。這種機制並不專屬於人類：自傷作為對壓力環境的反應，也在其他物種被觀察到，諸如狗與非人靈長類動物（Crawley et al., 1985）。自傷也可以向其他人表達困擾。岡德森（Gunderson, 2001）提出，自傷可被用來以象徵性的方式表達無法用其他方式傳達的情緒。重要他人（與治療師）知道這種行為，而他們將因而有所警覺。雖然病人起初可能對自傷保持祕密，或因可見的疤痕或燒傷痕跡（尤其在夏天）在社交上感到尷尬，但這種行為最終會引起其他人的注意。

雖然 NSSI 經常與 BPD 有關（Gerson and Stanley, 2002），在過去數十年來，它已經越來越常見於其他疾病種類的病人，以及非臨床的社區群體。事實上，在本書第一版出版後，青少年的割傷自己的情況已變得更加頻繁許多（McManus et al., 2019: Brager-Larsen et al., 2022）。已有許多評論探討這種變化的原因。有些專家提出，此趨勢可能反映出青少年社會化的方式改變，及／或網路的影響，包括大量的螢幕使用時間以及鼓勵自傷行為的網站之存在（Twenge and Farley, 2021）。

莫蘭等人（Moran et al., 2012）對有 NSSI 的青少年做過一項重要的縱貫性研究。此研究顯示，其中大多數人都是實驗性地做這種行為，但很快就放棄。在我們自己的追蹤研究中，對象是稍早在青春期曾因 NSSI 接受過研究的群體（Biskin et al., 2021），我們發現，只有持續這種行為的人，以及在情緒失調的測量上獲得高分的人，於十八歲接受再次評估時，有發展出 BPD 症狀的高風險。

21 自殺傾向的樣態

總結而言，死於自殺的人與嘗試自殺的人，其樣態有著重要的差異（Nock et al., 2008）。死於自殺的人通常更年長，多為男性，使用更致命的方法，且第一次自殺嘗試即死亡。相對而言，自殺嘗試者更可能是女性，會求助，使用較不致命的方法，如服藥過量；反覆自殺嘗試者通常有更嚴重的精神病理。

嘗試自殺的人，在統計上有更高的風險死於自殺，但僅有少數人會如此。罕見事件是很難從更為常見的症狀中預測出來的。自殺傾向與自殺死亡的落差，主要是由於人群中盛行率的不同。自殺死亡的盛行率是百分之〇・〇一，而自殺嘗試的終生盛行率則是百分之五，自殺意念的終生盛行率則至少有百分之九（Nock et al., 2008）。不幸的是，在文獻中將自殺傾向與自殺死亡混淆的情況非常普遍。許多文章開頭強調自殺率及其對社會的影響，但隨後僅報告自殺嘗試者的數據。

臨床工作者接受的訓練是，根據已知的一系列在社區的風險因子，來評估誰的自殺死亡風險最高。然而，這些演算法在臨床上可能並不實用。心理解剖（Psychological autopies）（其中家庭成員與同儕接受訪談）被用以尋找風險因子，通常是充滿壓力的生活事件（Merelle et al., 2020; Tornblom et al., 2020）。在一項針對七十五名年齡在十八至三十五歲之間死亡的男性的研究中，雷薩吉等人（Lesage et al., 1994）發現，不到三分之二的人有接受治療，少於一半的人在過去一年內見過治療師，而有三分之一的人從未接受評估。同樣地，霍頓等人（Hawton et al., 1997）報告指出，在一個二十五歲以下的成年群體內的一百七十四例自殺者中，只有百分之二十二的人正在接受治療。

研究顯示，全部自殺死亡的人之中（大多數是年長者），有三分之二在死前一個月內曾接觸過家庭醫師或精神健康專業人士（Ahmedani et al. 2014）。但這些就診與要求治療憂鬱症或其他問題是否有關，並不清楚。總體而言，約有百分之五十的自殺案例在某個時間點曾與精神健康體系有過接觸（Nock et al., 2008），這代表全體自殺案例中有一半是發生在臨床工作者從未見過的群體。

22

結論

自殺在個別案例中無法預測，而這解釋了為何自殺如此難以預防（Paris, 2021）。就算在尋求幫助的病人之中，用於預測自殺的演算法也並未證實有效。自殺意念太常見，以至於無法當成有用的「把關」指標（Berman, 2018）。兩位頂尖的自殺學家，伯曼與希爾弗曼（Berman and Silverman, 2014）得出結論，*沒有任何*自殺風險評估的方法有足夠的敏感度與特異性，可在實務上發揮作用。

有許多種類的行為被稱為「有自殺傾向」。但對於病人是否會自殺死亡，這些行為很少是臨床上有用的預測指標。思索自殺，無論意念多麼強烈，都實在太常見以至於無法有任何預測風險的用處。自殺嘗試，例如服藥過量，程度可以從輕微到幾乎致死，而大多數自殺嘗試者並沒有死於自殺。自傷則通常是更令人不安，而非危險，這甚至不應該被視為一種自殺行為。

總結而言，將所有形式的「自殺傾向」當成彷彿是同一個問題來對待，是個錯誤。在臨床情境中，自殺行為不能用單一一項工具來處理。回到一句經常被引用的俏皮話，當你只有一把錘子時，一切都看起來像釘子。

23 【第2章】

流行病學與社會觀點

自殺與自殺傾向的人口統計數據

每篇探討自殺傾向的研究論文都由回顧證據開始，說自殺是常見的死因，且大多暗示再多努力一些，自殺應該就可以預防。這些行動的呼籲，目的是要激勵從事臨床工作讀者。但實際上，科學是研究怎麼說的呢？我們可以預測誰將死於自殺嗎？且我們真的有預防自殺的方法嗎？

回答這些問題將是本書第三章的目的。第三章將檢視，我們是否可能用風險因子來打造演算法，以指引臨床照護的介入措施，以及，這些數據是否可能被用來預測或預防自殺。讓我們先從問自己對自殺和自殺行為的頻率有多少了解開始。我們也需要檢視，自殺率如何因年齡、性別、時間和地理區域而有所差異。

自殺是美國人的第十一大死因，是青少年的第二大死因（National Institute of Mental Health, 2020）。然而相比於各種自殺行為，自殺死亡仍屬特例。再次說明，自殺每年全球的盛行率為十萬分之十．六，也是總人口的百分之〇．〇一。

自殺率通常隨著年齡增長而上升（Turecki et al., 2019）。自殺率最高的是中年晚期或老年期。自殺率在青少年期的突出，反映了那個人生階段相對沒有其他致命疾病，而事故仍然是死亡的主因。儘管自殺死亡在青少年早期確實會發生，但在十八歲之前自殺是罕見的，大多數的死亡是發生在那個年齡之後。再次強調，將自殺傾向（青少年的常見問題）與死亡結果 24 混為一談，造成了許多混淆。

在一九六〇年代，高度開發國家中十五至二十四歲的年齡組自殺率上升了。在美國（Murphy and Wetzel, 1980）、加拿大（Solomon and Hellon, 1980）以及澳洲（Morrell et al., 2002），都觀察到青年自殺率曲線的上升。此問題在隨後幾十年裡受到大量討論，還有人寫了一整本書（例如，Sudak et al., 1984）來探討這個話題。然而，青年自殺的增加最終證實是一個短暫的「波動」，到上個世紀末已經平穩下來（Maris et al., 2000）。然而，自殺行為或自傷的情況並非如此，它們有所增加。但總的來說，年齡與自殺死亡率之間，整體持續是線性的關係。

全球幾乎所有國家的自殺人口統計數據顯示，男性自殺死亡的可能性遠高於女性，而男性的自殺死亡率是女性的兩倍（Maris et al., 2000）。此規律在中國和印度有所例外（India State-Level Disease Burden Initiative Suicide Collaborators, 2018）。在這些國家，有許多報告指出鄉村地區女性的自殺率較高，但這些觀察與農藥的可近性有關，衝動服用農藥可能會致命。如今，這兩個國家女性自殺的盛行率已經大幅降低，絕大部分的原因在於毒物的取得管道有了更好的管制（World Population Review, 2020）。在美國，雖然男性和女性自殺死亡的差距已經縮小，但仍然明顯（十萬分之十六・一 vs. 十萬分之七・五）。

早已為人所知的是，女性更可能做出自殺嘗試，也更可能尋求精神健康治療（Beautrais, 2001）。這兩個群體之間的差距主要反映出男性使用更致命的方法，且較少尋求幫助。這種性別差異可能也反映了男性心理的某些面向。男性較少向他人尋求幫助，或較沒有強大的社會支持（人們常說，男性在迷路時不喜歡問路）。因此，諸如身體疾病、失業或失去親密關係等壓力源，便不容易透過家庭聯繫和社交網絡而有所緩解。如果尋求幫助會傷害到男性的自尊，他就更不可能接觸精神健康體系。

自殺死亡的人與其家庭成員的互動也比較少。為人父母則大大降低了致命後果的風險（Dehara et al., 2021）。對於長期
25 自殺傾向而言，值得一提的是，即使是多年來一直考慮自殺的病人，如果他們擁有孩子且不想對他們造成傷害，也可能放棄自殺這個選項。

自殺率會隨著時間變化。美國整體的自殺盛行率，雖然比大多數已開發的國家高，但近年來一直在上升和下降之間波動，即使全球自殺率普遍呈現下降趨勢。二十年前，一項調查（Grunebaum et al., 2004）指出，美國整體的自殺率從 1957 年至 1986 年上升了大約百分之三十（從十萬分之九・八上升到至十二・九），然後到 1999 年下降了百分之十三（降至十・七）。更近期的數據顯示，二十一世紀的前二十年，自殺率再次上升，達到十萬分之十三至十六之間（約增加三分之一）（Turecki et al., 2019）。

儘管對可能的原因有大量推測，自殺率隨時間變化的解

釋，仍不甚清楚。在加拿大，上個世紀末的數十年來，魁北克省的自殺率都異常地高。但自殺主要集中於原住民族與採礦社區，其社交網絡薄弱，而在蒙特婁等大城市的自殺率並未上升。儘管如此，媒體對這些統計數據的反應並沒有什麼根據。當自殺率上升時，記者就有「故事」可報導並敲響警鐘。多年來，我經常接到他們的電話，要我解釋魁北克的自殺率。我從來都沒有好的答案。從那時起，自殺的盛行率已經下降，且與加拿大其他省無異。媒體對下降趨勢的興趣不大，幾乎沒有關注這種令人欣慰的變化。

當人口中的自殺率上升時，精神健康專業人士也往往呼籲要有所行動及／或要求更多資源。最近，美國國家精神健康研究院（National Institute of Mental Health）前院長湯瑪斯・因塞爾（Thomas Insel, 2022）表示，他領導的機構投入過多資源在神經科學研究，但未能幫忙當前有需要的病人，正如美國持續居高不下的自殺率所顯示的那樣。然而因塞爾沒辦法提供有實證基礎的自殺防治計畫——只建議我們應該使用人工智慧來 26
處理這個問題。

當自殺率下降時，幾乎不會有人大聲張揚。毫無疑問的是，臨床工作者希望相信任何自殺率的下降，都是他們工作效果的證明。然而，治療的可近性與自殺死亡頻率之間的關係，仍然具有爭議與不確定性。精神健康專業現在擁有更多人力資源，但並沒有證據顯示這降低了致命結果發生的頻率。

臨床工作者必須對他們介入措施的價值保持謙遜。對於極度不快樂的人而言，自殺一直是一個選項。從來沒有任何時代或國家，自殺極其罕見或完全消失。

自殺的盛行率在不同國家或地理區域有巨大的差異，差距可高達十倍之多。但應謹記於心的是，並非所有自殺的統計數據都是準確的，尤其是在開發中國家。儘管如此，在世界大國中，俄羅斯的自殺率最高，而大多數歐洲國家的自殺率低於美國，美國的自殺率一直高於其他已開發國家。長期以來認為斯堪地那維亞國家有異常高自殺率的說法，並未在最近的調查中獲得證實（World Health Organization, 2019）。

自殺死亡通常在社經地位較低的群體中更為常見（Kreitman et al., 1991）。對那些社會地位過於仰賴職業生涯的男性來說尤其如此，這使他們在晚年更容易蒙受損失的傷害（Page et al., 2002）。此外，大多數醫療疾病在窮人身上更常見（Lynch et al., 2004）。目前還不清楚的是，社會地位較低本身是否跟自殺有因果關係，或社會地位較低是與自殺相關之精神疾病的結果。

有充分證據指出，臨床工作者看到越來越多自殺嘗試的病人，尤其是年輕人（Wang et al., 2020）。然而，如第一章討論的，自殺嘗試是預測死亡的不良指標。圖雷基等人（Turecki et al, 2019）估計，每一起自殺的背後約有二十次嘗試。一項大規模的美國社區調查（Kessler, Berglund et al., 2005）發現，這個比例是將近五十比一，而約有百分之五的人一生中曾嘗試自殺。如第一章所探討的，若把自殺作態也包含進去，這個比例可能高達五十比一，特別是因為並非所有的自殺嘗試都會被報告或記住。

再一次，關鍵在於自殺嘗試者與自殺身亡者並不必然是同一群人（Beautrais, 2001）。雖然先前的自殺嘗試增加最終死亡的統計風險，但大部分死於自殺的人在第一次嘗試的時候就死亡，並未在精神健康體系內接受過治療（Maris et al., 2000）。

通常大多數自殺的病人並未尋求幫助，這項觀察已受到心理解剖研究的證實，這些研究在病人過世後訪談其家庭成員（Cavanagh et al., 2003）。一項使用心理解剖的研究（Lesage 27
et al., 1994）發現，在七十五位年齡介於十八至三十五歲之間死於自殺的病人裡，不到三分之一在死亡時正在接受治療，不到一半在前一年看過治療師，而有三分之一甚至從未接受過評估。再次說明，自殺死亡大部分發生在男性身上。在一份對二十五歲以下年輕成人進行的一百七十五件自殺案件的回顧中，霍頓及湯森等人（Hawton, Townsend et al., 1999）報告指出，大多數死亡發生在第一次嘗試時，通常是因為使用的手段（上吊或槍枝）更可能致命。

自殺傾向的社會因子

自殺的盛行率強烈受社會脈絡所影響。這種關係首先由法國社會學家埃米爾．涂爾幹（Emile Durkheim, 1897/2000）觀察到，指出社會環境變遷與死亡之間的關聯。他的其中一項觀察是，自殺死亡的結果更常見於沒有親密關係以及沒有孩子的人。另一項觀察是，新教徒比天主教徒或猶太教徒有更高的風險，這指出了宗教與文化之間的關係。涂爾幹還觀察到，自殺在和平時期比在戰爭時期更為常見，因為在戰爭時期的社會團結（social solidarity）達到最高點。

這些觀察在涂爾幹的觀點下是合理的，他認為「失序」（anomie，意即無規範〔normlessness〕）是自殺的關鍵風險因子，而社會凝聚力是重要的保護因子。即使精神健康臨床工作者的工作對整個社會的影響不大，這對於制定治療計劃而言仍是重要的洞見。

一項系統性回顧（Fässberg et al., 2012）顯示，臨床工作者必須最關注老年人口，因為他們有最高的自殺死亡率。這對現代社會而言或許是個特別的議題，因為現代社會的老年人與家庭的連結較少，較少受到尊重，也更可能在社會上孤立。

然而，在某些次群體中，自殺更常見於年輕人。例如，青少年自殺在特定次文化中更常見，尤其在原住民社會中，這些社會被現代性的要求所衝擊，並在幾十年間有遽增的自殺和自殺嘗試（Kirmayer et al., 2000; O'Connor and Pirkis, 2016）。
28 這些群體正歷經隨著快速社會變遷所伴隨的傳統社會結構瓦解，不再能為年輕人提供有意義的社會角色（Paris, 2020c）。

然而，少數群體的高自殺率並非普遍現象。舉例而言，儘管非裔美國人幾個世紀以來遭受不當對待，其自殺率是驚人地低（Willis et al., 2003）。因此，這個議題可能不僅只是某一種社會劣勢，還與社會角色的可獲得性與社交網絡的強度有關。自殺嘗試，特別在年輕人中更普遍，可能更容易受到社會困擾的影響。

驅動這些變遷的機制與社會結構及社會凝聚力有關，這兩者會影響精神疾病的盛行率。社會科學家長期以來把傳統社會與現代社會做出區別，前者有高度的社會凝聚力、固定的社會角色，以及代際的連續性，後者則社會凝聚力較低、社會角色流動，且代際連續性較少（Paris, 2020c）。縱觀歷史，大部分的社會結構都屬於傳統社會。如今，世界上仍有少數的社會可以用這種方式描述，然而有些社會就是比其他社會更為傳統。

疾病的盛行率在不同社會中有很大的變異，可被形容為*社會敏感*（*socially sensitive*）（Paris, 2004a）。尤其特徵是衝動性的病況，在傳統社會中通常較不盛行，在這些社會中通常透過其社會結構來遏制衝動行為。舉例而言，台灣（Hwu et al., 1989）與日本（Sato and Takeichi, 1993）青少年的物質濫用與反社會人格的盛行率就相對低。在現代社會的年輕成人之中，這些疾病盛行率逐漸增加；如果某些人無法自在地因應當代社會的期望，因而有了出現精神病理症狀的風險，這一點或許就可以得到解釋。這些機制也適用於脆弱的少數群體，儘管許多（或大多數）年輕人在這些情況之下都能成長茁壯。

社會敏感的疾病也通常好發於青春期與青年時期，這時家庭的保護作用減弱，對自主行為的社會要求增加。雖然生物學上的青春期（puberty）是普世性的，但作為一個獨立發展階段的青春期（adolescence），則絕大部分是社會建構的（Settersen et al., 2005）。在大部分的歷史中，年輕人在這個階段就承擔了成人的角色。尤其，這些角色是被規定的、固定的，且受到社會的支持。這是一個大多數人生活在大家庭（extended family）、村莊及部落的世界，人們很少遠行。那 29
些不適應既有社會結構的人可能不得不離開，去別處尋找合適的位置。大多數人留在原地，從事與其父母和祖父母相同的工作。此外，大多數人不必朝向遠方就能找到親密關係。婚姻通常由家庭在人生的早期做好安排，伴侶往往從同一社區或鄰近社區選擇。

青春期作為生命的一個階段，是現代社會才出現的，這樣的社會期望年輕世代推遲成熟，以學習更複雜的技能（Nelson et al., 2005; Paris, 2020c）。在傳統社會中，青少年接受社會提供的工作，並進入受到安排的婚姻中。在現代社會中，年輕人必須自己找到工作與親密關係，以及獨有的身分認同。青少年必須放棄被賦予的角色與網絡帶來的保護，並花上許多年學習如何像成年人那樣發揮功能。年輕人極少跟他們的家長做同樣的工作，且必須從陌生人那裡學習必要技能。家人甚至可能無法理解他們孩子職業的性質。年輕人被期待要找到他們自己的價值觀，而不是認同家庭或社群的價值觀，而他們往往更認同於更能適應變動的世界之要求的同輩。年輕人也被期待要找到自己的伴侶。因為無法保證這種追尋一定會成功，年輕人需要處理錯誤的選擇、令人受傷的拒絕，以及一陣一陣的孤獨等波折起伏。

當代文化重視個人主義，我們大多數人在傳統社會中可能會感到非常痛苦。但先天氣質上脆弱的人，可能並未具備因應現代世界的期望有利的條件。衝動的人如何能在沒有結構和指導的情況下制定人生計劃？情緒多變的人如何能在沒有社會支持的情況下應對同儕的殘酷和拒絕？害羞的人如何能在幾乎無法向陌生人自我介紹的情況下找到親密關係？

總結是，我們生活在一個高度個人主義的社會中，其中每位年輕人都必須在世界上找到自己的位置。雖然大多數人能夠因應這些要求，但脆弱的個人則有更多困難。如果你在人生的課題中失敗，你可能要獨自面對地位與自尊的失落。並非每個人都適合現代社會的挑戰。

雖然大部分的自殺發生在精神疾病發作的病人身上，但長期自殺傾向的病人可能已經考慮自殺許多年的時間。許多或大 30
部分的這類個案都與 BPD 有關。然而，如我們即將看到的，大部分有此一診斷的病人最終並未死於自殺（Paris, 2020a）。因此，我們從實證文獻中得到的指引較少，而本書將需要更仰賴由臨床實務中獲得的見解。

31 【第3章】

自殺防治的迷思

預測與預防自殺

要預防自殺，前提是自殺必須是能預測的。讓我們來回顧關於預測自殺，我們所知道及不知道的事情。二十多年前，一位自殺學專家（Goldney, 2000, p. 485）指稱：「發人深省的現實是，並沒有任何研究指出自殺可以在任何個體中被預測或預防。」此一結論至今仍然成立。一項更近期的回顧（Zalsman et al., 2016）結論是：「在尋求有效的自殺防治方案的過程中，沒有任何單一策略明顯優於其他策略。應該用堅實的研究設計，來評估由個體層次與群體層次結合而成的實證策略。」

臨床工作者接受訓練，要辨識出帶有致命結果相關風險因子的病人。但正如我們所見，因為這些臨床的演算法無法預測*哪一位*病人最終將死於自殺，我們無法使用這種資訊來拯救生命。問題在於，無論我們是試圖從自殺意念、自殺嘗試，或是從其他風險因子來預測自殺，都面臨非常大量的偽陽性結果。值得再強調一次，你無法從一組常見的臨床特徵預測出一個罕見的結果。

正如縱貫性研究顯示的，沒有任何風險因子的組合能夠從被收治住院的自殺傾向病人的大型樣本中預測自殺（Pokorny,

1983; Goldstein et al., 1991）。此外，無論住院有何種短期效果，都無法預防自殺。因此，哈格倫等人（Haglund et al., 2019）報告指出，許多自殺病人在出院後不久就可能死亡。

有些人認為這一切的不可預測性使人沮喪，但我覺得這是 32
一種解放。找我看診的大多數病人都有長期自殺傾向，且曾經嘗試自殺，但他們並未受益於急診就醫或住院治療。

然而，受訓中的精神科醫師仍被教導要用標準演算法，來為急診就醫及考慮或威脅自殺的病人做出決策。結果是大量浪費了稀缺的資源。

那些聲稱可評估風險的模型之所以持續失敗，有許多原因。首先也最關鍵的原因是，自殺意念與自殺嘗試是死亡的不良預測指標，因為死亡僅發生在一小部分的看診病人身上。另一個原因是，臨床工作者最可能治療到的病人，是已經做出並非危及生命的自殺嘗試的病人，以及發出求救訊號的病人。最後一個原因是，自殺死亡大部分發生在初次嘗試，這些死亡之前不一定會有其他次嘗試，且也不會出現在臨床情境中。在一項關於死亡結果的經典研究中（Maris, 1981），初次嘗試的整體自殺死亡率是百分之七十五，而在四十五歲以上的自殺死亡中有百分之八十八是初次嘗試。而美國國家暴力死亡報告系統針對七萬三千四百九十位樣本的研究發現，有百分之七十九的人死於初次嘗試，且大多是使用槍枝或上吊的男性（Jordan and McNiel, 2020）。

具有自殺傾向的臨床案例是一個不同的群體，需要不同的觀點。正如第一章及第二章所探討的，因自殺嘗試而至急診就醫之病人的長期追蹤發現，僅有百分之三的人最終死於自殺

（Hawton, Zahl, Weatherall, 2003; Zahl and Hawton, 2004）。這些病人我們通常能夠成功治療，而他們幾乎不會從醫院過夜或住院治療中獲益。

然而，某些專家對自殺的整體風險堅持抱有樂觀的態度。在一本頂尖醫學期刊上發表的一項回顧中，曼恩等人（Mann et al., 2005, p. 2065）聲稱：自殺防治是可能的，因為高達百分之八十三的自殺者在死亡前一年內曾與初級照護醫師接觸，且至多有百分之六十六的自殺者在死亡前一個月內曾接觸過初級照護醫師。這樣的看法意味著，我們需要鼓勵初級照護醫師篩檢出有憂鬱症的病人，並給予更的治療。但這些結論遠超出了現有的證據，且並未經過研究證實。首先，憂鬱症篩檢主要篩檢出的都是輕度的案例，而這些病人並未處於自殺風險（Thombs and Ziegelstein, 2014）。其次，心理解剖研究並
33 未顯示，那些考慮自殺的人在與醫師見面時有涉及任何關於憂鬱症的討論（Robins, 1981）。

因此，儘管研究人員長期以來一直試圖預測自殺風險，但我們仍然不知道如何進行這些預測。雖然自殺意圖的量測，在統計上可以與最終的死亡有關（SuominenIsometsa, Haukka, Lonnqvist, 2004; Harriss et al., 2005），但它們從來都不夠強大到能有效預測個別病人的結果。當然，在危及生命的自殺嘗試之後，死亡結果的可能性更高。布翠斯（Beautrais, 2003）追蹤三百〇二位醫學上屬嚴重自殺嘗試的病人，發現五年後的自殺死亡率高達百分之六・七。在另一項研究中（Gibb et al., 2005），對因嚴重自殺嘗試而住院的病人進行十年的追蹤，發現自殺死亡率為百分之四・六。

總體而言，預計所有自殺嘗試者中有百分之三至百分之七最終可能會自殺身亡，而更高的自殺死亡率則與更嚴重和／或更重複的自殺嘗試相關。即使如此，這些病人中的絕大多數將永遠不會死於自殺。

另一個被當成預測指標進行研究的因素是診斷。許多嚴重精神疾病都有帶有自殺風險。思覺失調症、憂鬱症、雙相情緒障礙症與酒癮，全都有約為百分之十的自殺率（Inskip et al., 1998），而 BPD 的自殺風險也在百分之五到十之間（Paris, 2020a）。但再一次地，診斷僅能辨別出高風險的群體，無法用來預測個別病人的結果。

高風險群體中的自殺防治計劃也受到研究。例如，有些研究聚焦在已知自殺風險較高的職業上，如軍人和退伍軍人（Pruitt et al., 2019）。美國軍方資助了有史以來最大的研究計畫之一，即《軍人風險與復原力評估研究——縱向研究》（STARRS-LS; Ursano et al., 2020）。雖然這些資料闡明了某些風險，但並不足以支持有效的防治計畫。

我們得克制希望並接受事實。總的來說，我們缺乏基於實證的數據來引導*任何*自殺防治計劃。然而，我們確實幫助自殺病人停止自殺嘗試。因此，在尋求治療的病人中，有良好的證據支持，心理治療可以減少自殺嘗試的反覆發生（將在第七章中探討）。我們不知道的是，對於長期自殺傾向病人的治療，是否實際上能為此一群體預防死亡的結果。

結論是，針對自殺病人的*治療*，從來無法一致地被證實能 34
降低致命風險。我們有更好的證據指出，*基於群體的介入措施*（population-based interventions）在降低自殺率方面是有效的。

基於群體的介入措施

限制自殺手段的獲取

限制自殺手段的獲取是降低自殺率最重要的方法。此一策略已重複被證明有效（Jenkins and Singh, 2000; Turecki and Brent, 2016）。為人所知已久的是，擁有槍枝的比率越高則自殺率也隨之增加（Mille et al., 2007），即使在槍枝並非經常使用的情況下也是如此。不幸的是，在某些國家，尤其是美國，槍枝是文化的一部分，並廣泛可得。這很可能是該國自殺率較高的主要原因。

其他自殺手段也可能更容易控制。自殺率降低最讓人印象深刻的一個例子是出現在英國，當時家庭天然氣的成分改變，減少了有毒煙霧的含量（Kreitman, 1976）。至於服藥過量，霍頓和哈里斯等人（Hawton, Harriss et al., 2003）報告指出，僅是減少止痛藥包裝的大小就與自殺率降低有關。所有的這些發現支持此結論：「自殺可以預防」的最有說服力的證據，是來自基於群體的策略（Kapur and Goldney, 2019）。

守門人的教育

這個選項已被廣泛研究，但難以確定它是否有效。例如，初級照護醫師可能會錯失那些意味著病人考慮自殺的跡象。因此，有人提議，教育可能有助於這些醫師辨別出臨床上的憂鬱症，進而促成治療（Andersen et al., 2000）。然而，目前欠缺這些措施的對照試驗，來顯示它們實際上能預防自殺

（Zalsman et al., 2016）。再次說明，憂鬱的病人去就醫，並不代表他們會討論自殺意念。

另一種相關的計劃涉及教育「守門人」，即那些會與潛在
自殺者接觸，並能將其導引至治療的非專業人士。一項研究將 35
此一方法應用於大量的美國空軍軍人（Knox et al., 2003），並報告指出在二年內自殺率降低了百分之三十三。但在缺乏試驗或缺乏對照試驗的情況下，此發現對臨床應用而言並不夠穩固（Isaac et al., 2019）。

自殺熱線、密切追蹤與媒體報導

許多國家已採用針對自殺病人的「熱線」（Hot-line）服務。美國最近創立了一個全天候開放的 988 熱線，提供這項服務。但雖然電話通話在短期內可能提供支持，但並未被證實對自殺率有任何影響。一個名為撒瑪利亞會（Samaritans）的組織在一九五〇年代於英國率先推行此做法，但一項比較該計劃提供與否之地區的研究報告顯示，自殺率並無差異（Jennings et al., 1978）。撥打這些熱線的人大多有自殺意念，需要有人傾訴。

一種相當不同的方法是鼓勵專業人士與高風險病人保持聯繫。莫托和柏斯壯（Motto and Bostrom, 2001）研究了一大群因自殺傾向而住院的病人，但這些病人在出院後拒絕臨床追蹤。作者進行了一項隨機對照試驗，其中的「治療」僅僅是每年向病人寄送四次信件，說明團隊想了解他們的進展。與未收到此類信件的對照組相比，這個簡單的介入措施在兩年內減少了死亡人數。然而，效果相對較小（對照組有二十一例自

殺，受聯繫組則有十五例），且該研究從未被重複驗證。

人們長期以來認為，媒體對死亡事件的報導會產生社會傳染效應，從而增加自殺率，而限制報導則會減少這些「模仿自殺」的死亡事件（Sisask and Värnik, 2012）。這正是為什麼許多地區都有政策以勸阻或禁止媒體報導自殺事件。事實上，有良好的證據支持此做法（Turecki et al., 2019）。（在我居住的地方，當地鐵停止運行時，我常在想是否有自殺事件發生在軌道上，而這些事件將永遠不會被公開。）

此外，限制在特定地點（例如橋樑）自殺的管道，可以規劃成減少死亡的措施（Mann et al., 2005）。這種介入措施的目標是那些對自殺感到矛盾或可能衝動自殺的人。塞登（Seiden,
36 1978）訪問二十九位從加州金門大橋跳下的生還者，他們都指出在落水前後悔自己的行為。問題仍然在於，那些堅決要自殺的人是否會找到其他方式或其他橋樑來這麼做。

基於實證進行自殺防治的重要性

疾病的預防，在醫學中受到高度重視。由於幾乎所有自殺死亡者都患有精神疾病，人們可能會認為臨床介入，如憂鬱症的治療，應該是一種有效的預防方法。但證據並不支持這種期望。正如我們所見，基於群體的策略，特別是減少可近性，確實能產生影響。此結論在未來可能會改變。但要謹記的是，自有歷史記錄以來，自殺在每個社會中都存在。自殺盛行率隨時間波動，但從未消失。這正是為什麼良善的意圖並不足以證明預防措施有用。

相反地，預防計劃和其他任何形式的健康照護實務一樣，需要以實證為基礎。雖然許多國家已經制定了自殺防治的全國性策略，但這些計劃仍需進行臨床試驗。我們不應該在沒有獲得顯示我們可以預測和預防自殺的數據的情況下，就提供常規的介入措施。

理想情況下，要證明介入措施與介入結果之間的因果關係，需要在隨機對照試驗中獲得前瞻性的數據。然而，這類研究相當昂貴，尤其若應用於社區而非臨床樣本，成本會更高。顯然，由於自殺死亡是一個罕見事件，需要大型的樣本群體。此外，還有另一個障礙：倫理委員會對於同意自殺病人的臨床試驗會有所猶豫。有些人甚至可能會論稱，不提供此一群體介入措施是不符倫理的。但倘若我們不知道我們不提供的介入措施是否會造成差異，那麼*無法*進行能回答這些問題的研究，會不會是不符倫理的呢？

我已經和長期自殺傾向的病人工作了數十年。雖然我覺得精神健康專業在個別案例中能拯救生命，但我對此無法保證。但如果我們的目標是減少非致命的自殺行為，那麼我們有良好的證據說明，治療自殺嘗試的病人是可以成功的（詳見 Turecki et al., 2019 的綜述）。但是臨床實務並未處理大多數 37
決定自殺且未接受治療的人的需求。

自殺是一個充滿情緒的議題。親手結束自己的生命幾乎總是一場悲劇。然而，我們不可能知道任何個別病人在沒有介入的情況下，是否會真正死亡。關於自殺的預測及預防的實證證據指出，對自殺防治的臨床印象不足以得出任何結論，也無法反映臨床現實。

事實是，大多數精神健康臨床工作者在整個執業生涯中都會遇到病人自殺的情況（Chemtob et al., 1988a, 1988b）。如果他們從未遇到過，可能要問問他們是如何執業的，以及他們是否一直在避免治療病人。四十年前，我們邀請了知名的自殺學專家泰瑞·麥斯伯格（Terry Maltsberger）來我們部內參訪。就在那時，一名患有思覺失調症的年輕男性從我們住院病房的窗戶跳下，在訪客到來的幾天前去世。但當我們向麥斯伯格醫師報告這個案例時，他的評論是，任何好的病房必然會有自殺事件，如果從未發生過，那麼要求更高的安全性會妨礙治療。

如果你像我一樣，主動地選擇優先治療自殺病人，你絕對會失去某些病人。我們的研究小組（Paris and Zweig-Frank, 2001）以及其他研究者（Stone, 1990）報告指出，約有百分之十接受 BPD 治療的病人後最終會死於自殺，通常是在一系列未成功的治療之後。但這也代表有百分之九十的病人最終選擇繼續生活。這是個好消息，而且確實是非常好的消息。

這些結論無論如何不該導致忽視病人想死的願望，或合理化放任的態度。自殺傾向必須始終被嚴肅對待，主要是因為它反映了心理痛苦。因此，自殺想法和行為都是在傳達深刻的痛苦和無望感。這是一個必須被接收、理解及認可的訊息。

住院治療及安全的假象

長期自殺傾向對臨床工作者確實造成影響。半世紀前，麥斯伯格和布伊（Maltsberger and Buie, 1974）描述自殺威脅如何使治療師疲憊不堪，直到他們在情感上對這些病人保持距離。還有另一種情況，甚至更為常見，但是以不同的方式造成傷害。擔心失去病人於自殺的焦慮，常常導致每當病人威脅要結束生命時，治療師就將他們送往醫院。 38

我們對住院治療長期自殺傾向病人的做法，其背後的假設在幾個方面都是錯誤的。首先，這是真的嗎：如果病人被送回家，他們可能會自殺（而若住進醫院病房則不會這麼做）？沒有人證實過情況是否真的如此。正如我們所見，要從自殺意念或自殺嘗試中預測自殺死亡，幾乎是不可能的。當病人入院（並以自殺傾向減少而出院）時，治療師可能會產生他們介入而拯救生命的印象。但急性危機很少是自殺的情境。更多病人是因徹底的無望感而在家中死亡。如果病人沒有住院，我們不知道會發生什麼事：絕大多數對死亡感到矛盾的人，很可能不會結束自己的生命。

其次，醫院環境要怎樣才是真正的「安全」呢？收治病人住院經常被合理化的理由是：必須確保「安全」。但對於那些自殺傾向非常嚴重的病人而言，並不存在安全的地方。為了在醫院環境中實際防止自殺，護理程序必須變得極端。病人可能被監視，醫院也雇用專人全天候陪伴他們。即使如此，儘管採取了這所有的預防措施，仍然有些病人會在病房中自殺身亡。這在患有思覺失調症或嚴重情緒障礙症的精神病病人（psychotic patients）中，尤其可能發生。

第三，醫院環境對於長期自殺傾向病人而言可能是有害的。要理解這個問題，治療師需要接受一個悖論。某些長期自殺傾向的人事實上會很高興能待在病房中。而當病床不足時，有些人會被安排在急診室，被迫待在較不舒適的環境裡。即便如此，我們經常可以看到這類病人與其他人愉快聊天，而他們的情況或多或少相似。這裡的重點在於，醫院病房的環境儘管對我們而言沒有吸引力，但可能比病人自己的公寓來得更不孤單。

有時有人提出，處於危機中的病人需要待在醫院「喘息」。但我們不知道基於這種基礎上的住院是否真的具有治療效果，無論是短期或長期。當病人出院後，情況往往很快就回到「原點」。而且，這樣建立起來的強化模式時常導致進一步的住院。林納涵（Linehan, 1993），一位接受行為訓練的研究者，諷刺地建議，如果病人必須住院，環境應該令人越*不愉快*越好。

39 此外，文獻中有報告指出，病人在住院後會惡化。這種情況被稱為「惡性退行」（malignant regression）（Dawson and MacMillan, 1993）。此概念描述了一系列的過程，其中某些病人在醫院中變得*更有*自殺傾向（而不是減少）。舉例而言，儘管有預防措施，但在病房中割腕的行為可能會加劇。雖然護理措施也包括了移除病人身上的尖銳物品，但幾乎不可能完全防止這種行為。我們甚至可以看到服藥過量的情況，尤其是在開放式病房中，因為沒有實際的方法能阻止病人走到對街藥局去購買成藥。

惡性退行要如何解釋？簡而言之，自殺行為可以在醫院病房中被*強化*。如果我們應用經典的行為原則，醫院環境越愉快，自殺傾向持續甚或增加的風險就越高——至少某些病人是這樣。這種強化機制的主因之一是，自殺傾向越強的病人，工作人員給予的時間和關注就越多。

對於社會支持不佳的病人而言，在病房住一週，甚至在急診室過一夜，可以提供某種連結。這樣一來，病房可以成為建立依附的場所。長期自殺傾向病人可能會與護理師及對他們可能特別感興趣的學生交談，並／或與其他病人建立關係，且通常是與那些有相似問題的人。我甚至聽過病人宣稱他們在病房中「交了朋友」。如果醫院環境足夠強化，可以理解的是，病人可能會害怕出院，因為出院將不可避免地回到孤單且艱難的院外生活。為了避免這種可怕的結果，他們的自殺傾向可能會增強。在沒有住院時間限制的情況下，這些病人可能最終會在醫院病房待上幾個月（甚至幾年）。我曾聽聞某些專家提出，工作人員短缺和管理式照護（managed care）對長期自殺傾向病人而言，實際上可能是好的。

因此，表面上看似安全的環境，長期而言可能並不安全。住院治療是一把雙面刃。它有時會創造出一種環境，正好強化了治療所試圖消除的行為。大多數臨床醫師都會察覺到，病人在醫院裡自殺或自我傷害行為加劇的情況。

一位從 BPD 中復元的病人（Williams, 1998）基於她身為消費者的經驗，在《精神醫療服務》期刊上發表了一篇簡短的文章。威廉斯（Williams）描述反覆住院如何使她變得更糟：
不要讓 BPD 病人住院超過四十八小時。我的自我毀滅的事 40
件——一個接著一個發生——只有在我第一次及隨後的住院之後才出現，因為我了解到體系通常有義務要回應。威廉斯接著說，

> 當你作為服務提供者，沒有對這些威脅給予預期的反應

時，你會被指責為不關心。你實際上所做的事是出於善意的殘酷。當我的醫師不讓我住院時，我控訴他不在乎我的死活。他回應時提到反覆住院的過程，「那不是生活」。而他百分之百是對的！（Williams, 1998, p. 174）

我同意她的觀點，並在許多會議和研討會上這麼說過。然而，要說服臨床人員住院是非必要且無效的，可能會很困難。畢竟，這是他們做事的方式。許多人會引用最近或不久前的自殺事件作為警告，即使他們無法證明這樣的結局可以預防。

令人安慰的是，大多數人格障礙症的治療專家同意我的觀點。我將林納涵（Linehan, 1993）、康伯格（Kernberg, 1987a, 1987b）和萊夫斯利（Livesley, 2003）納入這個名單。已故的約翰·岡德森（John Gunderson, 2003）也認為住院對於長期自殺傾向病人通常沒有幫助，但對於堅持要求住院的病人，他也不願意拒絕他們住院。他在意的點是，即使可以預見住院無效，但拒絕可能會導致權力鬥爭。在一本探討 BPD 的書中，岡德森和林克斯（Gunderson and Links, 2008）提議一種悖論式的介入措施，要治療師在同意自殺傾向病人住院同時，也讓他們知道這麼做沒有幫助（希望病人將因此選擇婉拒這個提議）。我的經驗不同：如果病人在急診室幾次嘗試之後未能被收治住院，他們就會停止堅持這個選項。

許多 BPD 的專家（例如 Gunderson and Links, 2008; Kernberg, 1987a, 1987b）也建議治療師告訴病人，從長遠來看，治療師無法為他們的生存負責。他們也建議治療師要告知家屬這個情況，以及避免住院的理由。（把家屬納入治療計畫的方式將會在第十一章做討論。）

儘管缺乏證據，某些專家持續提倡大部分威脅自殺的病人應該要住院治療。過去二十多年來，此結論受到美國精神醫學會 BPD 治療指引的倡議（Oldham et al., 2001）。令我遺憾的 41
是，這份報告並未考量到其立場缺乏證據（且二十年後，這份指引從未被修訂過）。臨床指引的問題在於，其結論通常基於專家共識，而非堅實的數據。缺乏支持住院的對照試驗，應該讓我們這些反對住院的人處於相對有力的位置。英國人格障礙症的研究者彼得．泰勒（Peter Tyrer, 2002）將美國精神醫學會的 BPD 治療指引（其中建議住院治療）形容為「太過分了」，意即對臨床傳統的合理化遠超出了實證證據。

要評估住院治療的價值，我們需要回到基本原則。臨床實務中評估自殺傾向的標準方法包括詢問自殺意念，並記錄可能預測致命結果的風險因子。如果風險被認為很高，病人就會被送往醫院。這些程序即使在嚴重憂鬱症發作有關的急性自殺傾向情境下有用，卻從未針對長期自殺傾向做過測試。

簡而言之，讓長期自殺傾向病人住院治療，可以在一段時間內讓治療師感覺比較好，但對病人沒什麼幫助。其基本原則似乎可以被稱為*恐懼法則*（*rule of fear*）。病人被收治住院，是因為其治療師害怕他們會自殺。住院是否真的能挽救生命，或改變疾病的病程，則是未被回答的實證問題。

此外，住院治療是昂貴的。稀缺而珍貴的資源應該更好地用於執行只能在醫院環境中提供並有實證支持的具體治療計劃。而且近來內的病床還面臨短缺。例如，在急性精神病病人身上，住院治療的理由是明確的。我們擁有短時間內有效治療精神病（psychosis）的方法。對於典型有憂鬱特徵的，或精神病性鬱症（psychotic depression）的自殺病人，沒有人會質疑住院的重要性。在這種情況下，從高劑量的抗憂鬱劑到電痙攣治療（electroconvulsive therapy）等療法的療效都是明確的，且我們經常在幾天內就能看到效果。使病人住院接受這些介入是合理的，我也不反對在療效發生之前採取自殺預防措施，以確保病人不會死亡。

急性憂鬱的自殺病人可以從限制性的醫院環境獲得益
42 處。但對於長期自殺傾向的病人，這種方法便失效了，因為他們的根本問題不可能在短時間內解決，需要門診治療才能治療成功。就算住院治療能提供有效的治療藥物，譬如在思覺失調症或雙相情緒障礙症等精神疾病的情形，住院治療也無法被合理化。正如第八章將說明的，長期自殺傾向病人的藥物治療並未證實能產生像治療思覺失調症或嚴重憂鬱症的藥物那樣特定的效果，且只能偶爾在短期內減輕痛苦。但無論如何，藥物治療也不需要在住院中實施。

住院治療對長期自殺傾向*究竟*有沒有用？要回答這個問題，我們必須想一想為何 BPD 病人被收治住院最常見的原因（Hull et al., 1996）。這些原因包括精神病發作、嚴重的自殺嘗試、自殺威脅，以及自我傷害。為了治療短暫的精神病而讓病人住院，是合乎邏輯的。我也支持在危及生命的自殺嘗試後讓病人住院。即使在醫院中沒有進行任何主動治療，短暫的住院仍然可以提供評估誘發因子（precipitating factors）及審視治療計劃的機會。然而，最常見的情境（自殺威脅、輕度服藥過量，及自我傷害）不太可能從住院中受益，這些症狀的治療可以在門診中進行。住院之後，長期自殺傾向病人只是待在病房裡，接受監測和觀察。問題在於，臨床醫師可能會害怕讓他們出院。

林克斯和柯拉（Links and Kolla, 2005）主張保留住院的選項，理由是生活危機可能代表一種他稱為「急性合併長期自殺傾向」的情況，即急性發作在長期自殺傾向的基準上提高了病人的即時風險。然而，林克斯沒有提供任何經實證支持的方法來區分這些現象。由於長期自殺傾向病人經常會出現「急性合併長期」的發作，林克斯的提議將直接且無法避免地導致反覆住院。

我們也需要考慮住院的負面影響。瑪莎・林納涵（Marsha Linehan）曾在一個會議上提出，對於 BPD 病人而言，曾經發生過最好的事情就是美國的管理式照護，因為這防止了精神科醫師開立對他們時間更長卻不利的的治療處方。林納涵（Linehan, 1993）運用行為心理學的原則，對 BPD 病人的住院表示不鼓勵，最多只接受留置一晚。在急診室的短暫停
留，比完整住院的退行程度要來得低，且由於病床稀少，在急 43
診室過夜觀察是較好的替代方案。

儘管如此，停留過夜這回事也有其問題。大多數病人早上都會願意回家，但有些人則不會。結果可能取決於白天班的急診精神科醫師，他們會診視前一晚留院的病人。那些對自殺問題給出「錯誤答案」的病人往往會被留下。這些醫師需要相當堅定——不然，病人可能就不得不「上樓」住院。

在我大學的其中一間醫院最近發生的事件中，有兩位經驗

豐富的急診精神科醫師，對長期自殺傾向和人格障礙症都相當了解，但恰好同一週休假。當他們回來時，急診室擠滿了長期自殺傾向的病人，他們已經在那裡待了好幾天，被經驗較少的代班醫師給收治住院和留置觀察。這些精神科醫師只是將決定留給其他人去做，而結果可想而知。

雖然我並不支持將長期自殺傾向的病人留置超過一夜，但我無法*證實*自己是對的。我並未進行過對照試驗（而且也不太可能有人會這麼做）。然而，除了減輕值班醫師的焦慮之外，我並不相信此做法有其他必要的理由。我在一間繁忙的綜合醫院急診室工作了二十五年，幾乎從未因自殺傾向而安排任何人住院。有時候，病人會怒氣沖沖地離開急診室，警告我說：「你會在報紙上看到這件事。」但病人回家後自殺的情況*從未*發生過。我也從未聽聞其他值班醫師遇到這種情況。（正如我們在本書稍後會看到的，長期自殺傾向的人通常是在感到絕望和疏離時才自殺，而不是在對體系感到憤怒時。）

住院治療也可能讓病人變得更糟，因為這會切斷他們的社交和職業網絡。諷刺的是，這可能是美國健康維護組織（Health Maintenance Organizations）限縮病人住院的政策，以及加拿大和其他國家醫院床位的減少，對這類病人反而有益處的原因。而且，正如經常發生的情況，倘若病人在出院後不久再次產生自殺傾向，住院也就沒什麼實際效果。長期自殺傾向的病人在重返外界時，自殺意念再次出現的情況並不罕見。在這種脈絡下，將醫院病房作為庇護所，對於處理導致病人自殺的問題，其實無法建立起解決問題的架構。

44 臨床醫師應該要特別關注更長期住院的狀況。住院時間越長，病人越可能無法重返工作崗位，或與其住院之外的生活中其他帶來穩定影響的要素保持連結。即使在今天，有些病人可以在沒有積極治療的情況下就在病房待上數週。導致這些長期住院的是恐懼法則，即只要病人持續威脅要自殺，就不被認為「適合出院」。在我參與會診的一個案例中，一位病人在急性照護的病房住了三年。每次提到出院，此病人都會宣稱她會跳到地鐵列車前。然而，當這位病人終於出院後，她並未選擇自殺。

另一個問題是，一旦病人住過院，常有反覆住院的情況。有些病人陷入了多年來不斷進出醫院的循環。在使用紙本病歷的年代，病歷累積多冊，重到差點搬不動。

回顧第一章中所描述涵蓋「自殺傾向」這個廣泛用語的各種情境，有助於我們理解為什麼住院無法處理長期自殺傾向病人的問題。自殺威脅絕不應被忽視，因為它們是在表達一種嚴重痛苦的狀態，此狀態是治療師需要承認和應對的。但僅憑這些威脅，並未構成住院的充分理由。

同樣地，雖然自殺嘗試是病人住院的主因之一，但沒有證據支持此種做法能提供有效的治療或預防。我們需要考慮自殺行為的性質。某些自殺作態僅涵蓋自我傷害。許多服藥過量涵蓋的是與人際危機相關的衝動行為，伴隨著低程度的自殺意圖。相比之下，那些可能致命或導致病人進加護病房的服藥過量則不同。我認為這些行為是少數的住院正當理由之一。

最終，住院的問題在於它干擾了長期自殺傾向的主要治療方式，也就是門診心理治療。當頻繁且反覆的住院打斷了治療過程時，可能就無法為這些病人進行有效的處置。這一觀點在史瓦茲等人（Schwartz et al, 1974, p. 204）的一篇經典文章中寫得很好。他們首度提出，長期自殺傾向是一種獨特的臨床問題，急性自殺傾向適用的介入措施，在此一群體中可能是不適合的，甚至可能適得其反。

45 「對於那些自殺傾向已成為生活方式的人，其處置需要願意承擔風險，並接受無法預防所有自殺的事實。這是並非所有治療師都具有的兩種特質。一旦得出結論，唯一能邁向最終減少致命性的方式，是在此期間接受自殺風險，那麼接下來需要做的，是判斷病人及其生活中重要他人準備接受風險與分擔治療責任的程度。」

由此觀點看來，治療這類病人的治療師受益於具備某些個人特質。如果他們想幫助這些病人，就需要放棄成為拯救者的想法。一個人可以保持樂觀，但不必是全能的。除非接受一位專家（Maltsberger, 1994a, 1994b）所稱的「計算過的風險」，否則可能無法治療這些病人。麥斯伯格同意反覆住院並無幫助，且得出結論，認為若不接受某些致命風險，就無法治療長期自殺傾向的病人。此一矛盾正是問題的核心所在。

當門診治療無法處理自殺危機時，住院並不是唯一的替代方案。當治療失控，臨床工作者需要專門團隊的幫助時，部分住院（partial hospitalization）可能有用。與全日住院不同，日間治療（day treatment）在 BPD 的病人群體中已實證證明有效（Piper et al., 1991; Bateman and Fonagy, 1999）。

部分住院之所以有用，其中一個原因是它提供了一個高度結構化的治療計畫。BPD 病人通常在非結構化的環境中展現出更多的病理（Gunderson and Links, 2008）。在這方面，日間病房與住院病房的環境形成對比，因為病房有大量非結構化的時間，尤其是在晚班完全沒有任何活動時，「行動化」（acting out）可能會增加。而在部分住院的治療計畫中，每小時都有安排活動，幾乎沒有時間可以用來割腕。退行也因病人在晚上會回家，而進一步受限。有鑑於沒有證據支持全日住院可以預防自殺，自殺風險並非日間病房治療的禁忌症（Contraindication）。

因此，與全日住院不同，日間治療對這類病人來說是一個更好的選擇。這些治療計劃結合多種介入措施，包括個別治療、團體治療、家族治療、職能治療以及藥物治療。

46 時間是部分住院中的另一個因素。前述隨機對照試驗中研究的日間治療計劃至少維持了六個月。在這段期間，透過環境的治療效果，以及／或社會及職能復健的治療效果，病人可能會有所改善。然而，這些較長時間（且更昂貴）的住院期間，可能並非必要；沒有人曾將其與較短的治療時間進行過比較。我所在的大學的其中一處日間病房，長期以來設有一個為期八週的治療計畫，此規則促使病人做出改變，而我對結果很少感到失望。

不幸的是，許多治療中心有不合理的等待名單，或者完全缺乏日間治療計劃。即使可以獲得治療，能迅速將病人從門診或急診室轉入部分住院的情況也很罕見，通常需要等待數週。考量到此種治療選項早已存在許久，這實在令人遺憾；北美的第一間日間病房於 1994 年在蒙特婁開設。精神健康服務可能仰賴於醫院的床位，卻不管其是否有用。儘管每個人都抱怨病床不足，但很少有人為開設日間治療中心而遊說。

接受計算過的風險

大部分長期自殺傾向的病人是在門診治療下進行追蹤。如果希望處理自殺傾向的根本原因，治療師必須接受一定程度的風險。也有證據指出，門診治療對自殺傾向是有效的。許多心理治療方法的研究，包括辯證行為治療（DBT; Linehan, 1993）和以心智化為基礎的治療（MBT; Bateman and Fonagy, 2004），顯示這些方法能有效減少自我傷害和自殺嘗試，而無需住院。我們缺乏的是追蹤數據，來判斷使用這些方法治療的病人是否較少自殺死亡。

處理長期自殺傾向需要一套獨特的原則。與精神病或有憂鬱特徵的鬱症病人不同，長期自殺傾向的人格障礙症病人很少在住院期間自殺。儘管某些自殺死亡可能會在出院後不久發生，但大多數病人可被預期持續存活，只是仍有長期自殺傾向。治療需要時間，我們沒有任何能「快速解決」此問題的策略。

47 康伯格（Kernberg, 1984）認為，長期自殺傾向需要耐心和容忍，並建議治療師必須維持治療的框架，而非*不惜一切代價*去「防止」自殺。康伯格表示（1984, p. 261），他可能會告訴病人，「如果病人自殺，他會感到悲傷，但並不為此負責」，並避免採取非常規的措施來防止自殺，同時會慣例地向病人家屬說明他的治療計劃。此理論與拉克林（Rachlin, 1984）的論點相似，他指出，試圖拯救自殺病人生命的努力往往會剝奪病人的生活品質。

另一個關鍵點是，在持續混亂的氛圍裡，很難進行有效的治療。因此，對防止自殺的過度關注會妨礙我們做好自己的工作。當臨床工作者花費過多時間擔心自殺死亡時，解決問題的優先順序就會退居次位。而當臨床工作者感到幾乎必須不惜一切代價來防止自殺死亡時，治療關係就會變成一種「強制束縛」（Hendin, 1981），其中病人控制了治療師的行為，而過度關注則會損害病人的生活品質。

即使我們無法防止病人自殺，也不必接受治療虛無主義的態度。我們接觸的大多數考慮自殺的病人並不會自殺。而且，大多數病人可以從治療中受益。一旦我們超越了對防止自殺的執著，我們就能獲得解放，在長期自殺傾向病人的治療上更有所成。

48 【第4章】

長期自殺傾向病人的內在世界

要進入一位長期自殺傾向病人的內在世界，需要有想像力。我們之中有許多人可能歷經一段憂鬱的時期。這種經驗很痛苦，然而我們都知道它不會永遠持續下去。當我們康復時，即使生活仍然艱難，我們仍然可以保持投入和動力。

對於長期自殺傾向病人而言，情況則並非如此。被困於無望感之中，死亡的吸引力逐漸主宰生命本身（Shneidman, 1996; Pompili, 2018）。保有自殺的選項成為一種身分認同，一種在活著的世界的邊界之外定義自己的方式。矛盾的是，保持這道出口開著門，可以讓這些病人靜候時機，等待命運改變，同時繼續活著。

因此，對死亡的渴望是一種應對內心強烈情緒的方式。再說一次，要同理伴隨著這些情緒的痛苦可能很困難。每個人都知道不快樂是什麼感覺，但我們之中很少有人長期天天經歷不悅感，持續數個月甚至數年之久。也很難想像這些病人所感受到的情緒有多強烈。

詩人們，有些是受到此類經歷啟發，能夠幫助我們理解這種心理狀態。雖然本書的書名引用了濟慈的詩句，但我可以同樣很快就想到希薇亞．普拉絲（Sylvia Plath），一位把自殺傾向描寫得很出色的詩人，她在三十歲時結束了自己的生命。她的故事在傳記（Stevenson, 1989）和回憶錄（Alvarez, 1971）中有充分的記載，展現了死亡對一個敏感的人的吸引力。普拉絲是一位聰明的女性，自童年起就曾考慮過自殺，她在其詩作〈拉撒若夫人〉（Lady Lazarus; Plath, 1966）中對此進行了令人難忘的描述，並嘲諷地寫道：

> 死亡 49
> 是種藝術，就像其他事物一樣，
> 我做得特別好。

不幸的是，科學對長期自殺傾向的心理狀態並未提供太多啟發。我們必須轉向以治療過這些病人的治療師之經驗為基礎的臨床文獻。令人驚訝的是，即使如此，相關文章的數量也非常稀少。我會引用一些具有洞見的文章，但本章大部分的內容是基於臨床數據。

在此領域最早的文獻之一中，史瓦茲等人（Schwartz et al., 1974）描述了一群具有「自殺性格」（suicidal character）的病人。作者指出，長期自殺傾向並非短期症狀，而是成為病人對世界之看法的一個核心面向。這種臨床表現無法用憂鬱症的診斷來解釋。自殺行為的長期模式並非反映一種短暫的情緒變化，而是一種根植於人格結構的生活方式。

在後續的一篇論文中，史瓦茲（Schwartz, 1979）進一步提出，長期自殺傾向具有特定的目的：

> 對某些有自殺傾向的病人而言，自殺傾向已成為從人際世界中獲取滋養的一種方式。對自殺傾向常見的「危機反應」強化了這些病人的自殺模式。長期風險的增加，成為短期滋養的代價。（Schwartz, 1979 年 , p. 194）

這意味著，除非病人能找到另一種方式來獲得支持和關愛，否則他們將不願放棄自殺傾向。

范恩和桑松（Fine and Sansone, 1990）描述了當自殺傾向根植於人格時的臨床意涵。如果自殺意念具有重要的功能，那麼它們無法被輕易地消除。因此，治療必須超越症狀，處理更深層的人格特質。這些作者也強調，為處理急性自殺傾向而設計的方法必須做調整，以治療長期自殺傾向的病人。范恩和桑松建議，治療這些病人的臨床工作者需要謹慎區辨「急性」與「長期」的自殺狀態。對於急性自殺情境，傳統的處理方式可能是適合的。然而，在長期自殺傾向中，相同的方法可能在治療上適得其反。

50 麥斯伯格（Maltsberger, 1994a, 1994b）是一位精神科醫師，對我們理解長期自殺傾向有巨大的貢獻。與范恩和桑松一樣，他強調病人會使用自殺傾向來獲取關心和認可。他的獨特之處在於強調自殺傾向中的「攻擊性」面向，麥斯伯格將其視為一種策略，用於迫使他人以特定方式做回應。對治療師而言，危險在於做病人看似想要的事情（意即提供更多的關心）可能在治療上適得其反。

麥斯伯格和布伊（Maltsberger and Buie, 1974）早年撰寫過一篇文章，強調因應病人要求而對長期自殺傾向病人抽離情感的危險。從另一方面而言，治療師若認為需要在治療中提供「重新養育」（reparenting）的經驗，可能會習慣性地滿足這些需求，但最終會因試圖做無法實現的事情而感到精疲力盡。因此，臨床工作者可能會在每次病人自殺傾向更強時，就決定讓他們住院。相反地，麥斯伯格（Maltsberger, 1994b）建議，長期自殺傾向病人需要治療師承擔「計算過的風險」，並避免那些以過度保護的反應和無益的治療策略來限制病人的住院安排。

最近，一位辯證行為治療的治療師亨寧斯（Hennings, 2020）描述了一種「強化模式」，在此模式中，病人向治療師提出需求並獲得回應，從而維持自殺傾向。某些病人還可能在網路上與其他自殺傾向病人分享經驗。正如亨寧斯所說：

> 可以推測，病人在網絡平台上交流自殺話題，這種現象類似於病人在彼此討論時嘗試不同的自殺聯想……對某些人而言，思索自殺可能是令人愉悅的，或至少能從心理痛苦中短暫抽離。自殺的想法或行為對這些人而言，可以是一種自我治療的形式，而在思想中重溫先前的自殺嘗試或想像死亡，可能成為一種儀式化的行為（甚至類似於恍惚），這為他們帶來控制感及擺脫痛苦的可選途徑。

精神痛苦與長期自殺傾向

為了解釋長期自殺傾向病人的內在世界，我將描述其經驗的五個基本要素：*強烈的精神痛苦（psychic pain）*、*空虛*

51 *感*、*無望感*、*對控制的需求*，以及長期自殺傾向的*人際脈絡*。

高強度的精神痛苦（「心痛〔psychache〕」）是推動自殺傾向的一個關鍵因素（Schneidman, 1973b, 1996）。死亡是一種逃脫這些無法忍受之感受的方式（Joiner, 2005）。與此同時，長期自殺傾向病人對心理痛苦的承受閾值較低，這與其人格特質中高度的神經質（neuroticism）相符。

臨床案例

安妮是一位二十八歲的女性，因多年的長期憂鬱而前來尋求治療。目前，她正處於第二段婚姻中，並正在完成高階的專業訓練。

安妮是一位來自小鎮工人階級家庭的聰明女性，並努力在社會中逐步提升地位。她的父母從未對她展現多大的關心，因為他們忙於照顧患有慢性疾病的弟弟。安妮離家求學，之後再也沒有回去過。她從未真正感到快樂，並經歷許多段憂鬱的時期，但始終抱著希望，認為未來會帶給她不同的人生。

大學期間，安妮遇到第一任丈夫羅伯特，一位專注於自己工作的內向男人。安妮覺得丈夫不太提供支持，而安妮經常批評他，主要是為了引起他的反應，但這樣的行為只會讓他進一步退縮。他們沒有孩子，幾年後和平地離婚。

第二次，安妮選擇了一個完全不同類型的男人。山姆性格比較浮誇，儘管有酗酒的傾向，但安妮認為他充滿魅力。由於山姆的抱負，他們一起搬到了一個新城市，兩人都沒有任何社交網絡。在這種脈絡下，安妮開始尋求心理治療。雖然最初並沒有自殺傾向，但隨著她的新婚姻開始瓦解，安妮變得有自殺傾向，並在分居後逐漸有長期自殺傾向。在治療過程中，她曾經有一次嚴重的服藥過量，但特意安排好讓山姆回家並救了她。

治療確實是一段既長久又艱困的過程。安妮通常會帶著痛苦走入診間，但離開時並未感到舒緩。她的情緒在強烈的悲傷（伴隨抽搐般的哭泣）和憤怒的嘲諷之間波動，這些嘲諷通常針對治療師，因為她認為治療師幫不上忙。與她的外在生活情況一樣，安妮很少感到被理解。她形容自己要度過一天有多麼
艱難；晚上，她的睡眠不安穩且時常中斷。她最常說的其中一 52
句話是：「你並不真的知道我的感受是什麼。即使你知道，也似乎不怎麼關心。」

這個案例說明了精神痛苦在長期自殺傾向病人中的核心地位。安妮的許多問題源自既強烈又不穩定的情緒，她符合診斷 BPD 的標準，這是與長期自殺傾向最相關的診斷。她的不悅情緒異常強烈，需要更長的時間才能回到基準線上，這種模式被稱為*情緒失調*（*emotional dysregulation*）。

關於 BPD 的研究也顯示，這些病人的情緒傾向於迅速波動，這與對生活壓力源的高度敏感有關（Gunderson and Phillips, 1991; Koenigsberg et al., 2002）。因此，BPD 的病人幾乎對生活中的任何事件都有強烈情緒反應。他們的情緒變化不以週計，而是以天甚至小時計。他們的情緒變化多端，可以在非常短的時間內從一種轉換到另一種。BPD 的病人可能在早上感到焦慮，下午感到憂鬱，而晚上感到憤怒。雖然病人有時會經歷欣快和興奮的時期，但這些情緒狀態很少持續超過幾個小時，而最顯著的情緒是憤怒（Koenigsberg et al.,2002）。

所有這些經驗都與持續且強烈的心理痛苦有關。

雖然精神痛苦對理解自殺傾向至關重要，但關於此現象的正式研究卻出奇地少。潘克塞普（Panksepp, 2011）提出，精神痛苦代表與神經生物學變化相關的社會性失落。奧巴赫（Orbach, 2003）則對心理痛苦的不同形式提出了分類：與無法挽回、失控、自戀受傷、情感泛濫、凍結、隔閡、混亂、社交疏離和空虛等感受有關的經驗，但這些分類並未被系統性地研究，且往往共存並重疊。

有一些臨床文獻探討精神痛苦。自殺學的先驅史奈曼（Schneidman, 1996）對「心痛」（psychalgia）難以忍受的經驗提供了令人印象深刻的描述。史奈曼的主要興趣在於理解人們為什麼可能不想繼續活下去，而非著重於自殺想法和行為實際上能如何*緩解*心理痛苦。這種機制可以在某些病人身上見到，他們指出自殺意念和行為可能帶來安慰（Brown et al., 2002）。原因在於，自殺提供了一種逃脫的選項，從而帶來更大的控制感。對於這些病人來說，自殺傾向的功能之一就是調節精神痛苦。

53 **臨床案例**

索尼雅是一名年輕女性，工作是在一家機構照顧心智障礙的病人。她在急診室留置過夜後前來接受治療，此前曾有過一次自我傷害的事件。

索尼雅自青春期以來就經常割腕，並且曾多次服藥過量。在一次危及生命的事件中，她放火燒了自己的床。然而，當接受會談時，索尼雅驚人地表現出缺乏明顯痛苦的表現。相反地，她的態度頗為快活，帶著輕鬆的幽默感，將自殺傾向形容為一連串瘋狂的冒險。然而，當更仔細詢問時，很明顯每次這些事件的起因都是強烈的情緒。例如，燒床的事件發生在一次嚴重的被人拒絕之後，那次她哭了好幾個小時。當這種心理狀態持續夠久的時間，索尼雅開始聽到聲音，要她毀滅自己，於是她便付諸行動。

再次，此案例顯示出自殺傾向可以用作是（儘管是適應不良的）因應強烈且變化多端的情緒的一種方式。對這類病人而言，心理治療的主要任務之一是提供替代方法來處理強烈的痛苦和不穩定的情緒。

空虛感與長期自殺傾向

長期自殺傾向病人內在經驗的第二個重要面向是*空虛感*（D'Agostino et al., 2020）。

空虛感與憂鬱之間有什麼差別？再一次地，我們需要一些想像力來同理感到空虛是什麼樣的感受。然而，許多病人會對你說出這種感覺。即使是那些心理上不太複雜的病人，也會自發地使用「空虛」這個詞。（我也曾治療過母語是法語的病人，他們告訴我他們感受到「une vide interieur」〔內心的空洞〕。）

這種內心空洞的感覺與憂鬱截然不同。當我們感到憂鬱時，我們會體驗到一種失落感。如果我們能找回失去的東西，一切就會好起來。因此，許多憂鬱的狀態近似於長期而強烈的悲慟與哀悼。

相比之下，空虛描述的是一種更深層的斷裂感。它涉及一種幾乎感覺不到自己以任何有意義的方式存在的感受。與憂鬱不同，空虛感是關乎於「自己從未擁有過什麼，也永遠不會擁有什麼」的感受。

54 臨床案例

莫娜是一名大學學生，學術成績優異。然而，她形容自己所有的成就都像是虛假的，僅僅是為了迎合父母的表演。莫娜經常堅持認為，在這張面具之下，什麼都沒有。治療師忍不住想問：「那麼，我現在是在和誰說話呢？」但莫娜會回答：「也許你覺得你了解我，但其實你不懂。如果我死了也沒什麼關係，因為我從未真正活過。人們被我欺騙了，其實我什麼都不是，也沒有什麼可以給他們的。」

這位病人與他人有著深刻的疏離感，讓她感到自己不真實。大多數人如果沒有與親密關係、朋友或事業投入所帶來的某種連結感，便會感到不真實。在文獻中，這種心理狀態被稱為「邊緣性孤獨」（borderline aloneness）（Adler and Buie Jr, 1979; Pazzagli and Monti, 2000; Gunderson and Links, 2008）。這種與 BPD 相關的內在憂鬱狀態，與在典型的憂鬱症所見到的截然不同（Rogers et al., 1995; Wixom et al., 1993; Leichsenring, 2004）。這種差異主要是顯著的孤獨感與空虛感，以及缺乏身分認同或生活目標（Wilkinson-Ryan and Westen, 2000）。儘管這些病人似乎在尋求連結，但他們往往找不到，導致生命本身變得毫無意義。

無望感與長期自殺傾向

長期自殺傾向病人內在經驗的第三個面向是*無望感*。這種經驗並非長期自殺傾向病人所特有。研究人員發現，無望感與自殺傾向有重要的相關性，且無望感的存在會是自殺行為的預測指標（Beck et al., 1974）。差別在於，對於長期自殺傾向病人而言，無望的感覺更加深刻。

這些病人記不起自己曾經快樂過，或者快樂的時間非常短暫。他們目前的生活品質也低落：許多人失業，許多人處於充滿衝突和混亂的關係中。在這種狀態下，他們無法憑藉美好的回憶來尋求慰藉，也無法期望重返失落的伊甸園。

當人感受不到希望時，就會尋求控制感。同樣地，當一個人無法掌控自己的生活時，死亡，或者至少是死亡的威脅，可能成為一種具有吸引力的替代選項。

臨床案例 55

瑪琳是一位三十歲的女性，曾有多次服藥過量的自殺嘗試。過去，她曾擔任一位政治人物的文膽，但對這份工作或其他任何工作都沒有什麼依附感。與男友的一段長期關係，最終以瑪琳一直害怕的被拋棄而收場。

在接下來的五年裡，瑪琳每天都在想自殺。她看不到任何擺脫困境的出路。瑪琳對自己的事業不再抱有任何希望或抱負，也不相信有任何男人能長期忍受她。甚至連朋友在她眼中也是令人失望的。瑪琳的童年因父親的軍旅生涯而經歷了多次搬遷。在接受治療時，發現對她唯一有意義的關係是與父母的關係，而她的父母承認過去曾忽視她，並正努力修復中。

這個案例說明了長期自殺傾向如何讓人以完全不同的眼光來看待無望感。威脅要死亡，透過離開人世這個選項，為病人提供了控制感。這種心理狀態可以持續多年，有時甚至顯得無止盡且不可逆。然而，對於苦於長期自殺傾向的 BPD 病人的長期追蹤研究顯示，大多數情況下，無望感最終會隨著時間前進而減退（Paris, 2003）。但這只有在生活開始改善時才會發生。在我們對八十名 BPD 病人進行二十七年的追蹤中（Paris et al., 2001），大部分已從疾病中康復的病人有工作，大約一半的病人建立了穩定的關係（儘管較少人養育孩子）。培養這些生命中的承諾，能透過提供意義和連結來協助康復。

對控制的需求與長期自殺傾向

長期自殺傾向的第四個功能是提供一種控制感。除了需要從精神痛苦、空虛感和無望感解脫之外，許多有這種臨床表現的病人感到自己的生活完全失控。雖然治療師通常能看出病人如何使自己的問題惡化，但從病人的主觀角度來看，他們往往認為糟糕的事情無緣無故地發生。將自殺作為一種選擇，成為在一個看似無法掌控且混亂的世界中重新獲得控制感的方式。同時，自殺想法可能蘊含某種攻擊性，有時展現於透過
56 「退出」生命來報復充滿敵意的世界。然而，當病人能達成在某種程度上掌握自己的生活時，他們的無望感就會變得比較少，也不再需要掌控死亡。

臨床案例

寶拉是一位二十一歲的女性，為一間網路色情公司工作。她聲稱對做這一行沒有太多矛盾的感覺，並與一位接受她生活方式的男友保持長期關係。然而，每當男友不在身邊且失聯時，寶拉就會感到驚恐不安，割傷自己，並威脅自殺。當男友得知這種行為後，便變得更常陪伴她，導致一種惡性循環。

在治療過程中，寶拉極難讓自己承認她有任何需求；她典型的態度是挑釁、不屑和貶低。寶拉用憤怒來掩飾她的悲傷，儘管這種防衛經常顯得脆弱。帶著以俗話說「肩膀上的碎片」（chip on her shoulder）[1] 的態度面對生活，給了她一種對實際上失控的生活其實具有掌控感的假象。

對於這位病人，這種掌控感的假象是透過挑釁的生活方式來維持的。其他長期自殺傾向的病人可能感到更加無助和無望。然而，即使人們似乎被困在依賴的位置，他們的自殺傾向仍然發揮一種試圖控制的作用：對生活中重要他人的控制，以及／或者對精神健康體系中照護者的控制。

長期自殺傾向的人際脈絡

長期自殺傾向並非在社會真空中發展而成。即使是在那些對他人感到深刻疏離的病人中，與世界溝通和連結的願望仍然存在。因此，長期自殺傾向可以用來向他人傳達痛苦。自殺嘗

1　譯註：指心裡忿忿不平的態度。

試表達了一種絕望感，尤其是在病人認為無法以其他方式獲得關注或理解的情況下。有時，這種訊息是傳達給情人，而偶爾，則是給治療師。無論是哪種情況，病人都相信他們必須提高音量才能讓人聽見。

這種看待事物的方式，與許多自殺嘗試的矛盾性質是一致的。這也與以下的觀察一致：長期自殺傾向病人的自殺身亡往
57 往不是發生在病人以戲劇化的方式傳達痛苦時，而是發生在他們感到無望、孤獨，並且不再積極參與治療時（Paris, 2003）。

正如史瓦茲等人（Schwartz et al., 1974）和麥斯伯格（Maltsberger, 1994a）皆指出，自殺傾向可能是針對那些在沒有極端壓力下不太可能提供關愛的人。這就是自殺傾向的*溝通*功能（Paris, 2002a）。這種溝通可能是針對父母、情人或治療師。其傳遞的訊息是：「你沒有好好照顧我，這讓我想去死。」隱含的意思是，若自殺成為一種選項，對方可能可以提供更多支持。雖然這可能在短時間內有效，但效果通常是暫時的。

總的來說，自殺傾向與失敗的關係或缺乏有意義的關係有關。正如小喬伊納等人（Joiner Jr et al. 2005）指出的，當依附關係讓他們失望時，會伴隨著一種如果其他人沒有自己會過得更好的感覺，這時人們更可能考慮自殺。整體而言，自殺和自殺傾向反映出的是缺少與世界的連結，以及缺乏生命的意義和目標（Zareian and Klonsky, 2020）。透過對他人的承諾，找到活著的理由，能防止自殺。這或許是為什麼有孩子的母親的自殺死亡率，顯著低於沒有這種依附關係的女性（Dehara et al., 2021）。

臨床案例

拉拉是一名大學生，因為長期的自我傷害而接受心理治療。大多數割傷自己的事件發生在她感到男友忽視她，或對其他女性過度關注時。

這種模式早在多年前就已經開始，與她移民的父母有關，他們過於忙碌且無法抽出時間陪伴她。在一次令人難忘的事件中，當時父母正在為親友舉辦派對，拉拉深深地割傷了手腕。血從她的房間滴下樓梯，導致屋裡一片騷動。儘管拉拉確實成功地吸引了家人短時間的注意，但長期下來並沒有什麼益處。相反地，父母將她送去看精神科醫生，希望她被「修好」，意即有恰當的行為舉止。拉拉保持著反抗的態度，而她的症狀也持續數年。但當離家去外地上大學後，她溝通的對象轉移到了她的男友身上。拉拉尋求治療的原因之一是，每當兩人一起社交時，她都會對其他女性感到強烈的嫉妒，認為男友 58
在拒絕她，並不時以服藥過量來結束當晚。

在這個案例中，自殺行為的意圖對他人來說是顯而易見的，但病人自己並未意識到有任何傳達痛苦的動機，也會對這樣的「詮釋」感到不滿。在她的心中，自殺行為幾乎是某種不屬於她自己、會神祕地佔據她的東西。需要大量細膩的治療工作，才能向病人展示她對人際情境的敏感，以及人際情境與行為反應之間的關聯。

同理心與內在世界

雖然本章描述的經驗並不尋常，但它們並非完全脫離常人的經驗。在流行文化中，從歌曲到電影，都可以找到非常類似的情感表達。

治療師的首要任務，就像處理任何其他類型的情緒一樣，是去同理病人的情緒，並給予認可。雖然我們希望病人改變，但此一過程必須以基於理解和尊重的治療同盟為起點。同理心溝通的過程時常可減少某些前述的自殺傾向機制。同理心有助於緩解精神痛苦，提供連結感以擊退空虛感，並透過證明病人並非完全孤單一人來直面無望感。

在治療師與病人關係的脈絡下，相同的情境被共演（enacted）出來，並不一定是讓人需要擔憂的原因。這些現象不一定非得詮釋為移情；這麼做往往適得其反，會讓病人覺得自己因對治療師有負面情感而被輕視或忽視（Piper et al., 1991）。相反地，臨床工作者需要理解病人的內在世界，即使面對病人的絕望和否定，也要繼續推進治療計劃。

最後，對長期自殺傾向病人內在世界的同理心，意味著尊重他們將死亡作為一種選項的需求。當我們專注於進行治療，避免以反覆住院來試圖「拯救」病人時，這種尊重就隱含其中。這種尊重也可以直接傳達：例如，當病人分享關於結束生命的想法時，治療師可能會回應：「你要知道，如果情況沒
59 有改善，總還有一條出路。」這種對自殺意念的同理反思，同時傳達了治療師隱含的信念，即情況並非沒有希望，而且隨著時間推移可能會改善。不該期望長期自殺傾向病人放棄死亡的

選項，直到他們發展出某種生活技能和承諾，讓自殺變得不再必要或甚至難以想像。

60 【第 5 章】

長自殺傾向、發展與生命歷程

很少有關於長期自殺傾向早期前兆的正式研究。然而，我們可以借鑑某些一般性的原則。基因和環境因素共同影響其發展（這幾乎適用於精神病理學領域中的每一種症狀）。本章將著重於長期自殺傾向在青春期是如何，以及為何開始的。

自殺行為的發展起源

長久以來，人們已知自殺具有家族遺傳傾向（Joiner et al., 2005; Tidemalm et al. 2011; Sokolowski and Wasserman, 2020）。此外，行為遺傳學研究發現，情緒失調的脆弱性（vulnerabilities），有一部分與遺傳有關（Jang et al., 1996）。有充分證據顯示，童年逆境經驗會增加成年時期自殺傾向的風險（Bruffaerts et al., 2010）。最有可能的是，這些過程很反映了基因與環境的交互作用。

三項大規模的雙胞胎研究（Statham et al., 2016; Fu et al., 2002）顯示，自殺意念和自殺嘗試的遺傳率皆約落在百分之四十至百分之五十的範圍。此一估計與大多數精神疾病的遺傳影響程度非常類似（Jang, 2005）。這同時也意味著，另一半的變異則來自於環境因素。

自殺嘗試和自殺死亡也已在全基因組關聯分析（GWAS）中進行檢驗，在此研究中，可以利用多基因風險分數（PRS）[1]評估多個等位基因的累加效應。然而，儘管這些發現可以解釋多達百分之十五的變異（Docherty et al., 2020），但仍不足以用來預測結果。一項近期研究顯示，自殺死亡和自殺 61
嘗試的多基因風險分數有部分重疊（Edwards et al., 2021）。然而，這些發現並不專屬於任何一種精神疾病（Holmans, 2020）。

自殺傾向的遺傳機制究竟如何傳遞，其確切機制仍不清楚。這類脆弱性與構成人格障礙症的特質相關（McGirr et al., 2009）。因此，以情緒不穩定和衝動性為特徵的人格特質，使自殺傾向更可能發展。

長期自殺傾向尤其與 BPD 的診斷有關，其顯著特徵包括情緒失調和衝動性（Crowell et al., 2009）。研究假設這些特質與血清素和多巴胺系統的異常，以及／或與大腦迴路差異有關（Joiner et al., 2005）。但儘管行為遺傳學研究也顯示，導致 BPD 的結果中，近一半的變異會遺傳（Skoglund et al., 2021），但我們對其中所涉及機制的了解並不多。

單就人格特質傾向本身而言，它其實是正常的，且未必是人格障礙症的成因。我們需要運用壓力－體質模式（stress-diathesis model）（Monroe and Simons, 1991），或更廣泛的精神疾病之*生物心理社會模式*（*biopsychosocial model*）（Engel,

1　譯註：原文此處寫成 PCR，應為誤植，應該是 PRS。

1980）。這些理論認為，氣質上的脆弱性會使疾病更可能發展，但若非有某種「雙重打擊」，例如暴露於壓力環境之下，精神病理則通常不會出現（Paris, 2022）。此外，那些經歷這種雙重打擊的人對其心理社會環境更為敏感（Belsky and Pluess, 2009; Rioux et al., 2018）。因此，精神疾病成因的關鍵因素是源於基因與環境的*交互作用*（Rutter, 2006）。這種交互作用與劑量有關：脆弱性越高，產生症狀所需的壓力越少；而當暴露於更大的壓力時，脆弱性可能扮演的角色則較小。從這個角度看來，自殺傾向的童年起源是高度複雜、交互影響且多面向的。

因此，自殺傾向的前兆可能同時反映內在的痛苦（驅使自殺想法）以及衝動行為的傾向（驅使自殺行為）。發展精神病理學描述了*外化*（*externalizing*）及*內化*（*internalizing*）症狀之間的根本區別，在兒童（Achenbach and McConaughy, 1997）與成年人（Krueger, 1999）之中皆然。但青春期使這些交互作用的風險大為提高。許多病人表示，他們在童年時
62 期曾經默默地感到不開心，但直到青春期後才開始出現自殺行為——這種時序與衝動性在此發展階段上升的觀察相符合（Brent et al., 2003）。

自殺傾向與青春期

青春期是自殺傾向發展的分水嶺。許多病人描述他們在青少年早期開始出現的自殺想法和嘗試（Turecki and Brent, 2016）。許多病人告訴我，他們在青春期之前並沒有特別不開

心，但在那之後「一切都崩潰了」。研究已經證實，青春期階段自殺意念和嘗試的頻率比較高（Brent, 2001）。

這種重大變化可能是由發展因素所引起，例如賀爾蒙變化和神經元的修剪（pruning），這些變化會改變大腦功能和對壓力源的反應，導致青春期特有的情緒波動（Nelson et al., 2005）。這種轉變也可能與青春期的社會挑戰有關，這問題在西方社會中特別顯著（Twenge and Campbell, 2009）。

最有可能的是，這兩種因素都扮演一定的角色。有自殺家族史的青春期病人更常見到自殺嘗試（Brent et al., 2002, 2003），再次透露出遺傳因素的影響（Joiner et al., 2005）。然而，縱貫性研究顯示，有自殺傾向的青少年比起從未想過自殺的青少年，暴露於更高強度的心理社會壓力源，這也支持了環境因素的重要性（Johnson et al., 2002）。

我們仍然面臨一個問題，那就是，即使自殺傾向在青春期表現得很明顯，我們是否可以在青春期之前評估個體對自殺傾向的脆弱性。為了解決這個問題，我們需要來自兒童群體的前瞻性數據，追蹤其從童年到青春期及成年期的發展。這類研究非常昂貴，也因此相當罕見。我們通常必須仰賴回溯性研究，這些研究會詢問具有自殺症狀之成年人的童年經歷。

史蒂芬妮·史戴普（Stephanie Stepp）主持了匹茲堡女孩研究（Pittsburgh Girls Study）這項前瞻性的研究計畫，自從根據此研究的論文發表後，情況有所改善（Keenan et al., 2010）。這個研究小組一直在收集來自匹茲堡學齡女孩的數據，並持續追蹤至青春期。研究主要聚焦於判斷 BPD 的童年前兆，BPD 最常見於青春期的女孩。研究結果指出功能失調

63 家庭，以及衝動性的早期特徵（行為規範障礙症、對立反抗症、注意力不足過動症）的重要角色。

匹茲堡研究小組指出，風險因素與結果之間缺乏特異性（specificity）（Stepp et al., 2016）。這並不令人意外。與精神疾病的特異性更密切相關的，是反映廣泛遺傳影響的根本性的氣質因素，而不是與心理社會風險因素帶來的非特異性影響。魯德等人（Rudd et al., 2004）發現，與成年後自殺嘗試最相關的童年診斷，大多與高度焦慮有關。然而，焦慮是一個相當廣泛的概念，正如卡根（Kagan, 1994）的經典研究，有高度陌生人焦慮的嬰兒在後續發展過程中更可能具有畏避型（avoidant）的特質。

有幾點需要注意。首先，並非所有長期自殺傾向病人都符合 BPD 的診斷準則。其次，做出自殺嘗試涉及衝動性，而不僅是內在的痛苦。當青春期的青少年開始個體化（individuates）並從家庭獲得較少的保護時，衝動行為模式更可能以臨床上的強度浮現。我們的研究小組在一項前瞻性兒童研究中發現某些支持此觀點的證據，該研究顯示，青春期前的行為問題，與青少年和年輕成人時期的自殺傾向有統計上的關聯（Brezo et al., 2006）。

佛格森等人（Fergusson et al., 2000）進行了一項大規模的前瞻性研究，利用一個由一千二百六十五位在紐西蘭出生的嬰兒組成的群體進行縱貫性研究，這提供了關於自殺傾向早期起源的數據。此類研究的優勢在於，它比僅針對接受治療的病人更具代表性，更能代表整體的人群。在這群人之中，到二十一歲時，有百分之二十八．八的人報告曾有自殺的想法，有百分之七・五的人報告曾有某種形式的自殺嘗試。人格特質評估顯示，有自殺想法及／或行為的受試者，在神經質和追求新奇（novelty seeking）方面獲得高分——這些特質與內化症狀和外化症狀皆有關聯。與自殺想法和行為有關的最常見精神科診斷是憂鬱症、焦慮症、物質使用障礙症和行為規範障礙症（此研究並未評估人格障礙症）。最後，報告有自殺想法和行為的受試者還描述了一系列的環境風險因素：社經困境、婚姻破裂、親子依附關係不良，以及遭受性虐待。

這些發現都支持此一觀點：自殺傾向是由於氣質、獨特的
生活經驗以及充滿壓力的社會環境所綜合構成的。因此，自殺 64
傾向的發展最適合以生物心理社會模式來解釋，其中具有較脆弱氣質的兒童易於發展出某種內化和外化症狀的組合，當生活壓力源同時出現，這些症狀便會在臨床上浮現出來。

然而，這些數據並未完全解釋*長期*自殺傾向（相比於急性自殺傾）的成因。有人可能認為，早發的自殺傾向可能更容易發展為長期自殺傾向。喬伊納等人（Joiner et al., 2005）假設，一旦自殺行為開始出現，它就往往會持續下去。在這些案例中，自殺傾向可能在青春期與青年期的過程中發展出「屬於自己的生命」，並造就成年期之長期自殺傾向的臨床表現。如果自殺想法起初發展時是當作一種逃避生活的嘗試，用來應對那些被認為無法解決的問題，那麼在後續的危機時刻，有些人可能會被吸引，回去選擇相同的「解決方法」。如此一來，一個阻礙康復的惡性循環就會形成。

然而，長期自殺傾向隨著時間推移往往會緩解，尤其是當年輕人建立了持久的人生承諾（例如工作、關係和孩子）

的時候（Paris, 2003）。「雖然青少年時期可能波濤洶湧，但成年後仍有可能重建生活」，此一觀點是有道理的（Vaillant, 1977）。因此，青少年時期出現的自殺想法和行為，不必然代表著悲觀的預後。但認為困難的青春期只是需要熬過去的事情，這種想法並不正確。

青少年時期的自殺傾向一直是臨床工作者和大眾關注的焦點。在過去數十年間，青少年自殺率隨時間有所變化。在英國，英格蘭和威爾斯的自殺率從 2000 年的十萬分之五下降到 2010 年的十萬分之三・五，但到 2018 年又回升至十萬分之五・五（Bould et al., 2019）。在美國，青少年自殺率通常較高（Ruch et al., 2019）。十五至十九歲年齡組的自殺率在 1991 年達到高峰，之後下降至 2007 年，但再次回升直到 2015 年，當時男性的自殺率為十萬分之十四・五，女性為十萬分之四・五。十至十五歲年齡組的自殺率則明顯較低：男性為十萬分之二・五[2]，女性則為十萬分之一・二。

一般人可能不了解的是，所有關於青少年自殺率升高的統計數據，其權重主要來自此發展階段的後期，即十八歲和十九歲的死亡率。人們可能也不了解的是，男性的自殺率始終較高，而因自殺傾向接受治療的病人則主要為女性。（儘管性別差距有所縮小，但此現象依然存在。）

65 幾十年前，研究發現從 1960 年到 1980 年間，年輕成人的自殺率開始出現明顯的「波峰」，這個發現引起了警覺。然

2　譯註：此處原文寫二・二，應該是誤植。譯者經查發現，男性的數據是十萬分之二・五。

而，這些變化在接下來的數十年間趨於平穩（McKeown et al., 2006），而如今，在世界大多數地區，這一年齡群體的自殺率與各年齡層的趨勢同步下降（Ruch et al., 2019）。

從這些研究中可以得出的最佳結論是，青少年精神醫學最重要的問題並不是自殺死亡本身，而是自殺意念與行為的增加（Nock et al., 2013）。這其實是個好消息，因為前來尋求治療的病人時常能得到幫助，即便他們真正取得明顯進展的時間點可能是在另一個階段——年輕成人時期。

許多觀察者認為，精神疾病或其症狀的盛行率，隨著時間快速變化（即「世代效應」），通常與社會變遷有關。這些變遷的具體性質仍有爭議，但有些研究者提出，這可能與社群媒體的興起有關（Twenge and Farley, 2021）。這種科技發展對於那些對自己在與同儕的比較中處於劣勢而感到敏感的人而言，可能帶有風險。最容易受到社會壓力影響的青少年，可能具有某些特定的人格特質。

自殺行為的增加並非貧困或衝突所致，而是在相對富裕與穩定的條件下也可能發生。我們很難主張當代的社會環境比過去更具壓力，過去的青少年受教育程度較低，而且想要建立有意義的生活，選項顯然比較少。然而，有些學者（包括我自己）（Paris, 2020c）提出假設，認為整體社會常規與價值觀的瓦解，對青少年而言尤其困難。

非常相似的論點也被用來解釋犯罪率的變化，儘管近幾十年來，大多數已開發國家的犯罪行為已經減少（McDowall and Loftin, 2005）。此外，憂鬱症作為一種主觀狀態，難以準確測量，也難以證明它正在逐漸增加。自 1960 年代以來，青少年的藥物濫用一直備受關注，但其盛行率不一定隨著整體社會變遷而變化。

要謹記在心的是，在與精神健康專業人士沒有接觸的年輕人之中，自殺想法是很常見的。社區樣本研究發現，有多達三分之一的青少年與年輕成人回報具有至少屬短暫或更持久的自殺想法（Choquet and Menke, 1990）。在大規模的美國國家共病調查中，凱斯勒等人（Kessler et al., 1994）報告指出，在一
66 般大眾中，初次出現自殺意念與自殺計畫的時間點，風險最高的是發生在青少年晚期至二十多歲初期。我們的研究團隊（Brezo et al., 2006）在一項前瞻性研究中發現，在所追蹤的大型樣本中，約有*半數*的年輕成人回報曾有過一段時間以上的自殺意念。

問題在於，臨床工作者是否應該將沒有自殺嘗試的自殺意念視為值得高度關注的議題。儘管青少年中自殺意念相當常見，但絕大多數人從未認真考慮或嘗試自殺。此外，即便發生自殺嘗試，通常也並不危及性命。同時，非自殺性自傷（NSSI）的盛行率大幅上升（Heath and Nixon, 2009）。這些現象反映出青春期的情緒不穩定，並且與高度神經質相關的脆弱性產生交互影響。

心理解剖研究可進一步闡明這些議題。目前針對青少年的相關研究仍非常有限，且樣本通常較小，研究對象以男性為主（例如 Merelle et al., 2020）。通常，許多研究將「青年」（youth）定義為青春期的晚期（Rich et al., 1988），甚至是十八至三十五歲之間的人（Lesage et al., 1994）。這些研究發現，與自殺死亡相關的是高比率的憂鬱症、物質濫用以及

BPD。但心理解剖研究的數據主要來自未曾接受治療者（多為男性）。因此，這些研究方法無法直接概括至臨床情境中，因為臨床上病人大多為女性。

其他研究者則對曾因憂鬱症而就醫的青少年病人進行追蹤，以探討哪些病人日後最有可能自殺。在一項具高統計檢定力的研究中（Fombonne et al., 2001），研究人員對英國倫敦莫茲里醫院（Maudsley Hospital）二百四十五名曾因憂鬱症住院的青少年進行二十年的追蹤調查；結果顯示，百分之四十四的病人其後曾有過自殺嘗試，但僅百分之二．五（即六例）的病人最終死於自殺（其平均死亡年齡為二十四歲）。此外，佛格森等人（Fergusson et al., 2005）對具有自殺想法的青少年群體追蹤至二十五歲，發現雖然這些受試者仍持續有自殺傾向（以及物質濫用）的風險，但研究中未報告任何死亡案例。

大多數自殺病人符合憂鬱症的診斷準則，這並不令人意外。然而，那些死於自殺、曾有自殺嘗試或有自殺意念的青少年，也可能有嚴重的物質濫用問題（Lewinsohn et al., 1995; Esposito-Smythers and Spirito, 2004）。三項心理解剖研究證實了青少年自殺與物質濫用之間的關聯。夏佛等人（Shaffer et al., 1996）發現，在一百二十例自殺死亡個案中，百分之三十五的案例符合酒精或藥物濫用的診斷準則（比例為社區對
照組的六倍）。布蘭特等人（Brent et al., 1993）在美國進行 67
的六十七位死亡案例中報告指出類似的發現，其中百分之二十七符合物質濫用診斷準則；在芬蘭的研究中，馬騰能等人（Marttunen et al., 1991）發現幾乎相同的比例（百分之二十六）。

青少年物質濫用者也有顯著增加的自殺嘗試率（Esposito-Smythers and Spirito, 2004）。在一項針對自殺嘗試者的研究中，瓦伊達和史坦貝克（Vajda and Steinbeck, 2000）發現約三分之一的受試者有藥物或酒精濫用。史畢里托等人（Spirito et al., 2003）在較年輕的樣本（平均年齡 十五歲）中發現物質濫用的盛行率為百分之十二。菲佛等人（Pfeffer et al., 1991）對一百〇六名病人與一百〇一名非病人進行前瞻性追蹤，發現那些最終出現自殺嘗試的案例中，有一半曾有過物質濫用。

這些關聯背後有幾個可能的機制。一個原因是，藥物，尤其是酒精，會降低抑制力，使自殺行為更容易發生（Hufford, 2001）。第二個原因是，憂鬱或焦慮的年輕人使用藥物作為自我藥療（self-medication）（Hufford, 2001）。最後，物質濫用也是其他形態精神病理的標誌；那些憂鬱的，或在學業、工作及人際關係方面遇到嚴重困難的年輕人，更有可能產生物質濫用，儘管這樣做往往會使他們的問題變得更糟（Hufford, 2001; Esposito-Smythers and Spirito, 2004）。

然而，與大多數其他風險因素一樣，最終的自殺率並沒有高到可以從精神疾病或社會壓力來預測自殺死亡結果，也就是預測這件事實際上並不可行。要理解為何青少年會想自殺，我們需要考慮人格與人格障礙症的角色。這將是第六章要探討的主題。

【第六章】

68

長期自殺傾向與人格障礙症

人格障礙症如何能解釋長期自殺傾向

長期自殺傾向病人並不認為自我毀滅的想法與行為是奇怪的事情。自殺傾向已經成為他們自我認同（sense of self）所必要的一部分。這些病人也重視得以決定要活或要死的自主權。

這種情景最適合被理解為具有人格障礙症（personality disorder, PD）的特徵。與自殺傾向早發及慢性化的特質相符合，人格障礙症通常在生命早期即開始發展，並且多年來對病人的功能表現造成廣泛的影響。一旦我們將長期自殺傾向置於此脈絡下來理解，它便能與情緒障礙症（mood disorders）相關的急性自殺傾向有更明確的差別。

根據 *DSM-5-TR*（American Psychiatric Association, 2022），人格障礙症整體被定義為一種長期的功能障礙，涉及各種層面，包括病人的思考方式、情感表達、行為模式等。有這些疾病的病人通常終生在工作及／或親密關係方面遭遇困難。當缺乏這些人生的承諾與滿足時，他們更可能考慮自殺。

BPD 是與長期自殺傾向最相關的診斷。儘管並非所有長期自殺傾向病人都患有 BPD，但 BPD 病人中有很大比例具有長期自殺傾向（Zanarini, 2005; Paris, 2020a）。在一名非精神病的病人身上，長年持續且日復一日地執意於自殺，通常意味著 BPD 的診斷。

BPD 最常在青春期開始發展（Chanen and McCutcheon,
69 2013），然而，認為此疾病不應在十八歲之前診斷的觀點是錯誤的。*DSM-5-TR* 只要求其臨床特徵至少持續一年即可進行診斷。BPD 會導致多種問題，包括情緒不穩定、各類衝動行為（包含自殺傾向），以及高度不穩定的人際關係。有些病人也會聽見聲音叫他們自殺，但這些微型精神病症狀（micro-psychotic symptoms）只會在壓力下出現。由於 BPD 的臨床表現相當複雜，這也解釋了為何這些病人經常被錯誤治療，若非接受針對情緒障礙症的藥物治療，就是接受並未針對人格特質做調整的普通的心理治療。

由於與 BPD 相關的臨床表現即為自殺行為，也是診斷準則之一，因此大部分針對長期自殺傾向的研究，都是以這群病人為對象。儘管並非所有出現自殺行為的病人都符合 BPD 診斷準則，但兩者之間有強烈的關聯。

長期自殺傾向與憂鬱症

當自殺傾向與重度憂鬱症發作相關時，此病的病程通常是有時限的。一般而言，當罹患憂鬱症的時候，疾病會劇烈改變病人的正常心理狀態。若憂鬱症並不嚴重，大多數病人會意識到自己「不像平常的自己」。當他們康復後，可能會為自己曾考慮結束生命而感到難為情。此外，在典型的憂鬱症中，急性自殺意念通常可以透過有效的藥物治療和／或心理治療而迅速減輕。在這種情境下，自殺傾向絕非憂鬱者自我認同所固有的部分。

要理解重度憂鬱症（major depression）這個診斷概念的侷限，我們可以將其視為一種*捷思法*（*heuristic*），即一種用於描述常見臨床表現的簡化方式。它界定了一種由低落情緒引發明顯功能障礙的心理狀態，但憂鬱症其實是一種症候群（syndrome），而非單一疾病。憂鬱有各式各樣的表現形式，導致「憂鬱症」這個術語本身模糊且充滿異質性。

此外，*DSM-5-TR* 對於重度憂鬱症的定義過於廣泛，以至於難以區分病理與正常。要做出診斷所需的症狀數目（九取五，或過半）是隨意訂定的。同樣地，發作持續時間僅需二週，也過於短暫。結果是，診斷手冊把太多有不同問題的病人都歸到同一個診斷類別中。

重度憂鬱症定義模糊的另一個結果，是使得流行病學家
指出該診斷在社區中的終生盛行率極高。據估計，憂鬱症在 70
社區大眾的終生盛行率至少介於百分之十至百分之二十之間（Weissman et al., 1996; Kessler, Berglund et al., 2005）。憂鬱症常被稱為「精神醫學中的感冒」，如同感冒一樣，它普遍存在，並且可能因為多種因素而產生。

被診斷為重度憂鬱症的病人，包含因失落而感到悲傷之人，也包含罹患最嚴重形式的憂鬱症的病人。如此將相對正常的反應與危及生命的疾病劃入同一類別的做法，效度大有問題（Parker, 2005）。此外，憂鬱症是一種症候群，與許多其他診斷相互重疊，包括焦慮症、飲食障礙症與物質濫用（Horwitz, 2002）。這種現象通常被稱為「共病」

（comorbidity），但符合多種 *DSM* 診斷的病人，並不代表他們患有多種疾病。共病其實不多，反而是診斷系統下的產物，這種系統本身鼓勵多重診斷的出現。

區分憂鬱症狀是否伴隨人格障礙症至關重要。大約半數的重度憂鬱症病人有至少一種人格障礙症的共病，尤其是當憂鬱症呈現慢性化時（Hirschfeld, 1999; Mulder, 2002; Mulder et al., 2003）。此外，認為可以將人格障礙症中的憂鬱成分獨立出來治療這樣的想法，並未獲得研究支持（詳見第八章）。

有 *DSM* 診斷系統，總比沒有系統來得好，因為它至少提供了一種粗略而實用的方式來整理精神疾病這個混亂的領域。（我可以借用邱吉爾對民主的描述，稱 *DSM* 是最糟糕的系統，但也比其他替代方案來得好）。

精神醫學的診斷是便利的資訊綜整方式，對臨床實務很有用。目前，*DSM-5* 中的診斷分類幾乎無一例外，更像是症候群而非診斷實體（diagnostic entities）。症候群描述的是一組共同出現的症狀，但這些症狀是否源自相同的病理機轉，則不一定。與醫學診斷不同，症候群並非建立在對解剖學、生理學或生物化學的理解之上。即便從心理學的角度來看，*DSM* 診斷也並未「順應自然的分界」（cut nature at its joints）。

在醫學中，有效的疾病實體具有一組明確的病因，且對治療的反應是可預測的。某些精神疾病比較像醫學疾病：思覺失調症、第一型雙相情緒障礙症，及較為嚴重的憂鬱症，這些疾病可能代表獨立的疾病機轉，且對治療有比較具體明確的反應。然而，重度憂鬱症（major depression）的診斷，對於預測
71 治療反應並不是特別有用。正如大型的憂鬱症序列治療替代

方案（STAR*D）研究（Rush et al., 2009）所顯示，抗憂鬱劑在被處方的重度憂鬱症病人中，僅有約半數能夠達到完全緩解。這個數字僅比安慰劑的反應率高出百分之十。

抗憂鬱劑的治療反應之所以存在差異，有許多原因，其中之一是許多符合憂鬱症診斷準則的病人，同時也患有人格障礙症，這使得藥物治療比較不容易成功（Newton-Howes et al., 2006）。較為嚴重的疾病，尤其是 BPD，對這類藥物反應有限，甚至完全無效（Paris, 2020a）。「難治型憂鬱症」（treatment-resistant depression）這個概念（Trivedi and Kleiber, 2001）引發了一個問題：究竟是哪種治療方式對病人而言難以治療？有些憂鬱症病人對所有藥物都沒有反應，但卻對心理治療有不錯的反應。

因此，在長期自殺傾向的病人中，我們不應將「憂鬱症」視為一種會掌控病人心智的外來力量，而應該將其理解為它映照出病人內在的心智結構。這正是我們指的*人格*這個概念的意義。儘管人格的概念可能較為複雜，但它能更好地解釋自殺傾向。而要理解人格障礙症，我們首先需要探討關於人格特質（personality traits）的研究。

人格的起源

人格（personality）是心理學中一個關鍵的概念。它指的是個體在情緒、思考、行為及人際關係上持續的模式。人格特質的形成，一方面來自於*氣質*（temperament），這大部分受遺傳因素影響，另一方面則來自於人生經驗，這屬於環境因素

（Rutter, 1987）。

人格特質的組合，解釋了為何不同的人在面對相同的生活情境時會有截然不同的反應（Costa and Widiger, 2013）。例如，當面臨壓力時，內向者傾向於退縮，而外向者則可能會尋求更多刺激。同樣地，神經質較高的人，在壓力下比神經質較低的人有更多的症狀。

人格特質常被稱為「向度」（dimensions），因為它們可以透過連續變數的方式進行量化測量（即給予一個分數）。在研究中，這些向度通常是透過對正常群體的問卷數據進行因素分析（factor analysis）而辨別出來的。目前普遍認為，人格障礙症是正常人格特質的極端和功能失調的版本。

大量研究探討了人格的個體差異來源（Costa and Widiger,
72 2013）。這些人格特質反映了氣質與經驗之間的交互作用。行為遺傳學是一種研究方法，能夠幫助我們區分遺傳與環境造成的影響（Jang, 2005）。最常見的研究方式是比較同卵雙胞胎與異卵雙胞胎在人格特質上的相似度。因此，當某種人格特質向度在同卵雙胞胎之間的相似度高於異卵雙胞胎時，這項特質就具有遺傳性。研究一再顯示，人格特質受遺傳因素的影響相當顯著，通常可解釋個體之間約百分之四十的變異（Plomin et al., 2017）。

行為遺傳學同時也闡明了環境因素對人格的影響。在雙胞胎研究中，研究者能夠區分遺傳脆弱性（genetic vulnerability）、來自成長於個別家庭的環境因素，以及與成長於同一家庭無關的因素。因此，如果在同一個家庭成長的孩子，某項人格特質相似，則這項特質可歸因於***共享環境***

（*shared environment*）的影響。如果在同一個家庭成長的孩子，某項人格特質相異，那麼該特質的環境影響必定是個體獨有的，因此被稱為*非共享*（*unshared*）。令人意外的是，研究結果一再顯示，共享環境對人格的影響極小，甚至幾乎為零，而環境影響幾乎完全來自於非共享因素。因此，兄弟姊妹之間的人格特質組合可能完全不同，甚至與徹徹底底的陌生人相比，彼此也不見得更為相似（Plomin et al., 2017）。

這些研究結果對兒童發展與精神分析的經典理論構成了嚴峻的挑戰（Paris, 2022）。有些研究者和臨床工作者將發展視為一塊「白板」（blank slate），認為所有問題都源自功能失調家庭內的不當教養方式。然而，非共享環境的巨大影響，顯示這種觀點無法全面解釋整個發展歷程。

非共享環境可以用多種方式來解釋。其中一種說法是，不同的孩子接受不同的教養方式。然而，導致家庭內教養差異的原因，*也*與人格特質有關。瑞斯等人（Reiss et al., 2000）在一項大規模的青少年發展研究中發現，家長對同一家庭中不同子女的教養方式，主要是由於孩子各自不同的氣質所導致。換句話說，家長對待孩子的方式，往往是對孩子獨特特質的回應。這種相關性可以是「被動的」，即家長的教養方式反映了他們與孩子之間所共享的遺傳基因；也可以是「主動的」，即父母會根據孩子不同的氣質特質，調適自己的教養方式。

另一部分的解釋可能是，環境並不是單純「發生」*在*孩子 73
身上的事。孩子往往會根據自己的人格特質組合，選擇自己的環境（Scarr and McCartney, 1983）。這種互動被稱為「誘發性的」（evocative）基因－環境關聯（Rutter, 2013）。

另一種解釋可能遭遇最大的挑戰。也就是，來自家庭以外的環境影響，可能比家庭內部的影響更為重要（Harris, 1998）。根據這種觀點，同儕團體和社交網絡在塑造人格方面的重要程度，可能與家長本身不相上下。無論是否是如此（此說法仍有爭議），但似乎很明確的是，家長對孩子人格塑造的影響被過度誇大了。家長們通常自己也明白這一點，因為他們發現，即使努力將孩子引導向特定的方向，結果卻未必如願。而如果他們有兩個孩子時，會發現相同的教養方式卻能產生截然不同的結果。或正如俗話所說，父母在生了第二個孩子之後，才真正開始相信遺傳的力量。

測量人格特質

特質心理學家已經開發出各種模型來評估和量化人格特質，但最廣為研究（也最具影響力）的是「五大人格特質模型」（Five-Factor Model, FFM；Costa and Widiger, 2013）。五大人格特質模型描述了人格中五種廣泛的特質向度。第一個是「外向性」（Extroversion），描述的是對社交互動和刺激的需求（與傾向於喜愛獨處活動的內向性形成對比）。第二個向度是「神經質」（Neuroticism），描述的是人們有多容易感到不安或焦慮。其他三個因素分別是「盡責性」（Conscientiousness）、「親和性」（Agreeableness）和「開放性」（Openness to Experience）。

對於臨床工作而言，最重要的人格向度是神經質。這項特質與情緒及焦慮障礙症的易感性（predisposition）有關。在另一個極端，病態人格者（psychopaths）的神經質程度異常低（例如，他們不會感到內疚或擔憂）。

外向或內向對個人而言或許並不那麼重要，因為在合適的情況下，這兩種特質都能發揮作用。然而，如果一個人在神經質程度很高，則當壓力情境出現時更有可能產生症狀，尤其是與內化障礙症（internalizing disorders）有關，以情緒及焦慮的困擾作為表現。

雖然開放性與精神病理之間的關聯不大，但五大人格特質 74
模型的另外兩個向度在臨床上則有重要意義。盡責性偏低與衝動有關，而偏高則與強迫有關。親和性程度較低的人更容易發展出反社會型或自戀型人格特質。所有種類人格障礙症的病人，親和性的程度偏高，盡責性的程度則偏低。因此，五大人格特質模型可用來對人格障礙症之下的人格特質做分類。

人格向度與人格障礙症

根據 *DSM-5-TR*（American Psychiatric Association, 2022），可以將病人診斷為患有人格障礙症的整體定義是，（1）功能顯著受到適應不良之人格特質的影響，及（2）這種功能失調在生命早期就已出現，並持續多年。《國際疾病分類第十一版》（*ICD-11*; World Health Organization, 2019）使用的定義非常相似，但 *ICD-11* 的分類系統如今幾乎完全採用向度的觀點。在 *DSM-5-TR* 中還有另一種對人格障礙症的定義：人格障礙症替代模型（AMPD; Krueger and Markon, 2014）。但 AMPD 也是類似的，強調在自我與人際關係上的問題。

AMPD 被列在 *DSM-5-TR* 的第三部分（其中列出需要進一步研究的診斷），並可能在 *DSM-6* 中成為正式的診斷系統。AMPD 是一種「混合」系統，以臨床上經過評分的人格特質組合來構建六種類別。

人格障礙症很常見，在社區或診間皆然。大部分的社區研究發現，這些疾病可在約百分之十的人口中發現（Torgersen et al., 2001; Grant et al., 2004），雖然考量到人格障礙症的在診斷光譜上的切點具有不確定性，這個數字可能被高估（Trull et al., 2010）。在診間，這種情況更加驚人。在一項針對精神科門診病人的大型研究中（Zimmerman et al., 2005），百分之三十一的個案符合至少一種人格障礙症的診斷準則，而當將「非特定」的人格障礙症（即整體表現符合人格障礙症的診斷準則，但並不符合特定種類的人格障礙症）納入統計時，盛行率上升至百分之四十五。

人格特質決定了一個人可能發展出何種類型的人格障礙症。因此，個體若非原本盡責性就偏低，則不太可能發展出反社會型人格障礙症或 BPD；而若非原本外向性就偏低，則不太可能發展出畏避型人格障礙症。

所以不意外的是，人格障礙症往往可歸類為特定的群組，反映其潛在的人格特質向度。因此，根據 *DSM-5* 的描
75 述，B 群人格障礙症（反社會型、邊緣型、做作型和自戀型）反映出高度的衝動性。C 群人格障礙症（包括畏避型、依賴型和強迫型）最顯著的特徵則是與高度的神經質，這導致社交及人際焦慮；至於 A 群人格障礙症（包括孤僻型、思覺失調型和妄想型），則可被歸類於更廣義的「思覺失調光譜」中。值

得注意的是，所有人格障礙症都反映出更廣泛的精神病理面向，且這些精神病理面向與其他的診斷有所交集。

BPD 是一種複雜的概念，反映出高神經質（情緒不穩定）與衝動性（Crowell et al., 2009）。我們在病人身上看到的嚴重人際問題，其實是這些特質導致的結果。

顯然，避免做出人格障礙症診斷的治療師，將會承受相應的風險。如果他們只將病人視為僅有憂鬱症或焦慮症，或者診斷為雙相情緒障礙症，他們就可能錯誤地治療病人。理解精神病理背後的人格特質，對於疾病的處置至關重要。

人格障礙症與心理治療在精神醫學中的衰落

治療師長久以來一直對了解病人的人格結構感興趣。精神分析師把症狀視為表層現象，可能隨著時間而改變，而人格則被視為是深層且持久的。五十年前，幾乎可說是公認的觀點，認為憂鬱和焦慮源於潛在的人格衝突。

如今，這些觀點已經逐漸失去影響力。在過去數十年間，我們看到精神分析的觀念在心理學和精神醫學領域的影響力顯著下降（Paris, 2019）。精神動力取向已被大幅修改，以實際應用於治療中，以及／或者被認知模式及藥物治療所取代，這兩者通常更聚焦於症狀本身，而較少關注人格。此外，當今大多數精神科醫師並不提供任何形式的心理治療（Tadmon and Olfson, 2022）。

與此同時，診斷已成為受醫學訓練的臨床醫師關注的核心，特別是在一系列 *DSM* 的發展之後。*DSM* 系統的崛起使許多人認為，診斷是治療的指導方針——儘管該手冊本身並未論及治療方法，而僅是提供描述精神病理的共同語言。

這些情況絲毫未能阻止臨床醫師相信，任何符合重度憂鬱
76 症診斷準則的病人都應該接受抗憂鬱劑的治療。如今治療師所見到的病人許多（若非大多數的話）都正在服用藥物，通常是由家庭醫師所開立。而且，並不只有精神科醫師相信精神藥物具有彷彿至高無上的力量。心理師和其他非醫學背景的治療師也可能感到不安，並堅持病人應該接受評估並獲得藥物治療。如果你自己無法開立處方，你可能反而更容易受到藥物神祕感的影響。

當然，許多藥物對精神疾病的療效已獲證實。毫無疑問的是，對於思覺失調症病人，服用抗精神病藥物能帶來改善；而雙相情緒障礙症的病人服用鋰鹽則能穩定下來。最嚴重的憂鬱症對抗憂鬱劑反應良好，電痙攣治療（ECT）也對許多病人有不錯的效果。然而，對於那些更普遍開立給常見精神疾病（common mental disorders）的藥物，情況就比較不明確。許多有焦慮與憂鬱症狀的病人，特別是同時患有人格障礙症的病人，對這些藥物並沒有一致的反應（詳見第八章）。

不幸的是，許多精神健康體系並不鼓勵心理治療的實施。在美國管理式照護的系統中，對人格障礙症的心理治療可能無法獲得保險給付，而在英國的國民健康服務中，對人格障礙症的保障也稱不上理想。在加拿大，我工作的地方，精神科醫師的診療費用由政府負擔，但心理師的費用則不在給付範圍內，導致病人獲得心理治療的管道受限。

如今，當病人接受任何形式的心理治療時，最常見的是認知行為治療（CBT）。明確具體而實用是 CBT 的優點之一。此外，CBT 是一種基於系統性研究的方法，已獲證實對多種精神疾病有療效。CBT 的創始者亞倫．貝克（Aaron Beck）曾寫過一本關於治療人格障礙症的書籍（Beck and Freeman, 2002），但他的治療方法並未針對長期自殺傾向病人進行調整。林納涵（Linehan, 1993）則發展出辯證行為治療（DBT），這是一種專門用來治療 BPD 與長期自殺傾向病人的方法。

人格與自殺傾向

人格特質組合與自殺傾向之間有特定的關聯。例如，神經質定義了一個人面對痛苦情緒時易受影響的程度。在一項針對青少年與年輕成人自殺嘗試的研究中，佛格森等人（Fergusson et al., 1996）發現，自殺嘗試者的神經質程度顯著較高。情緒失調的病人也更有可能考慮自殺。

自殺傾向與可診斷的人格障礙症相關，而人格障礙症反 77
映的是過度放大且功能失調版本的人格特質（Livesley, 2003; Paris, 2003）。人格障礙症是慢性的，通常自生命早期開始，並持續影響多年。人格障礙症的影響展現在許多地方：包括情緒調節能力的異常、衝動性、認知模式，以及在關係與工作中的問題。由於 BPD 是與長期自殺傾向最密切相關的診斷，我們可以運用關於 BPD 治療與預後的大量資料來了解這個問題。

索羅夫等人（Soloff et al., 2000）在一項研究中紀錄了

BPD 病人自殺傾向的病程，此研究比較罹患憂鬱症且沒有人格障礙症的住院病人，與同時罹患憂鬱症及 BPD 的住院病人。雖然 BPD 病人自殺嘗試致命的可能性與前者相似，但其自殺嘗試的次數顯著更多。BPD 病人自殺嘗試的平均次數為三次，若研究有更長期的追蹤，這些個案可能還會再出現更多次的自殺嘗試。

我們也可以從另一個角度來看這種關係：在反覆自殺嘗試的病人中，人格障礙症有多常見？早已確立的事實是，相較於單次自殺嘗試者，反覆自殺嘗試者有更多的精神病理，並且符合更多精神科診斷的準則（Rudd et al., 1996）。然而，很少研究者檢視過這群人當中人格障礙症的盛行率。有一個例外，一項對反覆自殺嘗試者所進行的研究（Forman et al., 2004）顯示，於門診與急診室就醫、並有多次自殺嘗試的病人中，有百分之四十一被診斷有 BPD。儘管 BPD 並非涵蓋所有案例，但很有可能的是，大多數反覆自殺嘗試者都符合某種類型人格障礙症的診斷。

在 BPD 病人中觀察到的精神病理，結合了數個領域或向度，尤其是情緒不穩定與衝動性（Siever and Davis, 1991; Crowell et al., 2009）。當嚴等人（Yen et al., 2004）檢視 BPD 病人中與自殺傾向有關的特定特徵時，高度的情緒不穩定是最重要的自殺行為預測指標。齊瑪曼等人（Zimmerman et al., 2017）則發現，這項特徵也是做出 BPD 診斷時最實用的篩檢工具。

在 *DSM-5-TR* 中，情緒不穩定或情緒失調被定義為顯著的情緒反應性（例如，強烈陣發的不安、易怒或焦慮，常持續幾個小時，很少超過幾天）。這是 BPD 的核心特徵，以此與其他人格障礙症有所區別（Linehan, 1993; Koenigsberg et al., 2002）。因此，BPD 病人可說是具有「薄皮」（thin- 78
skinned）的性格特徵，面對各種環境刺激時極易受到影響。

林納涵（Linehan, 1993）從情緒研究中提出的專有名詞「情緒失調」指的正是同樣的現象，且被視為人格的廣泛向度之一，類似於五大人格特質模型中的神經質（Livesley et al., 1998）。情緒失調可被描述為神經質的一種特定形式，其特點是情緒既不穩定又長期處於不悅的狀態。根據林納涵（Linehan, 1993）的描述，當情緒異常強烈且需花較長時間才能回復正常時，即屬於情緒失調，這個現象已在 BPD 病人身上觀察到（Koenigsberg et al., 2002）。

影響 BPD 病人自殺傾向的另一個重要人格特質向度是*衝動性*。這個專有名詞指的是控制行為能力的缺陷；衝動的病人可能被形容為「煞車系統」故障。在五大人格特質模型中，這對應到盡責性較低。衝動性是一個複雜的概念，但它有助於解釋為何病人會從自殺意念發展至自殺嘗試。有些行為（例如自傷或藥物濫用）可以事先計畫，而非總是一時衝動。然而，這項特質描述的是個體傾向透過行動作為處理情緒困擾的方式。

大量研究已發現高衝動性與自殺嘗試與自殺死亡之間的關聯（van Heeringen, 2003）。高自殺率可見於所有與衝動性相關的精神疾病中，尤其是物質濫用。事實上，超過三分之一的自殺死亡者有物質濫用史。在 BPD 中，自殺率接近百分之十（Paris, 2003），而物質濫用會大幅提升此風險。即使在反社會型人格這種衝動性的疾病中，此類病人通常被認為比較不那麼為疾病所苦，其自殺率據估計也有百分之五（Robins, 1966; Black and Kolla, 2022）。

衝動性涉及難以延遲反應及／或預先考慮其後果，這正好與五大人格特質模型中的盡責性相反。這項特質可以透過自陳問卷（self-report questionnaires）來正式評估，例如《巴瑞特衝動量表》（Barratt, 1985）。也可以在實驗室中使用神經心理學測驗來測量（Leyton et al., 2001）。這項特質與負責執行功能的前額葉皮質活動有關，也可能與血清素活性偏低有關（Coccaro and Kavoussi, 1997; Paris et al., 2004）。

總結而言，長期自殺傾向與一組功能失調的人格特質組合
有關。情緒不穩定或情緒失調會造成持續的精神痛苦，進而引
79 發自殺意念，但這些特質並無法解釋自殺行動的產生。衝動性
會促使病人將其想法付諸行動，並作出自殺嘗試。這種人格特
質組合也驅動著不穩定的親密關係，這正是 BPD 臨床表現的
核心之一。

BPD 與長期自殺傾向

由於對長期自殺傾向病人的研究證實他們可能符合 BPD 的診斷準則（Forman et al., 2004），讓我們來回顧一下我們對這個重要疾病的所知道的事。

阿道夫・史騰（Adolf Stern, 1938）首度引入「邊緣型」（borderline）這個詞，是基於這種想法：此種形式的病理介於精神官能症（neurosis）與精神病（psychosis）之間。但這種想法其實不太說得通，用「情緒調節障礙症」（emotional regulation disorder）之類的名稱會是更好的選擇。然而，在將近九十年後，史騰的論文所描繪的臨床情景仍是生動且精確的。他形容邊緣型病人正在經歷「精神淌血」（psychic bleeding），這是一種慢性的情緒不適狀態，無法被任何幫助或安慰所緩解。史騰的另一個目標是解釋為何 BPD 病人並不適合接受精神分析。他的觀察是，這些病人無法從精神分析的治療中改善病情，甚至可能惡化，而往後探討 BPD 的論者也同意這項結論。

接下來的數十年中，BPD 在科學文獻中的討論極為稀少。少數幾位精神分析師（如 Kernberg, 1984, 1987a）曾著述探討，但並無數據來支持他們的假說。直到岡德森和辛格（Gunderson and Singer, 1975）撰寫了一篇關鍵論文支持 BPD 的診斷，其依據是可觀察到的症狀，而非內心的機制，而這篇文章促成了五年後 BPD 被納入 *DSM* 的正式診斷。岡德森和辛格指出，在邊緣型病人身上觀察到的某些現象與其缺乏內在心理結構有關。即使是在初次會談中，如果臨床工作者提問甚少，讓病人自由發言，這些病人的病情會顯得更為嚴重；但如果會談是有結構地由具體問題進行，他們看起來則較為健康。這項觀察顯示，這類病人可能需要高度結構化的治療。針對 BPD 最成功的心理治療，都具有強烈結構性的元素。

然而，在接下來的數十年間，許多臨床工作者仍抗拒 BPD 這項診斷。這個概念連結到模糊的精神動力理論，且被認為需要多年治療，而這種長期治療鮮少有人負擔得起，又欠缺研究支持。BPD 歷史上的轉捩點是林納涵（Linehan, 1993） 80
開發出一種有效的治療，並有臨床試驗的支持。此外，正如研究顯示，BPD 並非無法治癒，其他研究也發現大多數病人會隨著時間而改善（Zanarini, 2019; Paris, 2020a）。自此之後，多數臨床工作者接受了這個診斷，且隨著各地建立起專門的治療單位，BPD 的診斷甚至越來越普及。事實上，針對那些具備情緒失調這個核心特徵，但並沒有更大規模的衝動性與人際關係困擾的病人，BPD 有時是被過度診斷。

BPD 的童年經驗

有大量探討 BPD 病人童年經驗的研究（Paris, 2020a）。但成人是否能準確記得自己的童年？或他們的回憶受到他們*目前*狀態的影響？大部分的資料是基於臨床樣本中成年病人的報告，這些人在嚴重的困擾狀態下被問及童年經驗。因此，所有研究結果難免受到*回憶偏差*（*recall bias*）的影響，也就是說，人們傾向從現在的角度來看待過去（Maughan and Rutter, 1997）。這代表，當一位成年病人病得越嚴重，他們對自己童年經驗的看法通常也越負面。反之，當病人狀況改善時，他們較可能對過往有較正面的陳述。

在了解這項限制後，讓我們來檢視關於 BPD 病人童年經驗回憶的龐大文獻。在我們自己的研究中（Paris, 2003），約三分之二的病人回報童年時期曾有不良事件：其中約三分之一描述曾遭受重大逆境，如持續的兒童虐待（性虐待與身體虐待）、情感或生理上的忽視，以及嚴重的家庭功能失調；另有三分之一則回報較輕微的問題（例如單次的虐待事件）。儘管如此，即使發展出嚴重的精神病理，仍有另外三分之一的病人形容自己有相對正常的童年。

這些研究結果引發兩個問題。首先，對青少年與成人期的自殺傾向而言，創傷經驗要負多少責任？相關性的資料無法解答這個問題。有些病人在未經歷任何重大創傷的情況下就出現自殺傾向，而多數在童年時曾遭受逆境經驗的孩子，往後也從未出現自殺行為。這些差異顯示，其中必定還涉及其他風險因子（詳見 Paris, 2020a 的綜述）。在 BPD 中，創傷的角色被誇大了。此外，創傷並非創傷後壓力症（PTSD）的唯一原因（Paris, 2023）。在 BPD 中，嚴重創傷會導致更加嚴重的病程 81
（Soloff et al., 2002）。

近期的一項統合分析提供證據（Porter et al., 2020）顯示，情感忽視是 BPD 病人生命史中最一致的發現。無論是哪一種逆境，最可能的解釋是，那些日後成為自殺傾向成人的兒童，原本就具有氣質上的脆弱性，而這種體質會與生命中的逆境帶來的影響產生交互作用，並放大此影響（Paris, 2022）。

這種模式最早由林納涵（Linehan, 1993）所發展，她提出一種*生物社會*的（*biosocial*）BPD 理論，意即「情緒失調的遺傳傾向」與「重要他人（通常是家人）無法給予情感認可」之間的交互作用。這點一直是我在大量的照會服務中長期觀察到的現象。因此，雖然創傷較為戲劇化，但它絕非普遍存在。對於那些情緒調節困難的孩童而言，情感未受認可這件事的重要性遠勝於創傷本身。

青春期的 BPD

BPD 通常始於青春期，首次臨床表現的平均年齡為十八歲（Zanarini et al., 2001; Chanen and McCutcheon, 2013）。然而，大多數個案更早就開始有症狀，通常在青春期左右，只是往往經過數年的症狀後才引起臨床注意。與行為規範障礙症與反社會人格不同，BPD 在女性中更為常見（Paris, 2020a），因此那些日後發展出 BPD 的女孩，在童年時期的症狀可能還不足以引起臨床關注。

BPD 是長期憂鬱青少年中的常見診斷（Lewinsohn et al., 1995; Pepper et al., 1995; Kasen et al., 2001; Chanen and McCutcheon, 2013）。一項縱貫性的社區研究（Crawford et al., 2001a, 2001b）發現，在青少年早期出現合併有外化與內化症狀的孩子，更可能在成年早期發展出 B 群人格障礙症（包括 BPD）。

在這個發展階段，出現人格障礙症狀並非*正常*。有時人們會說所有青少年都「有點邊緣型」，或認為「青春期混亂」只是人生的一個階段。沒有人否認，情緒多變與某種程度的探索試驗在這個年齡層中很常見。但多數青少年從未陷入嚴重的困擾或叛逆之中。如一項針對正常青少年的經典大規模研究顯示（Offer and Offer, 1975），絕大多數青少年並未經歷「青春期
82 混亂」，而是專注於學校與友誼，並與父母保持健康的關係。

絕對典型的 BPD 個案在青春期就可以觀察到（Paris, 2020a; Chanen and McCutcheon, 2013）。因為病人年紀太輕而未能在青春期辨識出 BPD，導致我們無法早期介入這些個案。

當然，我們並不清楚早發型的個案，其預後是否比後來才發病的個案是更好或更差，也不確定早期介入是否能改變症狀的病程。然而，在年輕成人時期出現緩解的情形是常見的（Zanarini et al., 2003; Gunderson et al., 2003）。因此，我們可以使病人及其家屬放心，BPD 並不像長期以來人們認為的那樣，所有或甚至大多數的病人都會走向慢性化。

自殺傾向與 BPD 的長期結果

BPD 的長期結果有助於釐清，有多少長期自殺傾向的病人死於自殺，以及在何種情況下他們最終放棄了自殺的行為模式。

人格障礙症的病人確實有一定的自殺風險。在兩項心理解剖研究中，一項針對青少年晚期（Rich et al, 1988），另一項針對十八至三十五歲的成人（Lesage et al., 1994），其中近三分之一的個案患有 BPD。而在涵蓋所有年齡層的心理解剖研究中，B 群與 C 群人格障礙症皆屬常見。

許多研究團隊將自殺傾向視為 BPD 的可能結果之一來進行研究。畢竟，這是一種年輕人會做出多次自殺嘗試的疾病。這些病人後來的情況如何？為什麼到了中年後，這類個案會變少？麥格拉申（McGlashan, 1993）檢視曾在栗板居（Chestnut Lodge，一間美國華盛頓特區附近的私人醫院）接受治療的 BPD 病人結果。史東（Stone, 1990）則追蹤了來自紐約州立精神病院（該院隸屬於哥倫比亞大學）一群類似的病人。我們的團隊（Paris, 2003）則研究了在蒙特婁一間綜合醫院接受治療的 BPD 病人。

所有這些研究都發現，有 BPD 診斷的病人在初次治療後的十五年後，其病情通常會隨著時間而好轉。然而，自殺死亡的比例仍然相當可觀。栗板居這組的自殺率最低（百分之三），而紐約與蒙特婁這兩組皆報告指出有百分之九的自殺率。而在加拿大漢米爾頓的一項為期七年的前瞻性追蹤研究
83 中，林克斯等人（Links et al.）發現，有百分之七的 BPD 病人死於自殺，而如果這組樣本若再追蹤七年，比例可能會更高。

我們的研究團隊持續追蹤同一群 BPD 病人，自初次就醫起的二十七年後，當時樣本的平均年齡為五十歲（Paris and Zweig-Frank, 2001）。整體而言，這些病人的狀況進一步改善，但自殺率已升至近百分之十，另有百分之八的病人因健康問題而早逝。顯然，BPD 具有顯著的長期死亡風險，並嚴重縮短壽命，這很可能是因為生活方式不穩定影響了健康狀況與獲得醫療照護的能力（Fok et al., 2014）。

針對 BPD 病人的兩項大型前瞻性研究也產出大量的論文。人格障礙症合作研究（Collaborative Study of Personality Disorders, CLPS）在多個地點針對數組人格障礙症病人的結果進行為期十年的追蹤（Skodol et al., 2005）。研究結果證實，多數 BPD 病人隨時間而好轉。此外，部分病人復元的速度令人意外地快速，在五年後僅有半數的病人仍符合 BPD 診斷準則。這種改善也與自殺行為的大幅減少有關。

第二項研究是麥克萊恩人類發展研究（McLean Study of Human Development），薩納里尼（Zanarini, 2019）追蹤一組曾於麻州麥克萊恩醫院（McLean Hospital）住院的 BPD 病人

長達二十四 年。其中許多病人的復元速度相當快（儘管約有三分之一的病人未能穩定就業和／或仍在接受某種形式的治療）。該樣本已發表的累積自殺率為百分之四，但後來上升至百分之七（Zanarini，個人通信）。

這些研究結果引發了一個問題：BPD 病人「真正的」自殺率是多少？這取決於研究對象的不同而有所變化，但在所有研究中，自殺率似乎皆落在百分之五到百分之十之間。因此，BPD 病人死於自殺的可能性與患有雙相情緒障礙症、嚴重的憂鬱症或思覺失調症的病人差不多。另一方面，至少有百分之九十的 BPD 病人，其中多數有長期自殺傾向，最終並未死於自殺。

或許在這些 BPD 結果研究中，對臨床最重要的發現是自殺發生的年齡。史東（Stone, 1990）在一項縱貫性的追蹤研究中發現，自殺的平均年齡約為三十歲，而我們的團隊（Paris and Zweig-Frank, 2001）發現，自殺的平均年齡為三十七歲。在三十歲以前發生的自殺案例極少，而這正是自殺威脅最為強烈、最令人提高警覺的年紀，也就是二十歲出頭時，這與自殺 84
死亡實際發生的年齡並不相同。對這群人而言，最需要擔憂自殺的時刻是更晚一些的時間點，是在病人無法復元、歷經多次治療失敗後放棄的時刻。

了解這些研究結果有助於治療師面對較年輕的病人，無論他們提出多麼令人毛骨悚然的自殺威脅時，都還得以保持冷靜。那些最讓我們感到害怕的個案，在診間和急診室威脅自殺的年輕病人，並不是自殺風險最高的群體。這並不是說他們*絕對不會*自殺，而是說他們的風險比我們所想的要來得低。

不幸的是，目前幾乎沒有強而有力的預測指標能分辨出哪些 BPD 病人最終會自殺、哪些則會繼續活下去。最有力的預測指標是物質濫用，是在這些研究中的其中兩項所發現的（Stone, 1990）。酒精與藥物是所有病人自殺死亡公認的風險因子，這很可能是因為喝酒或用藥的人更容易衝動行事。

總結來說，關於 BPD 的長期研究結果既令人振奮，也令人擔憂。一方面來說，多數有長期自殺傾向的 BPD 病人會隨著時間而復元，且並未自殺身亡；但另一方面，這些病人中最多約有十分之一最終死於自殺。這凸顯了為何做出人格障礙症的診斷，對於臨床處置而言至關重要。

【第 7 章】

85

心理治療研究與長期自殺傾向

心理治療是長期自殺傾向病人首要的治療方式。必須承認，目前幾乎沒有針對長期自殺傾向的心理治療所進行的實證研究，原因在於，若要獲得倫理審查核可來執行這類對照試驗，將十分困難。但由於目前已有非常大量針對 BPD 治療的研究，而長期自殺傾向正是該疾病的主要特徵，因此這些研究對於這個臨床群體的可治療性（treatability）極具參考價值。

此外，BPD 病人通常會主動尋求協助，門診的報告指出，多達約百分之十五至二十五的病人具有 BPD 的診斷（Zimmerman et al., 2005）。最近期針對心理治療的考科藍（Cochrane）報告（Storebo et al., 2020）結論指出，數種治療方法，尤其是辯證行為治療（DBT），具有良好的療效實證。正如考科藍的一貫作風，該報告仍呼籲進一步的複製性研究。然而，DBT（當可取得的時候）已成為 BPD 病人最標準的治療方式。無論何種形式，如果病人經由心理治療獲得改善，他們就不太可能死於自殺。

心理治療的一般原則

在探討特定方法之前，讓我們從更宏觀的角度審視關於心理治療運作方式的實證文獻。

有些研究支持的普遍原則，適用於所有形式的心理治療。首先，我們知道心理治療往往是有效的。早在四十多年前，史密斯等人（Smith et al., 1980）進行了一項影響深遠且廣受引用的統合分析，他們檢視四百七十五項測量各種治療
86 形式效果的研究，發現接受治療與未接受治療之間存在顯著差異。此後的每一份文獻綜述都得出相似的結論（Barkham et al., 2021）。正如史密斯等人（Smith et al., 1980, p. 183）所言：「心理治療對所有年齡層的人都有益，其可靠程度與學校教育、醫學治療或商業獲利同等。」當然，就像教育、醫學和商業一樣，良好的結果雖常見，但絕非保證。

其次，心理治療之所以有效，其機制並非任何特定方法所獨有。數十年前，羅森茨維格（Rosenzweig, 1936）引用路易斯．卡羅（Lewis Carroll）的話來結論指出，比較不同治療形式的成效，會得出「渡渡鳥裁決」（“Dodo bird verdict”）（「大家都贏了，人人皆有獎」）。八十年後回顧研究文獻，這種「渡渡鳥裁決」已受研究的廣泛支持（Wampold and Imel, 2015）。這並非意味著任何治療都夠好，而是指對一系列結構完善的治療方法彼此直接做比較，療效或多或少都差不多。

矛盾的是，基於完全不同理論的治療方法之間沒有差異，反而為心理治療中最有效的成分提供了一項重要線索。如

果成功取決於所有方法共有的因素，那麼治療的效果必然仰賴於「非特異」或「共同」的因素。

法蘭克父女（Frank and Frank, 1991）提出一個常被引用的解釋，說明治療中的共同因素是如何發揮作用的。病人在來治療時感到絕望與氣餒，而治療則重新動員了他們的內在資源。治療透過建立穩固的治療同盟，並提供技巧來解決影響工作與人際關係的問題，來達成這一點。因此，治療能引導病人邁向復元的能力比治療背後的理論要來得更為重要。

第三，有些病人在心理治療中能獲得比其他人更佳的療效。最一致的療效預測指標是症狀的嚴重程度，以及在工作與人際關係中的功能水準（Barkham et al., 2021）。不過，即使治療對病況較輕的個案的療效紀錄較佳，它仍是對那些對藥物反應不佳的數種疾病（如人格障礙症、物質使用障礙症與飲食障礙症）而言最好的選擇。

第四，共同因素的重要性指出治療師技巧的關鍵角色。然而，治療師之間的差異，似乎並非取決於經驗或運用特定技術的能力。相反地，那些具有同理心且擅於促進與病人建立治療同盟的治療師，通常會取得更好的結果（Beutler et al., 2004）。

第五，病人與治療師的因素都會影響治療同盟的品質，而 87
這是治療結果的預測指標（Orlinsky et al., 2004）。然而，病人對於治療同盟的主觀經驗（而非治療師的經驗）最能預測治療結果。歐林斯基等人（Orlinsky et al.）提出了一套心理治療的「通用模式」，描述各種方法中的共同因素。成功治療最重要的元素包括：（1）明確界定的契約、（2）建立強而有力的同盟、（3）鼓勵病人保持開放、（4）持續聚焦於當前的生活問題與人際關係。

請注意，這些原則全都源於針對短期治療的研究，這類治療通常為期數月，至多一年的時間。但幾乎沒有證據顯示心理治療需要持續數年之久。在一項針對 BPD 病人的辯證行為治療的研究中，麥克曼等人（McMain et al., 2018）發現，為期一年的治療與六個月治療的結果並無差異。我們的團隊（Laporte et al., 2018）報告指出，許多 BPD 病人，即使是長期自殺傾向者，也可以在甚至更短的時間內（約三個月）成功治療。但確實也有些病人需要更多時間來復元。

長期心理治療如今變得較不普遍，主要是因為費用高昂。潛在的病人通常也尋求較短期的介入，因此對於無期限治療（open-ended therapy）的需求減少。此外，還有種種限制措施，使得長期治療不易持續。在美國，治療師的做法必須調整以配合第三方支付者的審查，而這些單位通常對於長期治療持懷疑態度。在英國，國民健康服務內的心理治療也多屬短期性質（Clark, 2018），但這個公營醫療體系目前尚未設置專門針對特定病症的心理治療。在加拿大，精神科醫師可以不受時限地執行心理治療，但多數人並不提供這項服務。此外，真正從事此類治療的臨床心理師通常也不在保險給付範圍內。

有充分證據顯示，對於多數臨床工作者所診視的病人而言，較短期的治療也能有效。在一項經典的大型心理治療門診研究中，霍華德等人（Howard et al., 1986）發現，半數病人在八週內就有改善，四分之三的病人在二十六週內改善。相較之下，關於無期限心理治療的價值，幾乎沒有什麼研究資料。對於任何種類、超過十二個月以上的治療，根本沒有任何研究支持其療效。

針對自殺嘗試者而言，心理治療（包括各式各樣的治療介入）能減少其自殺行為頻率的證據也相當充足（D' Ancy et al., 2019）。在缺乏研究資料支持更長期治療的前提下，可以 88
得出結論：多數長期自殺傾向且患有 BPD 的病人，可在較短期間內完成治療，治療時間至多一年。約二十次療程的時程安排，是被最嚴謹檢驗過的治療長度。即使是自殺傾向的病人，也未必需要接受長年累月的治療。

為了顧及各層面，病人可以依循***階段式照護***模式（*stepped care model*）來提供處置（Paris, 2019）。這個概念的意涵是，病人需要經過分流，針對病情較輕的個案給予短期治療，而將密集且較長期的治療保留給那些症狀較嚴重的病人。因此，我們針對 BPD 的治療計畫，對大多數病人提供短期治療，但對於複雜的個案，則提供更長期的治療（至多十二個月）。

然而請記住，所有經過實證測試的治療方法都是為主動尋求治療的病人所設計，而在所有自殺案例中，有超過一半發生於那些*未*接受治療、首次嘗試自殺的人身上。在一篇綜述中，圖瑞奇和布倫特指出（Turecki and Brent, 2016, p. 29）指出：

> 針對精神疾病的心理治療、藥物治療，或神經調節治療往往能預防自殺行為；此外，對自殺嘗試者進行精神健康服務的定期追蹤，是預防未來自殺的關鍵。

這項結論對於那些主動求診的病人（其中有些具有長期自殺傾向）而言是正確的。然而，目前尚無任何治療能夠特別用來預防大多數的自殺死亡。聚焦於可治療的自殺嘗試者，這個想法是正確的，且幾乎總是需要以門診心理治療的方式進行，並使用專門的方法。治療必須在門診的環境下展開，以協助病人透過工作、學業與人際關係，重拾對世界的參與。

BPD 的辯證行為治療

DBT（Linehan, 1993）是專為長期自殺傾向病人所發展的治療方法。林納涵接受認知治療與自殺研究的訓練，後來才發現幾乎所有她治療的病人都符合 BPD 的診斷。

DBT 是針對長期自殺傾向病人所改編的 CBT，融合了來自其他學派的方法，採取折衷式的治療策略，並納入個別與團體治療。基於林納涵的生物社會理論，DBT 專門針對 BPD 中
89 的情緒失調而設計，並處理控制衝動行為的議題，這些衝動行為被視為嘗試因應痛苦情緒的方式。DBT 將行為分析運用在導致自我傷害與服藥過量的事件歷程上（即重建事件發生的前因後果），幫助病人觀察自己如何因生活壓力而導致出現情緒失調，尤其是那些與無法提供認可的環境（invalidating environment）相關的壓力。DBT 接著鼓勵病人尋找更好的方式來處理痛苦情緒。DBT 強調治療師如何同理地回應病人情緒，藉此對病人的內在經驗進行「認可」（validation）。

林納涵等人（Linehan, 1991）進行了第一項對 BPD 實施心理治療的隨機對照試驗，發現 DBT 優於「常規治療」

（treatment as usual, TAU），即社區中一般的門診治療。在接受一年治療後，DBT 組病人的自殺嘗試較少，住院時間較短，功能水準也較高（Linehan et al., 1993）。其治療中斷率低（約百分之十），但在其他地點進行的複製性研究中，觀察到至多有三分之一的病人提前結束治療。在林納涵的門診以外，亦有多項獨立研究獲得類似的正向結果（Verheul et al., 2003; van den Bosch et al., 2002），而 DBT 也被應用於同時有物質濫用情況的 BPD 病人（Linehan et al., 2002）。

由於常規治療可能無法與結構良好的治療方法作出公平的比較，第二項研究（Linehan et al., 2006）發現 DBT 也優於「專家治療」（treatment by experts, TBE），後者指的是由對 BPD 有專門興趣的臨床工作者實施的精神動力治療，或以個案為中心的治療。雖然與常規治療相比，差異比較不那麼顯著，研究作者指出，服藥過量和隨後住院的次數也有所減少。

關於 DBT，仍有一些未解的問題。首先是其對特定療效（specific efficacy）的主張。有研究直接比較依據不同治療指引所發展的另一種方法，發現治療結果並無差異（McMain et al., 2018）。這種對照治療後來被稱為「綜合精神醫學處置」（General Psychiatric Management, GPM）[1]，並已就其療效進行獨立研究（Choi-Kain et al., 2017）。

第二個問題是有關其普遍適用性（generalizability）。正如史托寶等人（Storebo et al., 2020）在其考科藍報告中指出

---

1 譯註：GPM 有兩種名稱，又名「優良精神醫學處置」（Good Psychiatric Management）。

的，我們需要更大的樣本來進行 DBT 療效的複製性研究。此外，臨床研究中的選擇偏誤可能影響結果（Westen et al., 2004）。並非每一位 BPD 病人都會完成 DBT，我們也並不知
90 道這種治療是否能適用於這個臨床群體中的每一個人（Scheel, 2000）。

第三個問題與接受 DBT 病人的長期結果有關。林納涵（Linehan, 1993）認為完整的治療過程可能需要數年，但目前僅有第一階段（針對自我傷害行為進行介入並加以控制）曾被研究，而多數病人僅能負擔為期一年的治療。林納涵等人（Linehan et al, 1991）研究的原始受試者群體是在三十多年前接受治療的，但遺憾的是，這些病人從未進行後續追蹤。然而，其他研究顯示，一旦病人復元，他們很少會回到先前的行為模式（Zanarini, 2019）。

第四個問題是費用。DBT 所需資源龐大且昂貴。因此，在其問世十多年後，實際執行仍不普遍。即使有 DBT 可提供，長時間等候也是常態，對於至少需要一年的治療，這是無可避免的情況。也因此，DBT 可考慮被拆解並精簡化，以達成臨床上更大的影響。就目前而言，至少以其原始形式來看，DBT 對於大多數它開發來要治療的疾病病人來說，仍是過於昂貴的療法。

其他 BPD 的心理治療

現今已有許多針對 BPD 所開發的心理治療方法。關於這些替代方案的書籍可能多達百本，而許多書銷量不錯，因為

治療師渴望學習如何應對最困難的病人。同樣地，關於治療BPD 病人的研討會與課程往往擠滿人潮。然而，直到最近，我們對於這些治療方法是否有效，幾乎很少或沒有實證資料可供參考。

心智化為基礎的治療

英國倫敦的貝特曼和馮納吉（Bateman and Fonagy, 1999, 2001）發展出一種整合精神動力治療與 CBT 理念的方法。這正是「心智化為基礎的治療」（Mentalization-Based Treatment, MBT）（Bateman and Fonagy, 2004）。MBT 的理論基礎是，BPD 病人缺乏運作良好的「心智理論」（theory of mind）；換句話說，他們的心理狀態與行為反映出他們無法理解他人（以及自己）的感受、想法與行為。這種對同理心及自我觀察缺陷的強調，類似早期的一種觀點，認為邊緣型病人需
要發展出「觀察的自我」（observing ego）（Frieswyk et al., 91
1984），這對於建立治療同盟是必要的。MBT 也運用了由CBT 發展出來的概念，透過如重新架構（reframing）與再評估（reappraisal）（Beck and Freeman, 2002）等認知原則，鼓勵病人從不同角度看待自己的人際關係。MBT 同時包含個別與團體治療。

儘管 MBT 是由兩位精神分析師所發展，它主要關注的並非童年經歷或移情。MBT 符合大方向的治療原則，也就是有效的心理治療是持續聚焦於解決當前的困擾（Orlinsky et al., 2004）。像 DBT 一樣，MBT 著重於協助病人提升觀察自己及他人情緒的能力，這是有其道理的。

MBT 的成效已獲得臨床試驗支持，這些試驗在日間病房與門診進行，每一組樣本都追蹤長達八年之久（Fonagy and Bateman, 2006）。可惜其他治療方法缺乏像這個研究的長期追蹤。結果顯示隨著時間過去，治療成效仍維持穩定。此外，一項近期針對十二項研究的綜述發現，MBT 的療效有合理的支持證據（Malda-Castillo et al., 2019），但該文也呼籲需進行更多後續研究。

簡言之，MBT 是一種有實證基礎、可替代 DBT 的治療方式，但尚未經過同樣仔細的研究檢驗。

移情焦點心理治療

移情焦點心理治療（Transference-Focused Psychotherapy, TFP）是一種源自康伯格（Kernberg, 1984）的想法，由古典精神動力治療所改編的治療方式，專為治療 BPD 而設計。此方法強調對病人與治療師之間移情問題的詮釋（Clarkin and Levy, 2004）。TFP 已獲得某些臨床試驗的支持，儘管這些研究的統計檢定力並非特別高（Levy et al., 2019）。TFP 有一項特別之處：在開始治療之前，病人必須簽訂契約，同意停止服藥過量與自殘；若未遵守，則會終止治療，這也使得接受治療的群體被限縮為較容易處理的病人。

儘管移情是否是良好心理治療的必要元素仍有爭論，TFP 實際上可能比其理論所呈現的更加折衷。心理治療的研究，較擅長展示治療結果，而不見得能藉由治療背後的理論來加以解釋。任何結構完善、能夠促進與病人建立治療同盟，並能處理現實生活問題的治療方式，通常都會有某種程度的療效。

基模治療

一種源自 CBT，但也結合精神動力模式概念的治療法是「基模治療」（Schema Therapy）（Young, 1999）。這種方法聚焦於童年經驗對病人之世界觀的影響，並試圖改變這些基模。它包含個別與團體治療。對這種方法已有幾項臨床試驗（Arntz and van Genderen, 2020），但由於樣本數低，至少到目前為止的研究結果尚無法視為定論。

情緒預測性與問題解決系統訓練

這項縮寫為 STEPPS 的情緒預測性與問題解決系統訓練（Systems Training for Emotional Predictability and Problem-Solving, STEPPS）療法，由愛荷華州的一組團隊開發，旨在提供一種可在大城市之外使用的 BPD 治療方案（Black and Blum, 2017）。此法與 DBT 類似，聚焦於情緒調節，但技巧僅在團體中教授，療程時間短，因而成本較低，適用的對象更廣泛。如今 STEPPS 已獲多項臨床試驗支持。因此，STEPPS 提供了一種類似 DBT，但更為簡短且相對便宜的治療方法。

綜合精神醫學處置

這項縮寫為 GPM 的方法由岡德森和林克斯（Gunderson and Links, 2008）所發展，是根據觀察到結合支持性與目標導向治療的折衷方案，足以與 DBT 匹敵（McMain et al., 2018）。目前最主要的倡導者是哈佛精神科醫師羅伊絲・蔡－凱恩（Lois Choi-Kain）。GPM 採用階段式照護模式，初步提供十次治療作為第一階段，而其他更長期且較昂貴的介入則保留給有需要者（Kramer et al., 2021）。GPM 也已被調整以適用於青少年族群（Ilagan and Choi-Kain, 2021）。這些理念與我們診所自身採用的階段式照護模式一致（Paris, 2017）。總之，GPM 意在善加利用所有治療方法中的共同因素，並讓 BPD 的治療更普及可得。

93 間歇性治療

對於有 BPD 的長期自殺傾向病人而言，持續的心理治療不必是唯一的選項。長期前瞻性追蹤研究（Zanarini, 2019; Gunderson et al., 2011）確認了早期的研究結果，即這些病人的病程會起起伏伏，且大多數人最終可以復元。並非所有長期自殺傾向病人在任何時刻都具有自殺傾向；他們可能會出現危機，但在危機之間能夠保持功能良好。

這項觀察結果引出了另一種可能性，也就是長期自殺傾向病人有時可以採用間歇性治療（Intermittent Therapy）的處置。這種方式早在數十年前即由麥格拉申（McGlashan, 1993）提出，其基礎來自三項證據。第一，BPD 病人隨著時間逐漸復元，且在危機之間往往有比較好的功能。基於此原因，連續多年接受治療可能在成本效益上並不划算。第二，間歇性治療可避免病人產生不必要的依賴與退行，使他們能自行鍛練生活技能。在此模式下，病人可專注於自我成長，並保留在遇到困難時重新回到治療的選項。第三，許多病人要維持長期的治療關係有困難，不論是在生活中，或與精神健康專業人士之間皆是如此。這是另一個原因，說明了為何在治療中有休息的時期可能對他們有所幫助。

為了實施間歇性治療，治療師需要讓病人在準備好暫時休息時可以離開，同時保持可聯絡的狀態，並在他們需要再度就診時能夠重新接手治療。在我們自己的某個計畫中，曾接受六個月至一年治療的病人結案時，會帶著要嘗試自行處理問題的指示，但同時保留另一段六個月的治療「存量」，以便他們在有需要時啟用。

常規治療

我們也應該討論一下常規治療（TAU）的優缺點。BPD 病人往往在缺乏理論基礎的治療計畫下，接受心理治療、藥物或兩者皆有的追蹤治療。這種折衷的做法可能會帶來問題，但並不一定毫無用處。有一項統合分析發現，TAU 有某種程度的療效（Finch et al., 2019）。然而，TAU 之所以被當作對照組，是因為病人往往對它不滿。在某些臨床環境中，多達一半
的病人可能會中途退出治療（Skodol et al., 1983）。不論 BPD 94
病人需要的是什麼，如果他們用腳投票，他們想要的是不同的選擇。

總覽

患有 BPD 的長期自殺傾向病人通常需要比僅僅依賴共同因素更為特定的介入方式。尤其是，「支持」並不總是有用：這類病人的心理治療需要良好的結構，並且積極主動。雖然上述所有治療方法現在都有試驗證實其療效，但尚不清楚這些方法中所描述的特定技術，是否真的是其療效的關鍵

因素。儘管如此，DBT 擁有最強的實證基礎，若能更容易取得，將可能成為更標準的治療方式。

最後，我們需要思考的是，針對 BPD 病人進行的心理治療試驗，是否總能推論至那些症狀更加持續且嚴重的自殺病人。這些病人更難以處理，也不太可能主動（或被）納入隨機對照試驗。這些病人可能也需要比平均更長的治療時間。

話雖如此，BPD 病人仍然需要接受治療。針對處理這類病人群體中極為常見的長期自殺傾向，第九章與第十章即將回顧臨床經驗。

【第 8 章】

95

藥物治療與長期自殺傾向

藥物治療與當代精神醫學

我通常傾向為我的專業辯護，以應對眾多批評者。

但對於患有嚴重精神疾病之病人的治療現況，精神醫學確實需要更具批判性。

精神科醫師曾經一度被視為心理治療的專家，對於該如何給予困難病人最好的處置，經常是被諮詢意見的對象。然後，在短短一代人的時間內，這個領域經歷了典範轉移，捨棄心理治療，轉而偏好藥物治療。同時，大多數受過 CBT 訓練的心理師，如今已接手主導了「談話治療」的運用。精神科醫師則專注於發展藥物治療的專業。如今，當人們來諮詢我們時，通常問的是關於藥物的問題。

在過去，精神健康的實務幾乎唯獨聚焦於心理治療，而現在鐘擺則大幅度地轉向藥物治療。精神科醫師現在很少再對病人提供談話治療（Tadmon and Olfson, 2022），而這種「五十分鐘一節」的治療，現在成了臨床心理師的領域。這種轉變部分是由於精神疾病治療藥物的發現，這些藥物對多種症狀有效。精神科醫師手中有藥物能夠逆轉精神病症狀，也能預防躁症復發。他們也有藥物可以控制憂鬱與焦慮，而這些是治療師最常見到的症狀。

問題在於，許多具有複雜症狀的病人，例如長期自殺傾
96 向，對目前使用的任何藥物反應並不好（若非如此，根本就不必寫這本書）。如果我們能以專業級的藥物治療處理每一個困難個案，人生當然會簡單許多。但在 BPD 病人身上，這些藥物的價值被嚴重高估。依我對現有證據的解讀，抗憂鬱劑對這類病人並不太有用，雖然低劑量的抗精神病藥物（通常用於治療失眠）可以扮演輔助性的角色（Paris, 2020a）。

我一直試圖理解，為什麼我的同儕對於用藥治長期自殺傾向病人抱持這麼強的信念。我只能得出這樣的結論：這個學科在剛脫離對精神分析的長期迷戀之後，如今又陷入一套新的神話之中，對狹隘的醫學模式以及藥物治療的效果產生了近乎宗教式的信仰。然而，這些做法背後的理論是薄弱的。正如近期一項大型系統性文獻回顧所顯示的，對於如憂鬱症的血清素假說這種廣為接受的概念，其實證據不多（Moncrieff et al., 2022）。此外，對自殺傾向病人使用積極的多重用藥（polypharmacy）治療，在現實世界中甚至成效薄弱（Paris, 2020a）。

有趣的是，許多病人也同樣擁抱這些信念。他們如今不再渴望被「分析」，要求的是得到一個診斷，通常不加批判地接受它，並要求使用藥物來矯正「化學失衡」。有些人會來診所要求找一位專長是精神藥理學的醫師。那些曾經接受這類治療的病人，往往會開始相信自己需要不斷地調整藥物——而且是反覆地調整。無庸置疑，那些從事這類治療的精神科醫師相信自己所做的事情。但他們的行為，是在缺乏嚴謹臨床試驗證據

的情況下進行的。

對許多憂鬱症病人而言，藥物並不有效，或僅在短時間內有效，之後卻神祕地失去作用。這種現象意味著，處方醫師所觀察到的效果，有一部分其實是強烈的安慰劑效應。病人是因為神經傳導物質得到平衡，而受益於藥物「調整」？還是他們的改善，其實與頻繁看診、並在藥物治療的偽裝下獲得支持與照顧所產生的安慰劑效果有關？

偏好不使用藥物的心理治療師，不得不感到不安。即使是相信心理治療的臨床工作者，也會覺得有必要進行精神科照會作為「保障」，以判斷病人是否也需要藥物治療。可預見的結果是，病人總是被建議接受藥物治療，於是每位病人最終都會服用一種或多種藥物。我擁有醫學博士學位，這使我能夠保守 97
地開立處方，並為那些不需要藥物的病人停藥。

在許多精神疾病中，心理治療與藥物治療的結合已被大量文獻證實有效（Barkham et al., 2021）。但這些資料並不代表*每一位*患有憂鬱或焦慮的病人都需要藥物治療。但如今，還有誰願意說「很多病人其實只靠心理治療就能處理」呢？要找到這樣的照會意見非常難得（如果不是不可能的話）。對於那些不需要抗憂鬱劑卻幾乎都被開立處方的有憂鬱症狀的病人，最多只能說，這些藥物並不算是特別危險。

精神藥理學與自殺防治

雖然對長期自殺傾向病人而言，精神藥物治療並不特別有用，但有研究顯示，針對某些精神疾病的特定藥物可以減少自殺帶來的死亡。

最具說服力的資料來自於雙相情緒障礙症病人的研究。長期追蹤研究（Goodwin et al., 2003）與全國登記資料研究（Kessing et al., 2005）都顯示，服用鋰鹽的病人，其自殺率低於未服用者。這些發現也獲得系統性文獻回顧的支持（Cipriani et al., 2005; Baldessarini et al., 2006）。

然而，在建立因果關係上，這裡仍有一個問題：那些能夠遵從醫囑服用藥物的病人，其自殺風險可能本來就比不遵從治療者要來得低。因此，我們看到的可能不是藥物療效，而是選擇偏誤。此外，在提供鋰鹽治療的診所就醫的病人，通常也會接受密切的監測與心理社會支持。因此，儘管我們無法明確指出處方鋰鹽能預防雙相情緒障礙症病人的自殺，但現有數據仍提供一個合理的論點，支持使用鋰鹽，並將其優先於抗癲癇藥物，作為雙相情緒障礙症維持期的治療選擇。

鋰鹽能否預防*沒有*雙相情緒障礙症（或有嚴重的憂鬱症）之病人的自殺，則更有爭議。雖然有些證據指出，鋰鹽可以降低憂鬱症病人的自殺死亡率（Baldessarini et al., 2006），但對於長期自殺傾向的 BPD 病人而言，鋰鹽的療效尚未被證實（Links et al., 1990）。而且考量到鋰鹽在過量時的毒性，對這類病人而言，這其實會是一個有風險的選擇。

98 這個故事還有另一個轉折。研究已顯示，飲用水中鋰含量較高的社區，其自殺率較低（Helbich et al., 2015）。基於這樣的研究，有些臨床醫師會開立鋰鹽來作為自殺傾向的處方，但相關資料其實還不確定。而在急性且嚴重的憂鬱症中使用電痙攣治療所展現的療效，有更強而有力的實證支持（Abrams,

2002）。

至於抗憂鬱劑是否能預防自殺，也是引起爭議的議題。考量到這些藥物被開立處方的頻率，以及相對穩定的自殺率，有些專家（van Praag, 2003）想知道為何這類藥物被廣泛使用卻無法降低自殺率。

支持抗憂鬱劑有助於降低自殺風險的證據，主要來自數十年前在斯堪地那維亞地區所進行的研究。一項屍體解剖研究發現，對憂鬱症病人而言，如果有服用抗憂鬱劑的話，（與其他原因相比之下）比較不可能死於自殺（Isacsson et al., 1996）。不過，許多自殺死亡的病人在此之前其實已經使用過這些藥物。此外，當瑞典的家庭醫師開始更頻繁地開立抗憂鬱劑時，就在差不多的時間點，鄉村地區的自殺率也開始下降；而一項針對瑞典家庭醫師進行的憂鬱症教育計畫，其後也伴隨著自殺死亡的減少（Isacsson, 2000）。

然而，這些研究結果都尚未在其他國家獲得重複驗證。在一項針對初級照護醫師教育計畫的英國研究中（Morriss et al., 2005），並未發現對自殺率有任何影響。在美國，目前有百分之十二的人口使用選擇性血清素再回收抑制劑（SSRIs）（Pratt et al., 2011），但這樣的廣泛處方也未對自殺率產生影響。

多年以前，人們曾高度關注抗憂鬱劑是否會*提高*自殺率，特別是在青少年族群中（Lapierre, 2003）。但這項爭議其實源於一種誤解。從未有研究顯示正在服用抗憂鬱劑的青少年更有可能自殺，只是在使用 SSRIs 時，有些人會變得激躁（agitated），並可能伴隨自殺意念的增加。

現在我們來看看抗精神病藥物的角色。有充分證據顯示，患有思覺失調症且服用氯氮平（clozapine）（而非其他抗精神病藥物）的病人，其自殺率較低（Meltzer and Okayli, 1995）。然而，對於非精神病的長期自殺傾向病人，並不適合開立如氯氮平這種需要密切監測的藥物。

99 近期在使用藥物預防自殺方面的一項新發展，是將氯胺酮（ketamine）用於自殺傾向的病人。這種長期以來常被用作街頭毒品的藥物，目前正用於治療難治型憂鬱症，可能得以（至少暫時）降低自殺意念（Lengvenyte et al., 2019）。然而，這並不能證明氯胺酮能預防自殺死亡，而且這種藥物從未在長期自殺傾向病人中進行過測試。

長期自殺傾向的藥物不當管理

目前精神醫學的生物醫學模式，在治療思覺失調症或雙相情緒障礙症等精神病病人時是最有道理的。然而這種方法對我們所見的大多數病人並沒有那麼有用。尤其對於長期自殺傾向的 BPD 病人而言，幫助更是有限。藥物對這類病人僅有些微的效果，而他們其中許多人可能會從心理治療中獲益。然而，一旦病人去看精神科醫師，最後就可能用上多重用藥，但其療效讓人存疑。我已經數不清我接過多少次照會，病人正在服用五、六種藥物，卻沒有什麼成效。

當一位痛苦的病人就醫時，對方當然會期望醫師做點什麼。而對精神科醫師來說，「做點什麼」通常就意味著開藥。由於自殺傾向的病人通常符合 *DSM-5* 中對憂鬱症的診斷準則，他們就會被開立抗憂鬱劑。但如果藥物沒有效果呢？再次說明，大規模的 STAR*D 研究發現，在門診接受標準藥物治療的憂鬱症病人中，完全緩解的比例不到一半（Rush et al., 2009）。

醫師們被教導的對策若非調整劑量，就是加上一種「輔助」（adjunctive）用藥（通常是抗精神病藥物），以期增強抗憂鬱劑的效果。我在照會時看過許多病人，他們原本是由標榜自己為精神藥理學專家的精神科醫師治療。一旦病人困擾加劇，就會被加上更多藥物，有時甚至是兩種抗憂鬱劑和／或兩種抗精神病藥物。這種做法是為了嚴重憂鬱症的病人而發展的，但對於較輕微或慢性的憂鬱症，並沒有臨床試驗的實證基礎。即便如此，藥物調整後病人可能會覺得好一些（這可能來自安慰劑效應）。但因為害怕復發，醫師可能不會停用原來的抗憂鬱劑。結果，許多病人最後竟同時服用了第四種，甚至第五種藥物。

多重用藥就是這樣產生的。這是糟糕的醫療，幾乎沒什麼 100
實證基礎。儘管我們每天都會看到病人同時服用多種藥物，但幾乎沒有人真的對藥物組合進行過臨床試驗。因此，醫院的門診以及精神科醫師的私人診所，對於長期自殺傾向的病人來說，可能反而是有害的。所以，治療這類病人的治療師應謹慎提出醫療照會的需求。通常最好的做法就是專注在自己的治療工作上。

同樣地，當處在病人威脅要自殺的危機時，非醫師背景的治療師可能會覺得有責任將病人送去急診室，而病人很可能會帶著藥物處方回家。在某些案例中，專業組織甚至訂出指引，強調這是必要的程序。例如，美國精神醫學會在二十年前為患有 BPD 的自殺病人制定的指引中，就支持將有自殺傾向者轉介至醫院急診室（Oldham et al., 2001）。心理師與社工師也被給予類似的指引，導致徒勞無功的介入（以及急診室的進一步混亂）。

問題在於，一旦病人進入醫療體系，他們就如同踏上了反覆住院與多重用藥的跑步機，這些措施都不是基於實證的自殺介入措施，而原本的治療目標也幾乎被遺忘。有些反覆進出急診室和／或住院病房的長期自殺傾向病人，甚至有可能陷入所謂「精神醫療化」（psychiatrized）的風險。我用這個詞指的是一種過程，其中病人的精神病理逐漸調整並適應於強化這些症狀的體系。

如今我們幾乎看不到沒有接受任何形式精神藥物治療的病人，除非他們事先已經婉拒這樣的建議。幾乎已成定論的是，自殺病人若未服藥，便無法獲得妥善治療。而當病人狀況不佳時，精神科醫師若被邀請會診，也往往會建議使用尚未嘗試過的新藥。

由於非醫師的治療師無法開立處方，他們往往會高估藥物的價值。心理師可能也會因為想贏過與精神科醫師的競爭而想要這麼做，但他們有所誤解。他們無法開藥這件事，其實反倒成為病人的一種保護。然而當病人狀況惡化時，治療師也希望能分散負擔。結果就是轉介精神科會診，而多數病人最終會開始服藥。

雖然對於任何專業背景的臨床工作者而言，手上有困難個案，尋求第二意見往往有幫助，但這位受諮詢者不必然要是精神科醫師；其實也可以是經驗豐富的心理治療師。認為只有醫師才有資格來評估自殺風險，其實是很值得懷疑的想法。但醫學專業仍常被諮詢，因為醫師已習慣做出生死相關的決策。矛盾的是，讓我覺得自己身為醫師特別適合治療這類病人的主要理由，是我更清楚自身治療手段的極限。 101

BPD 藥物治療的研究

現在我將對藥物在 BPD 的療效證據進行批判性檢視，尤其是在具有長期自殺傾向的情況下。

抗精神病藥物

儘管抗精神病藥物是為治療精神病而研發，但這類藥物在低劑量下可以減輕 BPD 病人的衝動症狀（Binks et al., 2012）。情緒未必會改善，但依自殺意念行動的傾向可能得以緩解。傳統上，考量到這些藥物的副作用，精神科醫師在開立時通常較為謹慎，但現在情況已不再如此。

非典型抗精神病藥已取代舊的藥物，因為與典型抗精神病藥相比，它們的副作用較少。然而，這些藥物本身也有副作用，例如長期使用可能導致嚴重肥胖。因此，目前對於非精神病的病人較常使用的藥物是喹硫平（quetiapine）與阿立哌唑（aripiprazole），這兩者的副作用較少。

由於缺乏隨機對照試驗，目前美國並未核准任何藥物用於治療 BPD。然而，喹硫平用於 BPD 的研究只有一項大型臨床試驗（Black et al., 2014）的支持，而其中使用的劑量（每天超過二百毫克），在我看來實在過高。治療失眠或高度焦慮時，大約二十五或五十毫克的劑量就能有幫助，但這種用法是屬於適應症外使用（off-label）。至於阿立哌唑，雖然其副作用甚至比喹硫平更少，但它缺乏臨床醫師希望看到的鎮靜效果。

抗憂鬱劑

長期自殺傾向病人是憂鬱的，但他們的症狀通常屬於 BPD 診斷的一部分，且對抗憂鬱劑的反應與憂鬱症發作的病
102 人的反應並不相同（Gunderson and Phillips, 1991）。我們目前已不再對有自殺傾向的病人使用三環類（tricyclic）抗憂鬱劑，因為這類藥物太容易致命——一週的劑量就可能致死；單胺氧化酶抑制劑（monoamine oxidase inhibitors）也有類似的問題。因此，如今 SSRIs 已成為憂鬱症的標準治療，並經常用於 BPD 病人，以期改善其憂鬱症狀。不過，對這類病人的隨機對照試驗顯示，情緒改善的幅度相當有限；其效果遠不如抗憂鬱藥對於典型憂鬱症的療效。不過，這些藥物可能對降低焦慮有較佳的效果，並可考慮用於處理恐慌發作（Ripoll, 2013）。高劑量的 SSRIs（例如六十至八十毫克的氟西汀〔fluoxetine〕）曾被用來處理自我傷害（Markowitz, 1995），但許多病人因為副作用而無法耐受這樣的劑量，例如靜坐不能（akathisia），這樣的坐立難安反而可能加重自殺傾向。

大多數文獻指出，BPD 病人的情緒並不會因這些藥物而穩定改善（Storebo et al., 2020）。一些較早期的研究指出，SSRIs 可能對 BPD 的衝動症狀有部分療效（Coccaro and

Kavoussi, 1997）。但即便開立常規劑量的 SSRIs，它對憂鬱情緒的臨床效果仍然模稜兩可，儘管可能有助於減輕焦慮。

現在幾乎看不到未使用抗憂鬱劑的 BPD 病人。但這樣的做法多半是建立在臨床經驗傳統上，而不是來自對照試驗的實證基礎。我自己的經驗是，這些藥物或許能「緩和」症狀，但對於 BPD 深層的病理沒有什麼療效。

我的偏好是避免使用臨床療效不明確的藥物。如果我認為有需要讓 BPD 病人使用藥物，我傾向選擇低劑量的抗精神病藥物。

情緒穩定劑

這類藥物原本是為另一類病人設計的，也就是雙相情緒障礙症的病人。然而，「情緒穩定劑」（mood stabilizer）這個詞本身就值得商榷，因為這類藥物雖能穩定雙相情緒障礙症病人的情緒，卻無法廣泛適用於其他病人身上。認為這類藥物應該可以用在 BPD 病人身上，其背後的假設通常是：這些病人「其實」有某種情緒障礙症，例如第二型雙相情緒障礙症，或者認為他們的情緒不穩屬於雙相情緒障礙症光譜以外的某種特殊類型（Paris, 2020a）。

實證研究並未支持這樣的做法。抗癲癇類情緒穩定劑（最常使用的是丙戊酸〔valproate〕或拉莫三嗪〔lamotrigine〕）的療效結果一直不一致。丙戊酸使用於 BPD 103
的研究如今年代久遠，且大多缺乏重複驗證。其中一項少數的對照試驗發現丙戊酸對 BPD 效果有限，多數受試者中途退出試驗；後續的重複研究也僅發現該藥可減少衝動的攻擊行為，卻對情緒不穩沒有療效。

至於拉莫三嗪，英國曾進行一項非常大規模的臨床試驗，並發表於美國的重要期刊上（Crawford et al., 2018）。結果很明確：拉莫三嗪的療效並未優於安慰劑。儘管如此，我仍常接到照會，詢問對被開立這項藥物的病人的看法。我通常會回信並附上前述這篇研究，但由於多數臨床醫師不常查閱期刊，我的建議往往無法改變他們的做法。

要理解為何這些藥物沒有效果，我們需要思考「情緒不穩」的本質。這正是 BPD 的關鍵特徵，使其有別於雙相情緒障礙症和其他人格障礙症（Koenigsberg et al., 2002）。我們在長期自殺傾向的 BPD 病人中看到的情緒失調，與雙相情緒障礙症的臨床表現是截然不同的現象（Paris, 2004a）。相較於情緒高昂或低落持續數週的情況，BPD 病人的情緒波動則可能在數小時內出現變化，且通常受到生活事件與人際壓力觸發。所以這些命名不當的「情緒穩定劑」在長期自殺傾向病人身上效果有限，也就不那麼讓人意外了。

抗焦慮劑

不論病人同時正在使用哪些其他藥物，他們通常也會被開立苯二氮平類藥物（benzodiazepine）。由於多數 BPD 病人都有失眠的困擾，這類藥物通常是為了幫助睡眠而開立。

然而，這類藥物是否能為長期自殺傾向病人帶來實際好處，目前還沒有無臨床試驗可供判斷。此外，苯二氮平類藥物有成癮風險，而這些病人中有許多人也合併物質濫用，因此在開立這類藥物時應特別謹慎。

其他藥物

由於 BPD 難以治療，幾乎每一種現有的藥物都在某個時間點曾被使用過。也千萬要記得，單一研究並不足以成為對某群病人推薦某項治療的依據。我的建議是：等統合分析出來之 104
後再考慮，並先使用那些研究較多的老藥。

總覽

我對於為長期自殺傾向的 BPD 病人開藥的必要性，其實抱持懷疑的態度，而上述證據顯示，儘管某些藥物可能具有輕微的療效，卻沒有任何一種能使為此疾病帶來緩解。

我開藥的主要用途是為了改善失眠。其他的適應症就比較不那麼明確。抗精神病藥物、抗憂鬱劑和情緒穩定劑都可能稍微降低病人的衝動性。但藥物治療只能暫時舒緩症狀，而心理治療則致力於較為根本的復元。再說一次，如果你手上只有一把錘子，看什麼都像釘子。如果你的臨床實務只有藥物，那就不是在提供以實證為基礎的治療。這點對精神醫學整體來說都成立，但對於長期自殺傾向病人而言更是如此。

105

【第9章】

忍受長期自殺傾向

由於目前關於長期自殺傾向的實證研究仍然稀少，本章所能提供作為進一步參考的研究文獻也相對有限。以下的建議的主要根據將會是臨床工作者的撰述，以及我個人的臨床經驗。許多精神動力取向的治療師對於加深理解這類議題有所貢獻，而我也必須特別指出瑪莎·林納涵對我治療方式的深遠影響。

為何忍受自殺傾向有其必要

長期自殺傾向病人是一個獨特的群體，必須採取獨特的介入措施。為了回顧本書所討論的原則，我們不能將用來處理急性自殺傾向憂鬱病人的自殺意念和行為的介入方式，直接套用在長期自殺傾向病人的身上。這樣做不僅無法真正處理病情，反而可能導致錯誤治療。

當我們將每一次的自殺危機都視為需要立即處理以確保「安全」的獨立事件時，治療過程可能會陷入反覆（而沒有幫助）的住院循環。更重要的是，在長期自殺傾向病人身上，安全常只是一種錯覺，因此我們需要更有效的處遇方向。對於出現精神病或有憂鬱特徵的鬱症病人，臨床工作者恰當地將自殺

的選擇視為非理性的反應。但對於長期自殺傾向的病人，治療者反而需要接受病人保有自殺的選項，並能*忍受*自殺意念。 106

這種觀點可能看起來矛盾。然而，接受並尊重病人的自主權，有助於治療師聚焦在兩個重要目標上。首先，忍受自殺傾向能使臨床工作者避免注意力被分散而無法做好自己的工作。這讓我們能夠將精力投注在治療那些原本使病人萌生求死念頭的問題上。如果我們無法在這些病人身上積極預防自殺，那麼我們應該做的是我們*能*做的，而不是我們不能做的。

首先，大多數長期自殺傾向病人並不會自殺，尤其是在接受治療的過程中。如果他們最終選擇結束生命，往往是在一切方法都試過且皆告失敗之後。心裡記得這件事，我們就可以降低自己的恐懼程度，並專注於治療工作。這代表著致力於改變那些導致病人「幾乎要愛上死亡」的生活情境。

其次，對長期自殺傾向的忍受，既認可病人的情緒，也尊重其對生死的最終選擇。這些病人有其獨特的內在世界，自殺傾向已成為他們自我認同的一部分。在這樣的情況下，若無法尊重其自主權，可能會造成反效果，讓治療師變成又一個對他們強加自己的安排的人。治療師最具同理心的立場，是讓病人知道，雖然我們並不同意自殺是無可避免的選擇，但我們仍然懷抱希望，相信未來自殺將變得不再必要，尤其如果病人願意參與治療的話更是如此。我們理解，目前病人仍需要保留這個選項，但隨著生活品質的提升，自殺意念也會改善。

反思 vs. 行動

同理的回應在治療所有病人時都極為重要，但對於長期自殺傾向病人來說，其角色更為特殊。精準的同理心雖然是心理治療中不可或缺的元素，但它同時也傳達了一種觀點，那就是偏好反思而非立即採取行動。透過理解情緒（而非對可能的行動驚慌失措），治療師為病人樹立了這種偏好反思的榜樣。相對地，當臨床工作者直接採取行動（例如急忙將病人送往急診室）時，他們便默默同意了病人傳達的訊息，也就是痛苦情緒實在難以忍受。如果我們認為自己這端必須採取行動（來防止病人那端行動），那麼治療的方向就有可能走偏。換句話說，我們可以在短期內接受自殺傾向的存在，但要將其重新詮釋為一種情緒困擾，目標是透過治療找到更長遠、更合適的因應方式。

在自殺威脅的情境中，病人隱約施壓要治療師介入。這正是他們處理外在世界事物的常見方式。治療師則以不同的方式看待因應事物的方法。我們要教導病人觀察情緒並控制衝動。我們的主要工具就是反思與同理心，而這些正是病人需要學習的技能。

107 讓我們想像一個每位曾與這類病人工作過的治療師都會熟悉的情境。病人威脅自殺，並且似乎不願考慮其他可能的處理方式。此類威脅（或自殺嘗試）可能會逐步升高，形成一種對治療師施壓的模式，迫使治療師採取行動。在這種情境下，治療師往往陷入進退兩難的處境，猶如一場雙方僵持、難以有正面結果的對峙。

顯然，病人可能會讓治療師陷入困難，甚至幾近無解的局面。他們威脅要自殺，甚至會暗示若真的發生不幸，治療師將需要負起責任。如果治療師沒有按病人所預期的方式行動，還可能被指責「不在乎」。即使治療師試圖訴諸治療同盟，也可能遭到無視。病人可能會說出讓人不安的話，例如：「別跟我說下週的事，到時候我就不在了」，或是更憤怒地說：「你會在報紙上看到我的新聞。」

在這種情境中，病人預期治療師會以收治他們住院作為回應——即使他們公然抗拒住院。這時脈絡就是最重要的。自殺傾向的溝通並不是在真空中進行的，而是向一位專業人員發出訊號，請求他協助緩解痛苦。治療師可能會受到強烈誘惑，去接受病人明示或暗示的請求。此時，住院似乎成了唯一使病人確信他們的心聲有被傾聽的方式。

儘管如此，除了自殺意圖之外，病人想住院其實還可能有其他重要的原因。不少病人在先前與其他治療師的治療過程中，常因自殺傾向而被安排住院，這已成為一種反覆出現的模式。因此若這次的治療師沒有採取相同的回應方式，病人可能會解讀為「你不在乎」。

此外，有些病人要求住院的最重要原因，其實是他們真的*喜歡*待在病房裡（即使這個環境對他們而言不是好事！）。這些病人的生活問題重重，他們渴望獲得暫時喘息。自殺傾向的病人通常很孤單。在病房裡，至少還有護理師可以交談。他們也能遇見有類似困擾的其他病人（即便這種互動會助長自殺行為的社會傳染）。

有鑑於住院治療對於長期自殺傾向病人而言，缺乏可長期預防自殺的證據，我建議在大多數情況下，應避免將這類病人安排住院。我在第三章中曾提到兩個例外：近乎致命的自殺嘗試，以及精神病發作。我也建議，當心理治療已經失控時，如果條件允許，日間病房是比全日住院更好且退行程度較低的替代方案。

然而，當 BPD 病人被誤診時，通往有效治療的道路就中斷了。以下這個案例便說明了問題可能會如何發展。

108 ## 臨床案例

喬吉娜是一位二十六歲的學生，因長期自殺傾向、自我傷害，以及微型精神病症狀，從大學的精神健康服務被轉介至醫院住院治療。她的治療師特別擔心她聽到聲音命令她自殺，並伴隨一種令人不安的感覺，即她覺得陌生人在談論她並評論她的行為。

喬吉娜被安排入住思覺失調症病房，在那裡住了好幾個月。根據這個假設性的診斷，她被開立了多種高劑量的抗精神病藥物，但這些藥物對她的病情幾乎沒有明顯的效果。在進行個案回顧並重新診斷為精神病性鬱症（psychotic depression）之後，喬吉娜被轉至情緒障礙症病房繼續住院治療。在那裡，她又住了幾個月，接受抗憂鬱劑以及多種「加強療效」（augmenting）的藥物治療。但當這一系列治療未見起色後，喬吉娜的父母安排她出院，轉至一間離家較近、比較不那麼專門的醫院。

然而，新環境對她同樣沒什麼幫助。這次在被診斷為「複雜性創傷後壓力症」（complex post-traumatic stress disorder）後，喬吉娜又接受了幾個月的住院治療，這次的重點放在心理治療，試圖幫助她「回溯」創傷記憶。然而，治療結果是喬吉娜出現退行的現象，持續每天割傷自己（即使在各種限制措施之下），並被安排由護理人員持續密切觀察。

當我被邀請會診喬吉娜的治療時，我的主要建議是讓她出院，並轉介至日間病房。事情照著建議進行，而儘管她在日間病房期間風波不斷，但最終她順利出院回到家中。雖然喬吉娜沒有重返校園，但如今她找到工作，也未再住院。

這個案例說明了當代精神醫學的某些做法有時可能引發的一連串錯誤，特別是在診斷和／或治療上傾向追隨流行趨勢時可能產生的後果。沒有人辨認出這位病人其實是典型的 BPD（她所住的各病房幾乎從未給過人格疾患的診斷）。結果，她接受的藥物與心理治療反而讓情況惡化。此外，一連串長時間的住院將她與原本的社交與教育環境徹底切割，最後她無法回到原本的生活。喬吉娜被醫療體系「精神醫療化」，成為「慢性病人」，儘管之後是以門診形式持續治療。後來，她回歸職場，也沒有變成終身病人。儘管若採用更保守的治療方式，結果可能也會相同，但她不至於多花那麼多時間。 109

反覆住院的惡性循環

現在，讓我們更深入探討多次住院可能帶來的後果。每當臨床醫師將病人送入病房，原本的治療往往就會被暫停，甚至被打斷。當病人目前的「生活」只剩下服藥、參加職能治療活動以及看電視時，要協助他們處理現實生活中的問題幾乎是不可能的。此外，因自殺威脅與行為反覆進出醫院，通常代表病人無法穩定就業，也往往錯失真正能建立有意義的人際關係的機會。

當這樣的循環持續一段足夠長的時間後，精神醫療體系本身便可能成為病人人際連結的主要來源。我們最常在接受治療數十年的病人身上觀察到這種情況。這些被「精神醫療化」的病人逐漸與原有的社交網絡脫節，他們的自我認同也開始圍繞著病人這個角色建立，並聚焦在專業人員是否回應他們需求的歷程上。這樣的歷程有時可能會變得無法逆轉。

病人越頻繁住院，這樣的悲慘的情境就越可能被強化。然而，許多臨床醫師在面對危機情境時，不願拒絕住院的要求。當我與同儕討論這個爭議性的議題時，常聽到有人這樣反駁：「病人死掉就沒辦法做心理治療了。」這句話在修辭上或許有說服力，但如前幾章所述，它卻與事實不符。病人很少會在積極威脅自殺或憤怒地與治療師對抗的情境下自殺。（儘管帶有負面情緒，但這些互動其實反映出病人仍對治療保持一定程度的投入。）而真正發生自殺死亡的情境通常是充滿絕望與疏離的時刻。我們常常在死亡事件發生之後，才會覺得自己早該知道如何預防這樣的悲劇。而當病人真的以這種方式死亡時，我們無從得知住院治療是否真的能改變結果。

我有些同事表達過這樣的擔憂，也就是若對病人的自殺威脅不作為，可能會讓病人覺得自己的情緒被否定了。對此我並不認同。當我們選擇不讓長期自殺傾向的病人住院，這並不代表我們在忽視或貶低他們，相反地，這樣做實際上反而可能是提供*更多*認可。我們傳達給病人的訊息，當然絕不應該是：

「你只是試圖操控我，而我不會讓你得逞。」那不是治療，而是權力對抗。真正該傳達的訊息是：「你現在一定非常痛苦，才會想到自殺。但我們需要一起理解你遇到的困難，並努力處理這些問題。我相信你有能力做到。」治療師永遠需要對病人懷抱信心，並設法與他們內在健康的那一面建立連結。 110

臨床案例

莉蒂雅是一位二十二歲的女性，即將完成大學學業。她因長期自殺傾向而接受長期的精神動力取向治療。在這段治療過程中，她的治療師經常對她的自殺傾向感到緊張。除了多次服藥過量外，莉蒂雅也曾威脅要上吊（她聲稱自己原本就要執行這個計畫，只是被一通電話打斷了）。她也長期有割傷自己的行為。

每當莉蒂雅嘗試自殺（或提出威脅）時，治療師通常會建議她住院，表示她在醫院會「比較安全」。結果就是莉蒂雅每年被收治住院二至三次。這些住院情況通常發生在她一段親密關係破裂之後。通常她的行為僅限於割腕或輕微的服藥過量，但莉蒂雅的威脅方式常令人感到不寒而慄，例如告訴治療師她已經立好遺囑，也已安排好自己的喪禮細節。

因此，治療經常因自殺傾向的應對而中斷，而住院反覆地強化了病人的病理。天資聰穎的莉蒂雅最終得以完成大學學業。但她的模式也被「這個體系」給強化並持續多年，導致她難以建立有意義的人生承諾。

長期自殺傾向與退行

治療師在面對病人時必須謹慎，避免傳遞這種訊息：過度依賴是正當的。無論病人看起來多麼「退化」，我們都要記得，他們其實有能力以更高程度的功能運作。當我們表達對病人最終能夠復元的信心時，就是在傳遞一個重要的有希望的訊息。

我先前已經討論過住院的負面影響，以及採取多重用藥治
111 療長期自殺傾向病人的徒勞。但退行的形成有許多途徑，並非全來自醫療介入。有些退行其實源於治療本身的方式。有長期自殺傾向的 BPD 病人，可能會將自己定位成無助且需要依賴他人的角色。有時候心理治療師的治療方式會強化這種感受，而不是引導病人對自己的人生負起責任，且具有*能動性*（*agency*）。

鼓勵退行的方式，經常與精神動力取向的治療有關，在這類治療中病人常被視為需要某種形式的「重新養育」（reparenting）。雖然每位病人都需要以健康的方式依賴他人，才能獲得有意義的協助，但治療關係是合作關係，而不是父母與孩子的關係。我們的人生只有一次機會可以當孩子，過去了就不可能回頭。一般來說，復元來自於接受已經失去的事物，並繼續前進。這正是林納涵（Linehan, 1993）所說的「*全然接納*」（*radical acceptance*）。如果治療的重心主要著重於童年經驗，治療師又試圖成為病人從未擁有過的好父母，那麼病人的退行就是可能的結果。

同樣地，也不該允許心理治療變成一場攸關生死的拉鋸

戰，使得病人將治療師的愛與認可視為一切。對於長期自殺傾向的病人而言，這正是他們生命中其他親密關係內常出現的互動模式。反之，治療中應持續傳遞的訊息是：「我理解你的需求，但這些需求無法在治療中獲得滿足。不過我能幫助你找到方法，在治療之外的生活中獲得更多滿足，即使這個過程需要時間。」

另一個源自精神分析，也可能導致退行的概念是移情（transference）。在古典的佛洛伊德學派治療中，治療師預期療癒會發生於「移情的熔爐」中，也就是病人與治療師重現並體驗這些早期情感的過程中。心理治療有時的確能產生「矯正性情緒經驗」（corrective emotional experience）（Alexander and French, 1946），例如當治療師採取尊重且支持的態度時，可幫助病人修正過去的經驗。然而，刻意運用退化、試圖在治療中重新養育病人的做法是危險的。即使對於功能較佳的病人，也從未有實證支持這樣的方式有效，且對於長期自殺傾向的病人，這類方法更可能帶來風險。這也正是治療有時會變得無止盡的原因之一。

研究顯示，在心理社會功能較差的病人中，進行移情詮釋往往適得其反（Piper et al., 1991）。這可能是因為，病人會將這類介入視為在貶抑他們對治療互動中的情緒反應。對於那些原本就有人際互動困難的病人而言，若治療聚焦於他們對治療
師的感受，而非他們在現實生活中面臨的困境，反而可能讓他 112
們更加陷入無助的依賴。

有一個與此相關的議題在於，見病人太頻繁會造成退行的效果。有時候，治療師會因擔心病人在兩次治療之間撐不

住，而傾向一週見二或三次。然而，過於頻繁的治療本身就傳達了一種隱含的退行訊息。我們在告訴病人「你沒有我們就撐不下去」，而不是鼓勵他們等待下次治療並練習更健康的因應方式。我們應避免成為那種「過度關懷」的治療師，去配合病人「我撐不到下次治療」的信念。（我們自己的治療計畫每週提供的第二次治療，形式是團體治療，主要聚焦於情緒調節技巧的心理教育。）

基於這個理由，我對 DBT（Linehan, 1993）使用的「電話策略」持保留態度。每週一次的個別治療，且非治療時間無提供額外支援，不僅能保護治療師本身，也傳達出一個重要訊息，也就是真正的復元工作必須在治療室之外進行，而不是單靠治療本身就能奇蹟般地發生。同樣地，若將焦點過度放在病人對治療師放假或請假的反應上，往往會有悖於促進自主的治療目標。再說一次，我們究竟想告訴病人的是，沒有我們他們便無法生存，還是應該向其健康的一面投下信任的一票？

最後，許多治療師曾相信，探索過往是有效心理治療的關鍵元素。但目前並無實證支持這種說法。（正如第七章所述，治療之所以有效，主要是來自共通因素；大多數的改變，都是透過處理當下問題，而非聚焦於過去創傷。）此外，過度聚焦於童年創傷，可能成為另一種退行的來源。有些病人會越來越深陷於過去，尤其是在他們被鼓勵以受害者的身分來看待自身經驗時。這樣的做法鮮少能在真正需要改變之處發揮效用。

雖然我受過精神動力治療的訓練，但我學會要謹慎使用這種方法。我會確保自己了解病人的過去，也會在適當時指出他們正在重複某些模式，或因過去的經驗而誤解他人。但我不會將治療中寶貴的大部分時間花在這些議題上。對許多病人而言，童年的創傷需要被承認，但不必長時間沉溺其中。正如病人常提醒我們的，知道並不等於改變。人生中有些時候，人們必須向前進，並停止糾結過去。這正是全然接納的意義。我認為這是 DBT 中最有用的觀念之一。

相對而言，CBT 始終保持對當下的關注，總是更重視 113
當前的困擾，而不是早期經驗。儘管有些認知治療師（例如 Young, 1999）聚焦於童年經驗的影響（可能會形成「基模」），但治療大部分的時間仍是投注於發展實用的策略與技巧，以改善成年期的生活品質。

總結來說，為了避免對長期自殺傾向病人做出錯誤處置，我們必須相信他們是會好轉的。當我們將病人「精神醫療化」，用過度的藥物處方與反覆的住院治療，導致他們更加無助與依賴，我們其實是在強化退行的因應方式，而非朝向復元前進。同樣地，若是將病人「心理化」（psychologizing），鼓勵他們把自己視為受害者而非能動者，也是在走回頭路。我們需要的是耐心，而非驚慌。正如我們先前所見，多數長期自殺傾向病人會隨著時間前進而改善，因此治療師可以抱持一定的信心，自己的努力終究會有成果。

不幸的是，有些病人曾在「體系」內接受過多治療（或不當治療），以至於陷入不可逆的退行。我們都曾見過那樣的個案，最終靠社會福利度日，失去有意義的關係，逐漸陷入孤立。這種情況最常出現在那些多年反覆進出醫院的病人身上。遺憾的事實是，一旦這個過程發生，要扭轉就變得極為困難。當太多人生發展的關鍵里程碑被錯過時，人生並不總有第二次機會。

以同理心回應自殺傾向

一位在危機時不採取主動介入、而是專注於理解病人的治療師，其實是遊走在懸崖邊緣。然而，這種感覺有點嚇人的情境，正是治療師傳遞訊息的重要契機。

首先，維持同理的姿態能展現出「偏好反思而非行動」所帶來的益處。我們可以讓長期自殺傾向病人知道，他們需要學習如何忍受痛苦的情緒，以及雖然情緒可能會令人困擾，但並不必然需要以行動來壓制它們。相反地，我們會教導病人如何平靜下來，並進入解決問題的模式，而非訴諸自殺行為。這些，正是 DBT 與多數針對 BPD 的治療所強調的技能。

與此同時，同理的姿態也展現出治療師對於自殺威脅背後
114 隱含溝通的理解。傳達的訊息是，治療師理解，若病人考慮以死亡作為解脫的方式，那麼他們所經歷的痛苦必然極為強烈。

總而言之，治療師必須堅守立場，即使在面對自殺威脅時亦然，但同時不能讓病人覺得其自殺傾向未受重視。相反地，我們應該表達：「我非常認真看待你的感受。但我們需要一起討論，該如何處理那些讓你想自殺的問題。」任何暗示自殺威脅或嘗試只是為了吸引注意力的說法，都必須嚴格避免。治療師表達關心的同時，也引導病人投入於探討其生活中的困境，並一起擬定更合適的因應之道。

如何避免住院治療

當身處危機情境，住院治療並沒有被提供為一個選項時，病人理應獲得解釋與說明。治療師可以明確說明住院治療的利與弊。此外，若病人過去曾經多次住院（時常是如此），也可以回顧那些經驗究竟是否有幫助或有多少幫助。

岡德森和林克斯（Gunderson and Links, 2008）對前述情境提出了一種有趣的處理方式。他們會告訴病人，若病人堅持的話，他們會同意安排住院，但也會解釋為何他們並不建議這麼做。這種策略的目的在於避免陷入權力鬥爭，並讓病人擁有更多主控權。不過，這樣做的主要問題在於，若病人仍然選擇要住院，治療師就必須同意。

林納涵（Linehan, 1993）則採取另一種巧妙的做法來處理這個問題。她自己不安排病人住院，而是告訴病人，如果他們願意，也可以自行前往急診室，其他的臨床醫師可能會安排留置過夜一晚。因此，林納涵不需為她並不支持的住院安排負責。與此同時，她也會清楚傳達：採取這個選項其實是違背治療的整體目標，因為目標是幫助病人處理當前的生活困境。傳達這樣的訊息，或許正是 DBT 能夠有效降低住院率的原因之一。

我自己的做法是不主動提出住院作為選項。如果病人提起，我會說明為什麼我不認為這樣的做法有幫助。如果病人仍然威脅說在下次治療前可能會自殺，我會這樣回應：「你思考自殺已經有一段時間了，而且很可能還會繼續這麼想。你我都知道，治療無法阻止你結束自己的生命。但我希望能持續和你 115

一起努力，因為我相信情況終究會有所改善。所以儘管我了解你現在非常痛苦，我仍假設你下週會再回來找我。」

即使病人沒有住院，後續的治療過程也不一定會變得容易。治療師可能仍須面對病人連續數週甚至數月持續威脅要自殺的情形。每次治療結束時，雙方可能都不確定是否還會再見到彼此。儘管這種處境令人不安，但這種情境實際上很少導致自殺死亡。矛盾的是，長期自殺傾向有時反而成為把病人與治療師連結在一起的力量。雙方彷彿陷入一場關乎生死的拉鋸戰，在沒有獲得某種解方之前，誰都無法鬆手。

臨床案例

茱莉雅是一位三十二歲的女性，自青少年時期便持續有困擾，並在過去四年中一直有長期自殺傾向。目前她與一名男性同住，並從事公共關係方面的工作。

在之前的治療中，茱莉雅多次住院，這導致她停止工作並申請了長期的身心障礙補助。與此同時，她與伴侶的關係逐漸惡化，對方甚至表示將在幾個月內離開她。一次服藥過量之後，她再次住院，隨後進入日間病房接受為期三個月的治療。在這個時間點，茱莉雅被轉介至一個專門處理人格障礙症的治療計畫中。

雖然茱莉雅在每次治療中都談到自殺，治療師注意到她在表達這些想法時會探詢地看著他，似乎在尋求某種回應。每當出現這種情況，治療師都會讓茱莉雅知道，他理解她的生活一定非常痛苦，才會有這些想法。此時，茱莉雅常會回應：「你難道不會擔心到該做點什麼的地步了嗎？」

治療師會這樣回應她：自殺終究是她自己的選擇，如果她真的下定決心走上這條路，他無法阻止。但他同時也提醒茱莉雅，她並非總是感到這麼糟，她過去也曾經歷過快樂的時光，這表示她並非註定要活在絕望之中。

最後，治療師指出，失去男友對茱莉雅而言將是一件極為痛苦的事，需要一段時間來走出這段失落。另一方面，他也提 116
醒她，鑑於目前這段關係的狀況（這段關係反而讓她更加覺得自己不夠好），結束它未必就是世界末日。治療師也強調重新投入工作的重要性，她曾經因為工作表現良好而獲得某種程度的自我價值感。

茱莉雅對這些介入並未立即有所回應。事實上，在治療初期，她曾透過一次小劑量的服藥過量來「測試」治療師。然而，幾個月之後，她接受了與伴侶分手的事實，並與修復與家人的關係，獲得了來自姊姊與父母更多的支持。與此同時，茱莉雅也開始計畫重返先前的工作崗位。

保護治療師

長期自殺傾向的病人往往既困難又令人畏懼。因此可以理解，治療師若出現某種程度的不理性，可能會對治療產生影響。在此我將聚焦於與這類病人工作所帶來的情緒消耗。

過去幾十年的臨床文獻曾描述這些病人對治療師造成的影響。在一篇極具說服力的文章中，麥斯伯格和布伊（Maltsberger and Buie, 1974）將治療師面對長期自殺傾向病人所產生的反應稱為「反移情式的憎恨」（countertransference hate）。換言之，自殺病人施加在治療師身上的壓力，有時會讓治療師在內心暗自希望病人真的去死，這樣他們就能從反覆自殺威脅的重擔中解脫。雖然這類反應通常不會外顯，麥斯伯格和布伊指出，這樣的情境可能會導致治療師在不知不覺中撤回同理心，讓病人感受到情感上的被拋棄。

然而，儘管這類「反移情」的情緒確實存在，我並不認為辨認並掌握這些情緒就是成功治療的關鍵。相反地，我主張治療師應在情緒達到臨界點之前，就先設法保護自己避免受到情緒衝擊。

為了達成這個目標，治療師必須對治療的可能與限制有所認識。正如多位臨床工作者所建議（Kernberg, 1987a; Maltsberger, 1994a, 1994b; Gunderson and Links, 2008），治療師應在心中明確知道，儘管我們始終傾向於生命勝於死亡，但我們通常無法真正阻止病人自殺。如果我們能堅守立場、認清自己實際能提供的是什麼，將能更好地保護我們自己，避免對病人產生憎恨之情。

117 治療師也需要分擔這分重擔。要處理這類病人，不可能沒有諮詢的支持。林納涵（Linehan, 1993）提出的 DBT 就內建一套供所有治療人員使用的諮詢機制。實務上，每一位投入治療的治療師都需要有同儕可談，最好是那些「走過這條路」、了解這類病人的人。此外，諮詢也能減輕對於訴訟的恐懼（以及實際的訴訟風險，詳見第十一章）。最後，病人的家屬可以被納入成為盟友，而非對立的一方。

希望與復元

忍受長期自殺傾向，也代表我們必須接受治療之後可能出現各種不同的結果。一方面，研究顯示大多數病人最終可以從這種心理狀態中復元。但當我們長時間治療他們時，卻很難確切知道是什麼真正產生了幫助。是病人本來就會隨著時間變好？我們的主要功能是否只是陪伴病人度過艱難時期？或者，我們是否真有一些特定的做法，能夠帶來改變？

最有可能的是，這三個問題的答案都是「是」。隨著年齡增長、情緒波動趨緩，人們變得較不容易衝動行事。心理治療有助於減少失控行為的頻率與其後果。也有證據顯示，針對情緒失調與衝動行為的特定介入方式，能讓復元的過程加快。

有些剛開始治療時呈現長期自殺傾向的病人，最終能夠完全復元。這些是我們樂於與同儕分享的案例。另一些病人則僅有部分改善。如同針對 BPD 的長期追蹤研究所記載的，大多數病人最終能在生活中找到自己的定位，但並非每個人都能建立穩定的親密關係。（但請記住，這其實和當今社會中的許多人也差不多。）

治療師必須能夠接受部分成果。他們無需終其一生都持續治療病人，只為等待那些不太可能出現的改變。只要病人的狀況達到一定程度的改善，就可以考慮結束治療。針對這類病人，要謹記最重要的一點是：心理治療不會有「完成」的一天。病人必須被允許在進入新一波危機時回來接受治療，或是單純想要再次與治療師聯繫時回診。（這個選項對治療師本身也是有價值的，他們會想知道病人在沒有他們陪伴的情況下過得如何。）

118 最後，我們也必須承認，有些長期自殺傾向的病人，即使接受了最好的治療，也未必能改善。治療失敗本來就是精神醫療實務難以避免的一部分，因為病情越嚴重的病人，其病程通常也越慢性（Paris, 2020a）。此外，有些病人從未真正接受過認真的治療；他們只在急診室或危機處理中心（crisis centers）出現過，但始終沒有真正與任何人建立起聯繫。因此，會進入治療的病人本身就是一群具有一定程度動機的預先篩選過的群體。我們的確可以為我們見到的多數病人提供許多幫助，但同時也需要保持謙遜，正視我們能夠、以及無法做到的事情。

【第 10 章】

處理長期自殺傾向

這一章將概略地勾勒出一套實用的長期自殺傾向病人處理策略。我將根據心理治療的實證原則，調整運用於這些病人的獨特之處，這群人多數符合 BPD 的診斷準則。不過因為本書並非治療手冊，因此我並不打算系統性地描述心理治療每個面向的細節。相反地，我將提供一些整體性的指引，說明如何處理自殺威脅與自殺嘗試，並以臨床案例作說明。

此外，還有幾點聲明需要先說明。我並非提出一套獨特的治療方法或技巧，也無意發展另一個以縮寫命名的新療法（我們這個領域已經有太多這種東西了）。我的治療方式是整合了許多其他作者的研究成果，並與人格障礙症領域主要研究者的觀點一致（Gunderson and Links, 2008）。我也特別受到了 DBT（Linehan et al., 2002）背後理念的啟發，但我並未完全遵照她的所有建議。我也必須指出，雖然尚未進行臨床試驗來驗證本方法的療效，但我們團隊已經針對階段式照護模式的效果發表了一些資料，在這種模式下，大部分病人只接受短期治療（Laporte et al., 2018）。最後，本章所提出的建議，也與針對長期自殺傾向 BPD 病人治療成效之實證資料的統合分析結果一致（Cristea et al., 2017; Storebo et al., 2020）。

我將從與整體治療架構有關的三個實務問題開始著手：一

是建立治療同盟，二是處理自殺危機，三是治療之外聯繫方式的使用。接著，我會提出三個用以指導介入的總體原則。第一，教導病人如何調節強烈情緒；第二，學習如何管理自殺行
120 為並控制衝動性；第三，協助病人找出如何「建立自己的生活」的方法。

建立治療同盟及其脆弱性

任何心理治療的第一步，始終是建立治療同盟。一旦治療雙方對需要處理的問題以及進行方式達成共識，治療便有了良好的起點。

研究顯示，在各種心理治療中能夠促成成功的關鍵要素，是同理心、有效的工作關係，以及聚焦於病人當前生活中的問題（Barkham et al., 2021）。這些整體的原則被稱為「共同因素」，適用於所有類型的病人，其重要性甚至超越任何特定的治療技巧（Wampold and Imel, 2015）。而對於那些不期待被理解或認可、對他人信任感極低、幾乎放棄解決人生難題之希望的人們而言，共同因素的重要性可能更為關鍵。

要理解長期自殺傾向病人的內在世界並不容易。雖然同理心是治療的重要元素，但只有當病人真切*感受到*被理解時，它才有用。同樣地，唯有當病人同意，建立信任及處理生活問題才有可能進行。因此，任何具體治療介入的效果，都必須建構在穩固治療同盟的基礎之上。

然而研究發現，長期自殺傾向病人的治療同盟往往非常脆弱（Frank, 1992）。長期自殺傾向本身即蘊含一種特定的

觀點：沒有人能夠信任，因此病人必須掌握自己死亡的主控權，並且要「拚了命地」緊抓不放。從這個角度看，自殺傾向本身隱約傳遞出一個訊息：「我其實不相信你幫得了我，就算我們現在一起坐在這裡談話也是一樣。所以，如果我的假設是對的，我就保留結束自己生命的權利。」

另一位精神分析師阿德勒（Adler, 1979）曾指出，對於BPD 病人而言，發展出一段有效的治療同盟應被視為治療的終點，而非起點。阿德勒調侃地指出，BPD 病人甚至未必認同「我們」這個概念（這個代名詞在治療師眼中，通常預設代表著雙方擁有共同的目標）。他強調，對這類病人而言，對他人的信任本就脆弱無比，因此不能期待他們能穩定地維持一段 121
治療同盟，而若他們真的做到了，治療或許也已接近尾聲。

阿德勒的觀察，在臨床上非常有道理。這些病人參與治療的方式往往難以捉摸。我曾有過這樣的經驗，即使我認為自己已經盡力在幫助對方，卻仍遭到尖銳的批評。我以為剛剛的治療進行得不錯，卻發現病人覺得毫無幫助。理解這些落差背後的原因，幫助我學習如何與這類病人合作。在某些情況下，我學會了探討那些我認為重要、但病人卻覺得無關緊要的議題，因為他們心中充滿了無望感。在另一些情況下，病人則認為，如果我對治療感到滿意，那只證明我在執行自己的某種計畫，並忽略了他們內心的絕望。

就這方面而言，長期自殺傾向的病人可能會擔心，取悅他人（包括治療師在內），必然會以犧牲自己為代價。同時，病人對被遺棄的恐懼可能強烈到，即使是治療師表示情況正在好轉的任何話語（甚至是非語言的愉悅表情），都可能被解讀為一種否定。

長期自殺傾向的病人與治療師之間的連結十分脆弱，會隨著時間忽遠忽近地進入或疏離這段治療同盟。因此，即使病人正處於最強烈拒絕幫助的狀態，治療師仍需與那個「想要好起來」的部分工作。因此，治療師需要像忍受長期自殺傾向一樣，忍受某種程度的拒絕。

當病人表現出敵意與貶抑時，治療的第一步就是承認當前的處境。治療師可以讓病人知道，雖然至少在目前彼此並沒有真正合作，但這樣的情況是有可能改變的。

曾與這類病人工作過的臨床工作者，會熟悉那種即使真心關懷，卻仍被病人拒於千里之外的經驗。即使治療師已盡全力表現同理，仍可能遭到病人冷漠地回應，例如說：「這一切已經無所謂了，」或是「你必須這麼說，因為這是你的工作」。在這樣的心理狀態下，任何合理的建議，試圖引導病人進入問題解決模式，都可能被不屑地拒絕。但這種情況通常不會持續太久。不論某次治療有多麼負面與令人沮喪，總會有下一次雙方能做得更好的機會。

122 自殺危機與衝動性

自殺危機通常由人際關係問題所引發。某事或某人觸動了病人的敏感神經，最常見的是來自生活中重要他人的拒絕。憤怒與被拋棄的感受進而激起了自殺的念頭。在病人的內心裡，那個殘酷地拒絕他們的世界似乎會因為他們的消失而變得更好。他們可能懷抱著一種苦澀的感覺，認為從來沒有人真正關心他們，也永遠不會有人關心。然而在這種表面之下隱約浮現的是這樣的想法：那些造成拒絕的人應該為此付出代價，在病人死後承受悔恨的折磨。或者，正如一位感到受害的病人最近對我說的：「我背負著原本屬於別人的罪惡感。」

治療如何因應這種情境？最重要的原則是不慌張，並持續專注於手上的工作。即使病人必須保留自殺這個選項，治療師仍可探討其自殺意念強度變化的原因，並在維持穩定的治療結構與框架下進行這樣的探索。

因此，自殺的想法與行為應被視為「可處理的」（workable）。例如，病人在經歷親密關係的拒絕後，可能覺得自己無法繼續活下去。但治療師在理解並回應這種讓人崩潰的失落的同時，也能將其視為一種有解方的心理困境。因此，即使壓力源帶來極大的困擾，學習處理這些情緒仍然是有幫助的。我們需要告訴病人，這正是治療的目標。而雖然衝動行事可能比「默默承受痛苦」更誘人，我們仍需向病人指出，現在正是學習其他因應方式的機會。

第二個原則是，治療師在面對危機時，必須善用心理治療中的共同因素。病人之所以失控，是因為他們與一般人不同，感受到極度孤立與無人關懷。在某種程度上，自殺傾向反映的是一種未被聽見與未被理解的感受，而治療提供的是同理的理解與協助涵容痛苦情緒的技巧。

儘管艱難，我們仍必須在內心想像這些病人的內在世界，並表達我們對其痛苦的關懷與同理。若自殺傾向反映的是絕望感，那麼治療師持續展現正向態度與對未來的希望，便能在某種程度上提供修正。若自殺傾向的根源在於衝動性，治療

123 師則提供一種鼓勵「反思而非行動」的方式。若自殺傾向代表在一個失控的人生中試圖建立控制感，那麼治療便要尊重這分需求，同時預期未來能找到更佳的因應之道。

應用這些原則後，即便是一次處理自殺危機的會談，其實也不必與一般的會談有太大不同。自殺威脅不該使常態的治療程序中斷。尤其不必立即訴諸住院治療，因為住院並未被證實能預防自殺，反而有可能讓情況惡化而非改善。同樣地，並沒有什麼魔法般的介入能在這種情況下帶來改變。我們必須謹記，自殺威脅往往源自治療同盟隱微的破裂。因此，當病人處於危機之中時，治療師必須有心理準備，即使是自己最同理的表達，也可能遭到病人的拒絕或否定。最後，並無證據顯示，在自殺危機中重新評估或更換藥物處方，可能具有療效。

有些治療師在病人威脅自殺時所採取的行動，可能適得其反。其中之一便是增加治療頻率。沒有證據顯示這樣做能帶來改善。關於心理治療頻率的研究顯示，每週一次的治療效果優於每兩週一次，但並未支持每週進行二至三次治療的做法。更沒有研究顯示有必要使用提高治療頻率的方式來處理危機（Erekson et al., 2015）。

因此，我們應該三思而後行，不要假設「更多就是更好」。大多數病人每週接受一次治療，這樣的安排能提供可預測的治療架構，並鼓勵病人練習「等待協助」的能力。在缺乏實證支持較高頻率的治療會帶來更佳效果的情況下，每週一次的治療應視為預設標準。而目前也沒有證據支持在治療會談以外的時間提供聯繫是必要的。

此外，提高治療頻率本身也可能帶來反效果。首先，見到治療師這件事可能成為一種隱性獎賞，使病人沒辦法好起來、持續維持自殺傾向。就純粹行為上的觀點而言，這種強化作用可能讓未來反覆自殺行為的風險增加，甚至可能無法使病人冷靜下來。其次，提高治療頻率可能激發病人在治療關係中強烈的情感需求，使其產生進一步的退行。BPD 病人往往有界限問題，而在住院與門診治療中皆常見到惡性退行（Dawson and MacMillan, 1993）。若你安排更頻繁的治療，
部分病人甚至會想像與你在治療室之外的關係，反而使自殺行 124
為惡化，並成為獲得關懷與連結的手段。

因此，即使病人威脅要自殺，或堅稱自己無法等一個星期到下次治療，治療師最好的做法還是堅守立場。雖然要遵守這些建議可能需要相當的抗壓能力，但這對於維持治療的架構至關重要。這類情境的確令人感到恐懼（甚至會讓治療師徹夜難眠），但我們必須記住，生與死的最終選擇權並不掌握在我們手中。謹記此一原則，將有助於我們維持治療的一致性，並專注於我們的工作：處理那些最初導致病人陷入自殺危機的問題。

最後，我們不需落入這個陷阱，即與病人一起認同其在自殺意念面前的無助感。這是另一種使治療落向退行邊緣的方式。心理治療效果最好的時候，是當與病人內在最健康的部分進行對話時，而非強化其最病態的部分時。因此，即使病人短期內無法解決問題，我們仍可期待他們繼續努力處理困難。治療師與病人雙方都應時時記住，治療需要時間，也需要希望。

電話聯繫的利與弊

許多治療自殺傾向病人的治療師會提供病人在危機時刻可撥打的聯絡電話。所幸，大多數（如果不是全部的話）病人因為這些選項而感到安心，而從未真的撥打電話。不過，一旦病人真的打來並表達自殺威脅，治療師該如何回應？畢竟，透過電話無法真正進行心理治療。而如果治療師唯一能給出的建議就是「去醫院」，那麼這通電話可能根本就沒有必要。

林納涵（Linehan, 1993）在其 DBT 中，對這類棘手問題提供了不同的處理方式。根據她的指引，治療師應將自己的電話號碼提供給有自殺傾向的病人。這種方法的用意是在電話上提供「教練式指導」，以強化病人已學會的技能，藉此降低自殺意念。這項「電話策略」是 DBT 獨特的一個面向。病人被鼓勵撥打電話，只要他們仍處於情緒困擾時就是如此，但若他們已經衝動行動，則不應致電。電話策略的目標是打斷情緒與行動之間的連結，幫助病人在壓力極大、出現自殺想法時，發展出正向的因應方式。打電話不是為了危機時的情感支持，而是為了強化先前教導過的應對技巧。DBT 同時建議，若病人
125 在聯繫後仍選擇服藥過量或自傷，可給予負向增強（暫時取消治療時段）。

在 DBT 中，電話聯繫時間很短（不超過十分鐘）。此外，每位 DBT 治療師皆使用語音留言系統，病人需等待治療師回電（通常會在同日內完成）。即使是這段相對短暫的等待，也傳達出「反思優於行動」的訊息。而這種做法也保護治療師，避免在深夜被來電驚醒。

儘管如此，並非每位治療師都願意讓私人時間因電話而中斷。事實上，非治療時間的電話聯繫正是許多治療師不願治療長期自殺傾向病人的主因之一。精神健康實務並不容易，我們也需要保留時間給自己與家人。正因如此，有些臨床工作者可能會覺得治療此類病人過於壓力沉重，並將他們排除在自己的工作範圍之外。不容易找到願意協助他們的治療師，這對這些病人而言無疑是一項不幸，他們即使在最理想的情況下都難以投入治療。而原本就不太情願的治療師，倘若被告知若無法提供電話聯繫就無法治療這些病人，他們反而可能更傾向於拒絕這類個案。

在當前這個充斥著手機與簡訊的時代，一些病人會衝動地使用這些通訊科技，期望重要他人能對他們的一切煩惱與需求即時回應。我曾治療過許多幾乎從不放下手機的病人，對於無法立刻收到回覆的訊息還會感到憤怒。希克與雅格（Silk and Yager, 2003）曾建議使用「較冷靜」的媒介，如電子郵件，來聯繫治療時段之間的空檔。然而至今尚無人對這項建議進行實證研究。

我們其實並不知道電話策略是否為 DBT 的必要元素。林納涵所提出的方法融合了多種技巧，其本身即為一種兼容並蓄且複雜的治療，尚未經過「拆解」研究，以釐清最有療效的組成元素是什麼。而且也未曾有研究直接探討，病人可以電話聯繫治療師是否能減少自殺行為的發生。事實上，針對 BPD 病人而設計的不同治療方法，包含電話策略與否，在直接比較研究中顯示治療結果的差異很小或彼此相當（Cristea et al., 2017）。我的結論是，使用最低程度（或不使用）電話聯繫的治療，療效與有使用電話聯繫的治療其實差不多。

在缺乏研究資料的情況下，我只能分享我自己對治療時段之外電話聯繫的經驗。雖然我現在認為這類介入並非必要，但過去我的觀點並非如此。有好幾年，我曾經將自己的電話號碼
126 提供給我所關切的病人。雖然大多數人從未使用這項選擇，但少數曾打過來，而這些電話常令我感到難以應對。在那樣的情境中，我始終不確定自己究竟能說些什麼才真正有幫助。此外，有些病人會在夜晚我正熟睡之際發生危機。由於我身為精神科醫師，曾多年負責醫院急診室的工作，我對於睡眠被打斷特別敏感。如同大多數醫師一樣，我這輩子已經接過太多這種電話，實在夠了。要治療這類病人，你需要良好的身體狀況，而睡眠剝奪會影響一個人整體的工作表現。因此，我至今仍無法信服與病人在治療時段以外通話的必要性。我們需要傳達的訊息是，病人需要學習等待。

臨床案例

愛麗絲是一位大學生，曾接受我四位資深精神科醫師同儕的密集治療。儘管她多年來進出醫院，卻未從這些治療中獲得明顯助益，而所有過去的治療師皆允許她在有需要時可以打電話聯繫。然而，她經常處於恐慌狀態。這或許也是導致歷任治療師最終出現過勞的原因之一。

當我接手愛麗絲的照護時，我採取了一項折衷措施，我提議她每週僅能致電一次，且通話須保持簡短。但在治療初期，愛麗絲在同一週內第二次打電話給我，一接通便說：「帕里斯醫師，我要自殺了。」我的回應是：「我們可以在星

期二的治療中討論這件事。」在設下界限之後，愛麗絲沒有再打電話來。她也從未自殺（並且後來從 BPD 之中復元）。

大約二十五年前，當我創立一處專為 BPD 病人設立的醫院特別門診時，「是否應提供電話聯繫的選項」這個問題再次被提出。自那時以來，我們團隊已治療約一千位病人，其中許多具有長期自殺傾向。在創設該門診之前，我們曾討論是否應對此病人群體提供電話聯繫。我們其實並不相信，在治療時段之外保持聯繫能夠預防自殺。然而，我們擔心如果不提供這樣的可及性，病人可能會前往急診室，進一步加重原已疲憊不堪的精神科醫師的負擔，而這些醫師可能會因此指責我們對病人缺乏回應。

最終，我們團隊得出結論：在治療時段之外接聽來電，會向病人傳遞錯誤的訊息。我們所開設的治療計畫以團體治療為 127
主（輔以個別治療），其設計目的在於教導病人如何控制衝動性，以及如何不立即受情緒驅使而採取行動。既然我們要求病人學習延後對痛苦的反應，那麼等待下次治療這件事就必須成為學習過程的一部分。

事實證明，在隨後的二十年間，我們的病人中僅有不到百分之二曾在治療期間前往急診室和／或服藥過量。其餘百分之九十八的病人，即使過去曾有自殺行為的反覆模式，也都能接受我們的做法。在我們團隊所治療的約一千名病人中，只有兩人於治療期間自殺。

臨床經驗並不等同於研究證據，但我認為，若有人主張電話聯繫是必要的（儘管對治療師而言這可能帶來沉重負擔），那麼舉證責任應由持此觀點者承擔。這正是眾多治療介入中，宣稱有療效但從未獲證實的其中之一。

界限維持與自殺傾向

長期自殺傾向的處理，具體呈現了治療中維持界限的難題。自殺嘗試與其他衝動行為一樣，會打斷治療，因此治療師必須對這些行為設下某種界限。

但陳述原則遠比實踐原則來得容易。畢竟，病人前來治療，正是為了處理其行為模式的症狀。如何能將停止這些行為視為進行治療的前提？

針對人格障礙症病人自殺傾向的處置，研究者與臨床工作者提出各種不同的策略。在 DBT 中，林納涵（Linehan, 1993）要求病人承諾停止自殺行為（以及自我傷害），但她並未要求立刻中止，而是透過增強後效（reinforcement contingencies）的方式來處理這些行為（對病人在行動前致電給予正向回應，對於已做出自殺行為的病人則取消該次治療）。

我的做法部分承襲於為物質濫用治療所開發的「動機式晤談」（Motivational Interviewing）的概念（Miller and Rollnick, 2002）。放棄自殺行為與戒酒其實並沒有那麼不同，兩者皆需要病人學習忍受痛苦的情緒，而不訴諸那些雖能暫時緩解但最終是自我毀滅的行動。從這個角度來看，自殺傾向某種
128 程度上可以視為一種成癮。而中止成癮需要時間，不能僅因病人進入治療就假設其已做好改變的準備。正如戒酒無名會（Alcoholics Anonymous）長久以來所主張的，復元是一天一

天累積而成的。

因此，當治療師同意治療 BPD 病人時，必須接受自殺傾向是必然伴隨而來的課題。即使如此，仍有一些情況會使門診治療變得無法進行。例如，對於那些反覆缺席的病人，治療師能做的事情很少。又如，若物質濫用問題失控，往往必須優先處理，否則其他議題無從著手。這類「干擾治療的行為」（therapy-interfering behaviors）（Linehan, 1993）有時可透過特定介入方式加以調整。然而，有些時候病人尚未準備好接受治療，便需終止治療或轉介至成癮治療計畫。有時病人會停止治療，消失一段時間，往後再帶著比較高的動機重回治療。

為了說明這一點，我曾治療一位長期自殺傾向的年輕女性，她一開始不定期前來接受治療，接著完全消失約六個月。某天，她突然出現在診間，按照原本的時間來到（她甚至對我沒有為她保留時段感到驚訝）。我們隨後開始第二段的治療，這段治療維持了數個月，她出席穩定且更有進展。這段中斷實際上對治療有所助益——忍受這些治療歷程中的顛簸，與間歇性治療模式的觀念相同。

情緒調節：忍受、去中心化與再評估

對於長期自殺傾向病人的治療，可藉由辨識其適應不良的人格特質來加以引導。治療的目標在於調節這些功能失調的特質，使其能轉而成為病人的*助力*，而非*阻力*（Paris, 2020a）。

雖然情緒失調是理解 BPD 的關鍵，但研究顯示兩項人格特質向度，情緒不穩定與衝動性，是該疾病的基礎（Crowell

et al., 2009）。不穩定的情緒與衝動行事的傾向，兩者結合導致臨床表現為快速的情緒波動與衝動行為。當情緒無法調節時，衝動性可能更高。亦有部分病人，例如患有其他人格障礙
129 症者，即使沒有衝動性，仍呈現有失調的情緒。然而在 BPD 中，這兩種相互交疊的特質正是針對長期自殺傾向病人治療的主要目標。

針對情緒的研究向來也是心理學中理論發展與實證研究的重要領域之一（Gross, 2014）。此類研究以認知理論為基礎，而 DBT 則將這些概念實際應用於臨床問題之中。

我處理情緒失調的做法深受林納涵的成果所啟發——我無意重複前人的腳步！儘管如此，目前治療長期自殺傾向病人的資料庫仍不夠廣泛，且 DBT 的療效也還不夠特定到足以排除其他建立於不同理論基礎上的治療方法。正如克里斯蒂亞等人（Cristea et al., 2017）在一項統合分析中說明，許多心理治療方式對於嚴重人格障礙症病人皆可能有效。隨著實證資料逐漸累積，越來越清楚的是，源於不同理論基礎的做法，往往能達到相似的治療成效。

處理任何情緒的第一步是*辨識*並標示其名稱。許多 BPD 病人未必能察覺自己的情緒狀態，直到情緒幾近失控。因此，必須教導他們監測自己的情緒。一旦能夠辨認某種情緒，就比較能觀察它，而不致被其淹沒。這與被稱作*正念*（*mindfulness*）、*心智化*（*mentalization*）或*去中心化*（*decentering*）等的概念有關，即站在情緒之外並加以觀察。

處理情緒的第二步是*忍受*它們，無論情緒有多強烈。這正是 DBT 與其他「第三波」認知治療中，以正念為基礎的介入

重點。忍受情緒有助於我們避免立刻依情緒而行動，並避免嘗試立即的情緒緩解（這往往與自我傷害行為相關）。

第三個步驟是*再評估*（*reappraisal*），透過以新的方式思考與看待情緒，使之「去除毒性」。

再評估的內涵在於對功能失調的想法進行重構。在此階段中，將教導病人如何辨認功能失調的情緒反應，並產生更具適應性的替代反應。此舉有助於調節情緒，進而減輕情緒不穩定與衝動性。此外，病人也需避免「情緒化推理」（emotional reasoning），亦即將強烈的感受誤認為是對事件的真實反應。相反地，這些反應應被理解為主觀經驗，並透過反思來再評估。有些病人可能會認為人際關係中的拒絕證明自己不可愛且不被需要。再評估有助於將這類負面事件置於脈絡之中，避免 130
立即滑向無望感。因此，被特定的人拒絕不必然代表全面性的人際拒絕。

這些技巧最適合在團體治療中學習，但也可以是個別治療的主題。需注意的是，進展往往是逐漸累積，可能是「進兩步，退一步」。再次引用戒酒無名會的一句話：復元是「一天一天而成的」。

總結來說，當病人能使用技巧來調節情緒時，情緒的強度就會變得較低，也更容易度過。同時，治療師也需要調節自身的反應，才能有效地面對高度情緒化的病人。由於強烈情緒具有感染力，治療師若希望示範如何調節情緒給病人看，自己也必須知道要如何維持冷靜。

林納涵（Linehan, 1993）提出一套具體程序，治療師能用以教導病人如何控制強烈情緒。治療師會試圖理解威脅或行動背後的痛苦，並發展一個「鏈鎖分析」（chain analysis），描繪病人從暴露於壓力源或感到被否定的人際互動，到出現情緒困擾的歷程。接著教導病人發展更有效的策略，以因應情緒困擾背後的生活難題。如此一來，治療既認可病人不悅的情緒，也釐清導致這些情緒的心理歷程。一旦自殺傾向的成因被釐清，治療便能進入問題解決的模式，並協助病人發展出其他可行的因應策略來處理生活中的困境。

臨床案例

米麗安是一位三十二歲的行政助理。青少年時期的她曾有嚴重的酗酒與藥物濫用問題，並多次表達過自殺威脅。成年之後，她雖然多年來能維持穩定工作，卻始終只能進入表面而短暫的關係。她的同居男友是米麗安首次真正親近的對象。她目前生活的主要危機，正是來自於這段逐漸瓦解的親密關係。隨著對喬治的憤怒日益加劇，米麗安發現對方愈發冷漠與無動於衷。在接下來的兩年內，一連串因服藥過量的自殺嘗試與失業有關，並使米麗安反覆進出醫院。

透過心理治療，米麗安學會以不同的方式處理情緒，從而
131 打破這樣的模式。她意識到，自己常常在暴怒之後才意識到自己生氣了。一旦發生這種狀況，她的情緒會迅速轉為絕望，彷彿唯一的出路就是吞藥自殺。米麗安學到，自己可以忍受這些情緒，並能將自己抽離出來（去中心化）。她也能夠再評估自己的情緒，將其視為對特定情境的反應，而非世界末日般的絕境。透過這些轉變，米麗安能夠處理與喬治關係的結束，並著手準備重返職場。

管理衝動性：放慢腳步並重新思考

衝動性是多種精神病理型態的風險因子之一（Moeller et al., 2001）。人格的這個向度描述的是一種未經思考即付諸行動的傾向，或是將行動作為處理情緒的一種方式。

衝動性與情緒失調不同，差別在於衝動性是將情緒困擾與行動直接連結。治療必須打破這種有時已成自動化的連結。例如，自我傷害這類衝動行為往往會發展出某種成癮性質，因為割傷能帶開情緒（或有效分散注意力），所以這種習慣可能會逐漸在與情緒不見得相關的情況下自動出現。自我反思能力較弱的病人更容易發展出這種自動化的反應。

缺乏反思、傾向行動，尤其是 BPD 的特徵，這類病人的情緒不穩定，常表現為憂鬱與憤怒之間的快速轉換（Koenigsberg et al., 2002）。在某些病人身上，憤怒是他們最主要（也最棘手）的情緒。整體而言，治療師通常對憂鬱與絕望較能應對，而對於強烈的憤怒爆發則較為不安。大致來說，治療師若以治療焦慮與憂鬱為主，面對悲傷與絕望情緒時會較為從容，而對於病人的憤怒爆發則較不自在。

處理此問題時，曾被推薦的一項認知技巧是憤怒管理（anger management）（Edmondson and Conger, 1996）。可惜的是，單獨運用此一方法的實證基礎並不一致（Saini, 2009）。儘管如此，其背後的概念是有道理的，也已被納入 DBT 的治療中。我們需要協助病人辨識憤怒情緒，並避免其升高至行動失控的臨界點。因此，憤怒管理界定出具體步驟來觀察衝動，並接著協助病人學習慢下來、重新思考。類似的概念數十年來早已運用於各種成癮問題的自助團體之中，例如戒酒無名會。我們也可以將同樣的原則應用在割傷或服藥過量等衝動行為上。

132 臨床案例

瑪麗爾是一位二十八歲的文書人員，自青少年時期便有精神科病史。她目前困擾的核心是幾種衝動行為：自我割傷、服藥過量，或與男友爭吵後出現肢體攻擊行為。其中一次，她因與母親對自己是否需要接受治療的爭執（母親宣稱，她其實就是個「壞人」而已）而對母親施以嚴重攻擊。此外，當瑪麗爾憤怒時還會危險駕駛，曾因此發生多起車禍。

在治療中，瑪麗爾致力於提升自身的反思能力。過去，當她的男友對她口出惡言時，她幾乎會膝跳反射般地陷入憤怒，並直接導致行動（她的父母過去也曾以言語羞辱她）。她逐漸學會辨識引發衝動行為的觸發點，並學習忍受、去中心化，以及再評估這些觸發衝動行為的情緒。在她不再用舊有模式回應男友之後，瑪麗爾更有餘裕，得以重新檢視這段關係的優劣（最終使她選擇結束這段關係）。

重拾生活

病人不會因為最終理解了童年發生了什麼問題，或因為找到提升自尊的方法，就因此放棄長期自殺傾向。他們也不會在學會控制情緒與衝動之後就自動復元。若沒有生活，這些成就都意義不大（Zanarini, 2019）。

投入於工作與人際關係，是心理治療的主要背景脈絡。若參與治療，卻未實際過生活，就如同上學卻從不寫作業。治療是一個受保護的環境，提供了一個可以進行心理工作的空間。但同時，待在治療中過久也可能造成危險。有些病人長年處於治療之中，迴避外在現實的起伏衝擊，卻無法真正努力改善自己的生活品質。

然而，要好好生活，首先必須下定決心活下去。這最終意味著要放棄某些對他們而言十分重要的東西：自殺，這個既令人安慰又帶有某種奇特力量感的選項。長期自殺傾向的病人往往對這種心理狀態有所依附。要放棄這個選項，他們必須相信，自己能在生活中找到充滿意義的滿足感來源。

這樣的轉變是可能的，BPD 病人的追蹤研究顯示，隨著 133
時間推移，他們明顯變得越來越健康（Zanarini, 2019; Paris, 2020a）。這些研究發現指出，大多數長期自殺傾向病人最終重返職場。研究亦顯示，即便許多病人未必能建立穩定的親密關係，他們仍可發展出一個友誼圈並與社群建立聯繫，這些人際關係提供了重要的連結感。這些與他人的中介性連結可稱為「社會資本」（social capital）（Paris, 2014）。

某種程度上，長期自殺傾向病人的改變過程類似於從成癮復元的歷程。自殺傾向，就像成癮物質一樣，能作為解決人生所有困難的「萬用溶劑」。不只是自我傷害具有成癮性，同樣的原則也適用於自殺行為，甚至自殺意念。就像物質濫用者一樣，病人必須與過往的生活方式徹底切割，才能進入一個更健康的世界。

從這個角度來看長期自殺傾向的病人，凸顯出有必要為他們調整心理治療的標準做法。設計用來處理內化障礙症（例如憂鬱症與焦慮症）的治療策略，若直接應用於外化障礙症，可能會失敗。

在此脈絡下，我們不妨再度審視動機式晤談（Miller and Rollnick, 2002）這個療法。此做法結合最大程度的同理與（鼓勵行為改變的）認知行為方法。動機式晤談最初是為具有成癮問題、抗拒改變自己習慣應對方式的個案所設計。米勒與羅尼克（Miller and Rollnick）強調，治療師必須循序漸進地創造病人改變的動機，並避免無效的對抗。這種方法與 DBT 有若干相似之處，例如 DBT 中運用同理與矛盾介入（paradoxical interventions）的手法，林納涵（Linehan, 1993）稱為「全然接納」，並且「辯證地」（dialectically）用以促進治療歷程。

重拾生活需要擁有一個有意義的目標。對許多人而言，這與對工作的承諾有關。根據我的經驗，若病人長期失業，幾乎不可能過得好。缺乏工作帶來的廣泛人際連結與社會認可，他們會無可避免地邊緣化。這正是為什麼我們的治療計畫會要求病人在治療開始前，要投入就業或進修以準備就業。（在蒙特婁的另一個人格障礙症治療計畫中，則須提供在職證明或學校的註冊證明方能接受治療。）我們從一開始就讓病人明白，重拾生活是他們必須為治療所做的貢獻，而若缺乏生活方向，他
134 們就不太可能復元。因此，我們不太願意接受那些依賴社會福利或長期身心障礙補助、日常生活空洞且缺乏目標的病人。這類病人通常已不再努力回歸社會。我所優先治療的是那些願意讓生活進入有意義的結構的病人。我們清楚告訴他們，這也是治療的一部分，沒有生活目標，就不可能好起來。

在某些（但非所有）案例中，重拾生活也涉及一段親密關係。在這些情況下，與一位支持的伴侶建立長久的依附，可能成為復元的關鍵。即便如此，我們仍需思考促成這類結果的關鍵——內在的改變通常先於外在的改變。我常見到病人在脫離長期絕望的狀態後不久，便遇見合適的伴侶。不過，親密關係並非復元的必要條件。在我們進行二十七年的追蹤研究中，我們發現雖然只有一半的病人在中年晚期時仍與伴侶同住，但大多數人已有一份職業、一群朋友，並且在某個社群中找到了不同形式的滿足感。

人生的意義也可能來自撫養子女。儘管為人父母是一項艱難的工作，根據我的經驗，大多數病人會因為對完全依賴自己的孩子負有責任感，而放棄自殺傾向。無法放棄自殺傾向的人，往往最後會被兒童保護服務介入，甚至失去監護權。不過，我們的二十七年追蹤發現，我們的病人之中僅有一半曾經養育過孩子。有些人希望藉由成為父母來彌補自身童年的缺憾，但也有些人認為自己無法承擔這樣的責任。並非每個人在親密關係中都會感到更快樂，也並非每個人都喜歡當父母。然而，人與人的連結仍可透過其他形式實現——即使不是最親密的關係，只要與更大社群建立連結，也能帶來歸屬感，並促進復元。

這些重拾生活的方式並非萬靈丹。工作可能不穩定或無法帶來成就感。親密關係可能失敗。孩子可能叛逆，甚至發展出自己的症狀。情感需求強烈的人，也可能難以與更大的社群保持連結。但即便如此，有一個不完美的生活，也比毫無生活來得更好。

臨床案例

桃樂絲是一名學生，初次就診為二十二歲，之後在接下來的十年間接受斷斷續續的追蹤治療。她自童年時期起就有長期
135 自殺傾向。桃樂絲的母親是一位受過良好教育但長期失業的單親母親，很可能患有 BPD，她經常與桃樂絲（她唯一的孩子）談論有關自殺的「存在主義」問題，甚至曾暗示如果生活過於艱難，兩人應立下共赴黃泉的約定。桃樂絲終於離開母親後，仍時常擔心某天會接到電話通知母親身亡的消息（事實上這種事從未發生）。

桃樂絲與男性的親密關係歷經多次失敗，每當一段關係結束時，她便立即萌生自殺的念頭。即便在治療過程中曾多次服藥過量，她仍能在學業上表現優異。桃樂絲的談吐風格如同十九世紀的浪漫主義者，常向治療師描述自己在太平間中成為屍體時將有多麼美麗。她也時常將自己比喻為一部熱門科幻電影中的角色：一位無可救藥地愛上一名男子卻永遠無法變成人類的機器人。

桃樂絲直到找到了活下去的目標後，才得以放棄她的自殺傾向。雖然她的親密關係持續困難，到三十歲時已經離婚，但她在專業領域上發展成功。而讓她的人生有了意義的，也包括與前夫所生的兩個女兒。儘管桃樂絲曾懷疑自己是否有能力應對孩子們的需求，但她下定決心不讓她們重蹈自己家庭的覆轍。在這樣的情境下，自殺已不再是一個選項。

與長期自殺傾向病人的家庭合作

大多數的心理治療模式聚焦於個人。然而，實際上我們所見的多數病人皆與家庭有所牽連，家庭亦深深地牽掛著他們。當然，家庭成員有時確實可能製造衝突，加劇病人的困難。但同時，他們也可能投入關懷其患有 BPD 的子女所經歷的痛苦。

無庸置疑，當病人考慮和嘗試自殺時，對於那些愛他們的人是極大的壓力來源。但治療師長期以來往往排除家屬的參與，視其為「問題的一部分，而非解方的一部分」。不過我們不需要自動站在病人一方，接受其將困難歸咎於所愛之人的說法；這些感知往往受當下的苦痛所扭曲，也會受病人（尤其是 BPD 病人）將問題外化的傾向所扭曲。我們也要記得，大多數有 BPD 病人的家庭，至多只能說有情感忽視的問題，真正 136
涉及兒童虐待的是少數。長期自殺傾向具有遺傳的成分，而情緒失調的兒童需要家庭投入比平常更多的照護與耐心。這樣的觀點與本書所主張的生物心理社會模式相符。

約翰．岡德森和林克斯（Gunderson and Links, 2008）為少數針對家屬發展出正式支持計畫的 BPD 專家之一。某次他造訪蒙特婁，我有機會見到他對一群約五十位家長進行演講，我對他對 BPD 問題的清晰解說以及對與此病長期共處者的所展現的同理心印象深刻。

社工師佩里．霍夫曼（Perry Hoffman）則領導一群專業人士（Hoffman et al., 2005）發展出一套正式的與 BPD 家屬共同工作的方法，稱為「家庭連結」（Family Connections）。

她亦創辦了「全國邊緣型人格障礙症教育聯盟」（National Educational Alliance for Borderline Personality Disorder, NEA-BPD）。該組織獲得美國國家精神健康研究院資助，並在美國各地（以及英國與加拿大）舉辦針對 BPD 病人家庭的專業會議。我曾有幸參與其中幾場會議。

並非所有病人都希望家屬參與治療，尤其是當他們已經搬離家中，並學會如何避免讓這些關係再度受到情緒風暴的干擾時。因此，將家屬轉介至能為這些問題提供具體建議與支持的專門計畫，往往更為實際。這正是我們團隊向來的做法。然而，常見的狀況是，治療師有充分的理由需安排家庭會談。這尤其適用於仍與父母同住、在經濟與情感上都依賴家庭的病人。值得注意的是，在這些案例中，治療可能未獲健保給付，往往需由家庭負擔治療開銷。

有鑑於此，康伯格（Kernberg, 1987a）便建議治療師在療程一開始時便應與病人的家庭成員見面。這些會面未必都具有成效。然而，對於正在承受與長期自殺傾向病人共同生活重擔的家屬，至少應當讓他們了解病人的病情與預後。

當治療師與家屬會談時，可設定三項目標：（1）獲得對病人獨立的側面資訊；（2）去神祕化（demystify）治療過程；（3）分擔長期自殺傾向帶來的照護負擔。會談中應把握機會向家屬解釋治療計畫背後的道理，並促進家屬對治療的合
137 作。其中最關鍵的訊息之一，是讓家屬明白治療師無法保證能預防病人自殺，但這確實是治療的目標之一。

治療師也必須了解，病人與家屬的期待與訴求可能有所不同。然而，透過這類會談，我們可以強化專責的 BPD 計畫所

要傳達的訊息：儘可能保持不評價與同理的態度。同時，這些會談的進行方式也必須避免無謂且壓力沉重的的爭執與衝突，應保持會談的結構，並聚焦於實務層面的議題。

在以下的案例中，與家屬會面的主要價值在於取得更多關於家庭關係的資訊，並且協助一位長期自殺傾向病人的父母更清楚理解治療過程。

臨床案例

瑪西雅是一位二十歲的護理系學生，在吞服大量藥物後接受治療。她已經考慮自殺一段時間，並將自身的問題歸因於長期被父母誤解。她在治療師面前所描繪的家庭形象，令人傷心已經是最好的情況，最糟的情況甚至是帶有惡意的。

在治療初期即安排的家庭會談，有助於釐清彼此互動的本質。瑪西雅出身於一個軍人家庭，有四名子女，家中每個人都必須因應多次的搬遷。身為老三，瑪西雅特別敏感且需求較高，但在家庭的動盪中，常受到忽略。瑪西雅的父親形容她是個「極端分子」——雖然準確地指出她經常以激烈的手段來爭取回應，但並未意識到瑪西雅所感受到的被忽視，至少有部分是基於現實。瑪西雅的母親則長期憂鬱，缺乏情緒調節的能力，無法妥善管理一個大家庭，事情一出錯便常感困惑而退縮。

儘管有這些侷限，但當得知女兒需要接受治療，且不該期待其自殺傾向會迅速消失時，瑪西雅的家人感到安心。治療師鼓勵瑪西雅將自己的問題與家庭保持距離，並因其家人住在其他城市，建議她以低調且大致正向的方式維持關係。隨著瑪西雅開始在職涯與親密關係中建立自己的生活，她也逐漸能夠原諒雙親，甚至能享受與他們的相處時光，並擁有對原生家庭較為平衡的看法。

138

治療需持續多久？

人們或許會認為，長期具有自殺傾向的病人必須接受長期治療。然而，儘管有時確實如此，延長治療時程並非總是必要的。如第七章所述，大多數心理治療的研究支持短期治療，而對於任何超過一年以上的治療，實證資料極為有限。如果較短期的治療確實有效，將能讓最需要的病人更容易獲得治療。

問題在於如何對有限人力資源做最好的運用。階段式照護可使病人更容易取得服務，同時降低成本（Laporte et al., 2018; Grenyer et al., 2018）。這擴大了服務範圍，讓更多人得以接受治療。透過不對所有人提供相同程度的照護，我們得以進行分流，優先考量治療的可近性。

若一個治療計畫有冗長的等候名單，對於不斷湧入精神健康體系的眾多個案將毫無助益。支持我們計畫的醫院設立本服務的動機，就是希望清空急診室中因 BPD 病人累積所造成的壓力，這在其他地方也同樣適用。

對於如 DBT 這類保險給付不足、多數病人難以負擔（即便臨床試驗使用的僅是一年期療程）的治療方式，縮短治療時程更是必要。無期限治療容易佔據治療名額，導致其他人更難以進入專門的治療。最關鍵的是，對於長期自殺傾向病人而言，被列入漫長的等候名單上並不太可能有實際幫助。

階段式照護對於如 BPD 這類預後高度變異的疾病很有用，因為不同病人之間緩解的速度大相逕庭。經一項療效研究支持（Laporte et al., 2018），我們的臨床經驗顯示，大多數病人可從短期治療中獲益（約三個月的團體與個別治療），而較長期的治療（十二個月）則保留給病情較為嚴重，或對第一階段治療無效的病人（約占百分之十二）。我們的治療計畫提供的所有治療皆有時間限制，我們不認為應讓病人變成「終生治療者」。

值得注意的是，目前文獻並無證據顯示，BPD 病人需要例行性地接受較長期的治療。一項於多倫多 DBT 門診進行的研究（McMain et al., 2018）發現，接受六個月與十二個月治療者，其療效並無顯著差異。

此外，也須記得，治療的結案並不等於心理工作的終止。病人會被鼓勵繼續應用治療中所學之技巧，即使日後不再規律與專業人士見面亦然。因此，並不需等待完全緩解才能將 139
病人轉介回社區。此結論亦獲得一項長達二十四年的追蹤研究所支持（Zanarini, 2019），該研究顯示，一旦病人踏上復元之路，很少會再退回原先的功能水準。

澳洲的 BPD 治療指引（National Health and Medical Research Guideline, 2017）也建議以整合初級、次級與三級照護的階段式照護計畫，蔡－凱恩等人（Choi-Kain et al., 2017）亦有類似建議。在澳洲所發展的一項階段式照護計畫中，格尼葉等人（Grenyer et al., 2018）發現，此做法能減少人格障礙症病人前往急診的次數，並具明確的成本效益。這對於現況帶來大幅改善，目前專門治療的名額有限，導致多數病人無法進入，急診則因此擁擠不堪。這也是對另一個常見問題的改善，避免病人陷入沒有結案規劃的治療之中。

重新思考對長期自殺傾向病人的看法

處理長期自殺傾向，是所有臨床工作者所面對的最複雜挑戰之一，無論經驗多麼豐富亦然。最重要的原則是，治療工作必須始終針對病人健康的那部分進行。若我們將病人視為無助且無法自主，就會增加他們長期功能受損、無法恢復的可能性。相反地，若我們將自殺傾向視為一種可以透過實際生活改變來緩解的心理困擾的指標（就如同其他任何症狀一樣），就有可能將局勢導向復元與健康。

為何這些觀念會引起爭議？我經常在學術會議與臨床討論會中提出這些觀點，我發現雖然許多治療師對我的做法表示理解，但也普遍會質疑這樣的方式是否真的能在現實中付諸實行。癥結點通常在於自殺的危險，以及臨床工作者需負起防止其發生之責任。這些顧慮早已深植於每一位治療師的心中，卻很少有人停下來質疑其是否有實證根據。

讀者可能會注意到，本章所提出的建議，與現行處理自殺傾向的標準臨床指引並不完全一致（American Psychiatric Association, 2003; National Institute for Clinical Excellence, 2009; Royal College of Psychiatrists, 2020）。造成這種差別的主要原因是，雖然這些臨床指引完全適用於急性自殺傾向，卻未充分
140 考量長期自殺傾向所帶來的特殊問題。如我在本書反覆強調的，現有關於自殺防治的文獻在科學上仍屬薄弱，尤其是在應

用於 BPD 病人時更是如此。我建議治療師做對病人而言是對的事，而非被訴訟的恐懼所支配。（第十一章將進一步討論本書的做法在醫療法律層面可能產生的議題。）

總結來說，某些對於長期自殺傾向的既有認知，實際上可能導引我們走上錯誤的治療方向。如果預防自殺只是一種迷思，那我們應將焦點放在我們能做的事，而非執著於我們做不到的事。這需要一種務實且理性的方法來處理棘手的臨床問題。我們必須相信，即使我們的病人似乎深深愛戀著死亡，他們最終仍可找到繼續活下去的方式。

141

【第11章】

自殺傾向與訴訟

對治療師而言，病人自殺身亡後可能面臨訴訟的恐懼，是可以理解的顧慮。每當我向同儕提出自己對於處理長期自殺傾向病人的觀點時，我保證一定會被問到：「但要是我被告了怎麼辦？」

這種顧慮，正是本書所提出的觀念最常遭遇阻力的來源，即使是那些原則上同意我的看法的同儕也是如此。因此，儘管許多臨床工作者知道住院治療對此類病人效果有限，卻仍常因擔憂病人一旦付諸行動，自己恐將面臨訴訟，而感到不得不讓病人住院來作為預防措施。因此，若讀者認為依循本書建議將使自己面臨法律訴訟，那麼這些建議恐怕將無法真正受到採用。

本章旨在反駁這種觀點。本章將說明，在多數情況下，長期自殺傾向患病人死亡後引發訴訟的情形相當罕見。本章同時也將說明，實務上有若干可行的方法可以預防訴訟發生。

自殺作為臨床實務中的常態風險

在任何一位精神健康專業人士的臨床實務中，自殺始終可能出現。我們其中許多人或大多數人都經歷過病人自殺（而那些尚未經歷者，也都聽過同儕有類似的案例）。根據調查，大約有百分之五十的精神科醫師（Chemtob et al., 1988a）與百分之二十的臨床心理師（Chemtob et al., 1988b）在職涯中至少遇過一次病人自殺的情況。更近期的調查（Foley and Kelly, 2007）也進印證了這些觀察。

142 然而，這些整體數據掩蓋了自殺盛行率與臨床環境之間的關係。私人執業的治療師可能不太會遇到自殺，尤其當他們看的是相對健康的個案的時候。反之，在醫院執業者，很難找到沒有遭遇過病人自殺的治療師。

首先，我們必須接受一個大原則：任何進行心理治療的人，都勢必面對至少一定程度的自殺風險。對身為醫師的我們而言，病人可能在治療過程中死亡，是臨床訓練中所預期會面對的；而心理師與社工師則可能對生死議題更加敏感。此外，無論其專業背景為何，臨床工作者對於處理此類風險的自在程度，往往與其人格特質相關。有些治療師是積極者：他們覺得對病人的生命負有責任，因此偏好主動介入，而非觀察等待。另一些治療師則採取較為觀察與省思的立場：他們相信病人終究要為自己的生命負責，因此在面對自殺威脅時，也未必感到必須積極介入。我們每位治療師多半傾向於選擇某一特定立場。然而理想的治療師應能根據臨床情境，在兩種觀點之間彈性拿捏。但考量到目前自殺防治的實證基礎薄弱，治療師宜採取較保守的立場。

治療精神疾病之人絕非易事。儘管我們大多會認為這份工作深具挑戰也令人興奮，我們也應該承認，治療並非總是成功。有時候我們確實能為病人帶來戲劇性的轉變——即使只有少數幾位病人出現顯著改善，也足以支撐我們在面對其他更令人挫折的結果時繼續前行。大多數的情況下，即便病人持續面對困難，我們也只能幫忙到一個程度。但這樣的結果仍應受到尊重，也足以令人感到滿足。

我們工作最困難的部分，來自於我們幫不上病人，且必須接受失敗的時候。大多數這類情況的病人，即便換了治療師，情況也不見得會更好——即便我們有時會這樣想。正因我們是關懷他人的專業人士，我們難免會覺得自己在某種程度上應負起責任。然而，儘管這樣的經驗對我們帶來嚴峻考驗，我們仍必須承受，並繼續向前邁進。

不過，大多數治療師難以用超然的態度看待自殺。我們選擇這個職業，是為了助人，而不是看著他們走向死亡。本書強調的問題之一是，當我們不惜一切代價試圖預防自殺時，往往徒勞無功。此外，對於可能必須在法庭上為自己的治療作辯護的恐懼，可能使我們陷入癱瘓與困惑。

143

病人自殺後，治療師在何種情況下可能面臨訴訟？

治療師在病人自殺後有時確實可能面臨訴訟，這並非幻想。自殺死亡是精神健康專業人士遭到訴訟的首要原因，約占所有案件的百分之二十以上（Kelley, 1996; Sher, 2015）。另一方面，根據不同司法轄區所蒐集的數據顯示（Gutheil, 1992; Packman and Harris, 1998; Frierson, 2022），真正因病人自殺而提起訴訟的案件其實所佔比例不高，其中又僅有少數的訴訟

（約百分之二十）最終被法院判定成立。

因此，儘管許多治療師都可能在執業期間遇到病人自殺，但大多數人終其一生不會面臨訴訟，而即便遭遇訴訟，也多能獲得有利的判決。然而，即使了解這些事實，仍無人願意經歷這類程序，因為其所帶來的壓力極大。我們只需與曾被指控醫療疏失的同業談談，就能體會這種煎熬。

為了更清楚掌握問題全貌，我們可以先檢視影響醫療訴訟發生頻率與結果的諸多因素。

第一，訴訟較有可能發生在某些特定的臨床情境中。大部分進入司法程序的案件，來自於因嚴重精神疾病（例如精神病或有憂鬱特徵的鬱症）而住院的病人，而與有長期自殺傾向之 BPD 病人的相關訴訟極為罕見（Kelley, 1996）。由於急性病人所罹患的疾病往往不符合其一貫的性格表現，其家屬對復元仍懷抱希望，因此一旦發生自殺事件，便較容易認為其中必定出了差錯。相對地，對於長期自殺傾向的病人而言，他們已經生病很長一段時間，家人的支持也可能早已枯竭，因此其死亡往往不至於引發太大的驚訝。

第二，我們需要考量病人接受治療的環境。多數自殺相關訴訟聚焦於病人因急性自殺傾向住院時的相關處置，例如是否過早出院；至於是否應該一開始就將病人收治住院，則較少成為爭議焦點（Kelley, 1996）。

第三，自殺後的相關訴訟通常著重於病人是否獲得適當的處置。關鍵在於，當臨床工作者被認定需負法律責任時，*其判決結果幾乎從未僅僅根據病人自殺這一事實本身*（Gutheil, 1992, 2004; Gold and Frierson, 2020）。反而是必須證明提供治

療的專業人士未遵循公認的標準。因此，只要治療師的做法符
144 合一般專業實務指引，並能證明有確實遵守，極少被認定需負法律責任（Frierson, 2022）。即使治療師的行為未完全遵照現有的臨床指引（例如避免頻繁住院），也可以藉由提出文獻中對於這類「偏離做法」的不同意見加以說明。

多數法院也知道，自殺並非總是可以預防（就這點而言，他們比我們更為明理！）。司法體系並不會在自殺發生時一概認定臨床工作者有過失，且可能會理解長期自殺傾向是一種特殊情況。當然，這些觀點仍需經由稱職律師的論述才能說服陪審團，但經驗顯示這些論點確實能成立。

當治療師已承擔對病人提供合理照護的責任，被認定有*過失*（negligent）時，醫療訴訟才較有可能成立。這個術語的意思是，提供的照護未達臨床專業社群所訂定的合理標準。此外，還需舉證有任何照護上的缺失，確實*造成*病人的自殺結果。換言之，僅在能夠證明若照護更為妥適，自殺本可避免的情況下，治療師才可能被追究法律責任。

降低訴訟風險的方法

有幾種情形會使治療師因未達專業照護標準而須負起法律責任（Gutheil, 1992; Frierson, 2022）。有時是出現明顯的臨床判斷錯誤（例如錯誤診斷，或明顯偏離常規的治療方式）。但最關鍵的因素是未能充分評估病人，且未確實記載評估內容。治療師預防訴訟最重要的措施，就是做好*文件紀錄*（documentation）。我們必須詳細記載病人的精神狀態，在病

人威脅自殺時，詳述重新評估之結果與避免住院決策背後的臨床考量。

對於長期自殺傾向的病人，若無法維持足夠的書面紀錄來佐證治療計畫，即可能承擔風險（Gutheil, 2004）。因此，無論對長期自殺傾向病人採取何種處置，都必須詳實書寫。沒有任何方式能取代完整的紀錄，這些紀錄應說明你所觀察到的情況，並解釋你所採取行動的理由。特別是當治療師決定接受一定程度的自殺風險（是為了有效治療病人），務必要撰寫完整的病歷紀錄來說明判斷過程。若你基於特定臨床理由而選擇承擔經過評估的風險（例如病人先前多次住院未見改善），你
的決策一定要有清楚的紀錄。要寫到長期自殺傾向的慢性特 145
質，並討論其相關的臨床意涵。若長期自殺傾向病人威脅要立即自殺，而治療師選擇不安排住院，則治療師應該要寫下病歷，其中描述病人當時的言論，說明此威脅如何符合其長期模式，以及繼續遵循長期照護計畫的理由。

在某些情境中，病人可能會討論所謂的「死亡之約」（Gutheil and Schetsky, 1998）。這類案例中的病人，威脅的自殺行為通常指向某個未來的時間點（例如說：「如果聖誕節前情況還沒改善，那我就不想活了。」）這類陳述雖然令人不寒而慄，但治療師仍應在病歷中仔細紀錄這些話語以及治療師對此的回應。

古賽爾（Gutheil, 2004）建議治療師也應記錄任何有關治療將如何進行的明示或暗示契約。例如，雙方可事先達成協議，無論將來發生何種危機情境，病人皆接受一項長期的治療計畫，並具備執行該計畫的能力。有時候，計畫可明確指

出，有鑑於自殺風險屬於慢性，治療師與病人雙方同意採行門診治療方式並避免住院。有些治療師曾試驗所謂的「不自殺契約」（no-suicide contracts），但古賽爾指出，目前並無任何證據顯示這類協議能真正防止致命結果，而且重點在於，要有書面證據證明病人了解治療師的做法，並同意在此架構下進行治療。

古賽爾（Gutheil, 2004）亦建議一項應成為處理長期自殺傾向病人標準作業的程序：治療師應定期向值得信賴的同儕尋求諮詢意見。你對病人所做的任何處置，只要獲得同儕的書面同意與支持，即可獲得保障。令人意外的是，這樣的諮詢並非慣例，但這個做法應該成為常規，即使是資深治療師亦然。對於在醫院或社區診所中以團隊形式工作的臨床工作者而言，取得同儕意見相對較為容易。

當臨床工作者能夠做好上述各項措施，自身所面臨的風險就能大幅降低。儘管世上難免會有失職的律師與陪審團，但我們仍有許多方法可以保護自己。

家庭與訴訟

病人自殺之後的氛圍，往往不利於理性的思考。家屬可能因結果而產生罪惡感，進而尋求一個可以歸咎的對象。與此同
146 時，多數治療師對於病人自殺也常感愧疚。重點在於該如何處理這些情緒。一個常見（但遺憾）的結果是，治療師可能會選擇迴避與病人家屬接觸，而非主動與其談話。然而，自殺發生後的最初幾小時與幾天，是最為關鍵的時機。古賽爾

（Gutheil, 2004）指出，許多自殺事件之後的訴訟，正是因為治療師未能回覆家屬來電，以及未能與家屬會面以提供慰問與說明所致。

如同第十章所探討的，若治療期間曾與家屬有過一些接觸，情況可能會比較好。許多家屬在過去長期必須承受病人的自殺傾向，卻無人可以提供協助，若能與治療師建立合作關係，將會感到有所支持。即使最終仍發生自殺事件，家屬也較不容易感到被排除在外或產生憤怒。

臨床案例

羅伯特是一位曾在年輕時期積極參與社會運動的企業家。然而，儘管他結了婚並擁有不錯的物質生活，他始終無法真正投入於成年期的角色。由於未能放下他那一套「一九六〇年代」的生活習慣，羅伯特長期濫用多種物質。無論是「興奮劑」還是「鎮靜劑」（從古柯鹼與安非他命到鎮定劑），他始終不願放棄，最終逐漸失去一切。

首先崩解的是他的婚姻。有一天當羅伯特回家時，發現所有的門鎖已經被換掉，妻子也明確表示不願再與他有任何瓜葛。羅伯特幾乎沒有社交圈，也未積極尋求新的關係，於是便回去與寡居的年邁母親同住。他其他家庭成員只有一位已婚、有子女的弟弟，而且並不怎麼想協助哥哥。

羅伯特嘗試將自己埋首於工作之中，然而這樣的努力無法彌補他空虛的生活。客戶漸漸不再上門，他經常整日待在辦公室中，卻無事可做。就在此時，他開始萌生自殺的念頭，並且這個念頭揮之不去。

接下來的三年間，羅伯特共做過五次服藥過量的嚴重自殺嘗試，使他被送入加護病房治療，並接著轉入精神科病房住院。儘管醫師曾多次建議接受心理治療，他始終未曾積極配合，直到第五次住院後才同意接受精神科門診治療。但治療過程並不順利，與治療師兩人之間未能建立起有效的治療同
147 盟。治療內容多聚焦於他當下生活的空虛感，儘管他並未明確表達自殺威脅。醫師曾開立抗憂鬱藥物，但療效並不顯著。精神科醫師亦曾與羅伯特的母親見面，她提供了更詳細的病史資料，但她也坦言自己對於兒子逐漸惡化的人生軌跡感到無能為力。

在經歷了數月的每週治療後，羅伯特的母親於某天一大清早打電話給精神科醫師。她表示在家中發現兒子已經死在自己的床上。床頭擺著一個強效止痛藥的空瓶。醫師立即趕往現場，確認羅伯特已經身亡，並陪同其母親等待警方到場。幾個小時後，羅伯特的弟弟抵達，這是他首次與哥哥的醫師見面。弟弟既難過又憤怒，對精神科醫師抱怨，治療過程應該多讓家屬參與。然而，他同時也坦承，其實早就預料哥哥的死亡可能是遲早的事。事實上，這也是該家庭與精神科醫師之間的最後一次接觸。

這個案例顯示，即便過去與病人家屬未有接觸，妥善處理彼此關係仍可能產生關鍵性的影響。由於病人長期具有自殺傾向，訴訟的可能性不高，其家人已有心理準備，預期死亡可能會發生。羅伯特的家屬早已坦白面對這樣的可能性，他們從未真正考慮要控告精神科醫師。

總結

對所有與有自殺念頭者一起工作的治療師而言，訴訟是一種惡夢般的情境。然而，這類案件最終進到法庭上的其實相對罕見。透過謹慎的書面紀錄、與同儕的諮詢討論，以及與家屬建立合作關係，皆可有效降低風險。

面對有自殺傾向的病人，治療師應展現出關心與照顧之態度，並尊重其自主權。治療師雖然總是盡其所能提供最妥善的照護，但對於最終結果，無須承擔過度的內疚感。內疚無助於治療，當然也無助於治療師本身。當治療進展緩慢時，我們應記住，我們治療的是病情嚴重的病人。若隨後仍有死亡發生，我們不必因此自責或預期將受到懲罰。最重要的是，對死亡結果的恐懼，不應使我們陷入癱瘓。

正如本書反覆強調的，治療師應與病人一同面對問題，而 148
非採取防衛性的做法。用一位自殺研究者的話來說（Rachlin, 1984, p. 306）：「我們不能因為害怕訴訟，就剝奪病人學習如何活下去的權利。」

149 【第 12 章】

給治療師的治療指引

我將總結本書所討論的理論與研究觀點，以及其最重要的臨床意涵。

- 自殺是一項嚴重的公共衛生議題。然而，研究證據尚無法證明，我們已經知道如何在臨床情境中預防自殺。
- 治療師必須區分不同種類的自殺傾向。自殺意念相當常見，單憑其出現，通常無法作為高風險的指標。自殺嘗試則需引起較多關注（視其致命性而定），但多數自殺嘗試者最終並不會以自殺結束生命。而自我傷害則多半並不具自殺的意圖。
- 長期自殺傾向病人可能在多年之中反覆思考或嘗試自殺。這類問題常始於童年期，但其臨床表現（包括自殺想法與嘗試）通常於青春期開始出現。
- 長期自殺傾向具有特定的心理功能，特別是在紓解不悅情緒與傳達痛苦方面。此類傾向並非與憂鬱症相關的短暫現象，而是可能成為病人人格結構的一部分。
- 長期自殺傾向的處置需建立於不同於為急性自殺傾向所開發的一套原則上。住院治療從未被證實具有幫助，雖然部分證據支持日間病房的價值，但大多數病人可於門診接受治療。

- 多數自殺發生於未受治療的群體中。對於主動尋求治療者而言，自殺防治雖然是可能的，然臨床工作者仍無法準確判斷何者為風險最高者。
- 150 對許多，甚至大多數治療師而言，病人自殺在其職涯中很可能會發生至少一次，因此應視為治療工作中的常態風險。
- 長期自殺傾向的病人通常符合人格障礙症的診斷準則，尤其是 BPD。這類群體所需的治療方式，與如憂鬱症等常見精神疾病有所區別。
- BPD 伴隨之長期自殺傾向的主要治療方式為心理治療：已有數種方法獲得臨床試驗支持。藥物治療的價值則相當有限。
- 治療長期自殺傾向病人的一項關鍵元素，是能夠忍受並接受風險。這代表治療過程必須尊重病人對於自殺傾向的需求，因為這可能是他們唯一已知的因應方式。
- 當長期自殺傾向病人的生活品質改善時，便有可能復元。這樣的改變需要時間，但若病人能透過一套策略，從中學習如何調節強烈情緒、抑制衝動性，並「好好生活」，將有助於加速復元。
- 長期自殺傾向病人常來自功能失調的家庭，但我們在治療中不必然要聚焦於童年逆境。相反地，治療應成為一個起點，引導病人學習情緒調節技巧，控制衝動性，並在工作與人際關係中投入有意義的參與。
- 研究指出，多數長期自殺傾向的病人會隨著時間逐漸好轉。因此，即使面對自殺威脅，我們仍能保持樂觀與正向的態度。

- 治療師若能仔細記錄治療過程，並及早與家屬建立聯繫，即使病人發生自殺事件，也可將訴訟風險降至最低。

研究方向

我們應該進行何種研究，才能解答本書提出的問題？這是一個有待未來帶來更多知識的領域。針對這類研究如何展開，我認為可從三個大方向做建議。

首先也最重要的是，我們亟需更多關於自殺與自殺傾向的近因與遠因之研究。唯有在釐清這些成因後，我們才能構思真正有實證基礎的自殺防治方法。自殺風險的相關性研究尚未提供明確解答：我們仍需理解，為何只有少數有自殺傾向的病人最終會真正自殺。這類問題需要以前瞻性資料與長期追蹤研究才能獲得解答。

151 第二，我們應進行系統性的研究，以判斷使長期自殺傾向病人住院治療是否有任何價值。儘管本書對此抱持懷疑的看法，若未來有研究能證實住院可在短期或長期內降低自殺傾向，我也樂意修正我的看法。

第三，我們需要更多針對長期自殺傾向病人之有效治療方法的資料。研究最終應能指出，對於特定的病人亞群體而言，哪些特定的介入措施（無論心理治療或藥物治療）最為有效。正如所有臨床問題一樣，治療進展應只能建立在實證資料的基礎上。

在長期自殺傾向的處理上，有一項較新的發展須考量是，在某些國家與地區已可提供醫師協助死亡（physician-aided dying）——或者在加拿大，這項措施被稱為醫療協助死亡（medical aid in dying）（Dugdale et al., 2019）。除了慢性疼痛與無法治癒的疾病之外，精神健康專業人士面臨的疑問是，自殺傾向所帶來的心理痛苦是否屬於無可緩解的痛苦？以及在這類案例中，是否應該考慮協助病人自殺？根據本書的論述，我的立場是，這兩個問題的答案皆應是否定的。我們對於長期自殺傾向已有充分的了解，足以聲明它是可以治療的。

結語

要撰寫一本書來探討臨床上極為棘手、卻缺乏堅實實證資料的問題，確實是一項挑戰。身為研究者，我受過訓練，不應在缺乏明確實證的情況下輕易做出判斷。然而，身為臨床醫師，我深知治療師無法再等待整整另一個世代才會有的更多數據，也明白病人當下就需要協助。即使我們目前對此問題的認識仍十分有限，我們仍然可以有效地處理多數個案。最終，直到我們有更多的知識之前，我們應當避免因嘗試去做不可能的事而讓問題惡化。

情緒是具有感染力的，自殺傾向所伴隨的無望感，有時也會讓我們陷進去。治療師必須做的事情，是持續將注意力放在治療目標上。我們固然理解人類痛苦的深度，但我們的工作必須奠基於一種理性而務實的樂觀態度。與那些努力將希望之門關上的長期自殺傾向病人不同，我們深知死亡並非面對空虛感與痛苦的唯一解方，生命仍可能帶來許多意想不到的驚喜。

參考文獻

Aaron R, Joseph A, Abraham S, Muliyil J, George K, Prasad J, Minz S, Abraham VJ, Bose A (2004): Suicides in young people in rural southern India. *Lancet* 363:1117–8.

Abrams R (2002): *Electroconvulsive Therapy*, 4th edition. New York, Oxford University Press.

Achenbach TM, McConaughy SH (1997): *Empirically Based Assessment of Child and Adolescent Psychopathology: Practical Applications*, 2nd edition. Thousand Oaks, CA, Sage.

Adler G (1979): The myth of the alliance with borderline patients. *Am J Psychiatry* 136:642–5.

Adler G, Buie DH Jr. (1979): Aloneness and borderline psychopathology: the possible relevance of child development issues. *Int J Psycho-Anal* 60:83–96.

Ahmedani BK, Simon GE, Stewart C, Beck A, Waitzfelder BE, Rossom R, Lynch F, Owen-Smith A, Hunkeler EM, Whiteside U, Operskalski BH, Coffey MJ, Solberg LI (2014): Health care contacts in the year before suicide death. *J Gen Intern Med* 29:870–7.

Alexander F, French T (1946): *Psychoanalytic Therapy*. New York, Ronald Press.

Alvarez R (1971): *The Savage God: A Study of Suicide*. New York, Random House.

American Psychiatric Association (2003): Practice guideline for the assessment and treatment of patients with suicidal behaviors. *Am J Psychiatry* 160(Suppl):1–60.

American Psychiatric Association (2022): *Diagnostic and Statistical Manual of Mental Disorders*, 5th edition, text revision. Washington, DC, American Psychiatric Press.

Andersen UA, Andersen M, Rosholm JU, Gram LF (2000): Contacts to the health care system prior to suicide: a comprehensive analysis using registers for general and psychiatric hospital admissions, contacts to general practitioners and practicing specialists and drug prescriptions. *Acta Psychiatr Scand* 102:126–34.

Arntz A, van Genderen H (2020): *Schema Therapy for Borderline Personality Disorder*. New York, Wiley.

Baldessarini RJ, Tondo L, Davis P, Pompili M, Pompili M, Hennen J (2006): Decreased risk of suicides and attempts during long-term lithium treatment: a meta-analytic review. *Bipolar Disord* 8:625–39.

Barkham, M, Lutz W, Castonguay, LG, eds (2021): *Bergin and Garfield's Handbook of Psychotherapy and Behavior Change*, 7th edition. New York, Wiley.

Bateman A, Fonagy P (1999): Effectiveness of partial hospitalization in the treatment of borderline personality disorder: a randomized controlled trial. *Am J Psychiatry* 156:1563–9.

Bateman A, Fonagy P (2001): Treatment of borderline personality disorder with psychoanalytically oriented partial hospitalization: an 18-month follow up. *Am J Psychiatry* 158:36–42.

Bateman A, Fonagy P (2004): *Psychotherapy for Borderline Personality Disorder: Mentalization Based Treatment.* Oxford, Oxford University Press.

Beautrais A (2003): Subsequent mortality in medically serious suicide attempts: a 5-year follow-up. *Austral New Zealand J Psychiatry* 37:595–9.

Beautrais AL (2001): Suicides and serious suicide attempts: two populations or one? *Psychol Med* 31.837–45.

Beck AT, Freeman A (2002): *Cognitive Therapy of Personality Disorders*, 2nd edition, New York, Guilford.

Beck AT, Resnik L, Lettieri DJ (1974): *The Prediction of Suicide.* Bowie, MD, Charles Press.

Belsky J, Pluess M (2009): The nature (and nurture?) of plasticity in early human development. *Perspect Psychol Sci* 4, 345–51.

Berman AL (2018): Risk factors proximate to suicide and suicide risk assessment in the context of denied suicide ideation. *Suicide Life Threat Behav* 48:340–52.

Berman AL, Silverman MM (2014): Rethinking suicide risk assessment and risk formulation. In: SH Koslow, P Ruiz, CB Nemeroff, eds: *A Concise Guide to Understanding Suicide: Epidemiology, Pathophysiology, and Prevention* (pp. 33–41). Cambridge University Press.

Beutler LE, Malik M, Alimohamed S, Harwood M, Talchi H, Noble S, Wong E (2004): Therapist variables, In: MJ Lambert, ed: *Bergin and Garfield's Handbook of Psychotherapy and Behavior Change* (pp. 227–306). New York, Wiley.

Binks CA, Fenton M, McCarthy L, Lee T, Adams CE, Duggan C (2012): Pharmacological interventions for people with borderline personality disorder. *Cochrane Database Syst Rev* 1:CD005653.

Biskin R, Paris J, Zelkowitz P, Mills D, Laporte L, Heath N (2021): Non-suicidal self-injury in early adolescence as a predictor of borderline personality disorder features in early adulthood. *J Pers Disord* 35:764–75.

Black D, Blum N (2017): *Systems Training for Emotional Predictability and Problem Solving for Borderline Personality Disorder: Implementing STEPPS Around the Globe.* New York, Oxford University Press.

Black DW, Kolla N, eds (2022): *Textbook of Antisocial Personality Disorder.* Washington, DC, American Psychiatric Publishing.

Black DW, Zanarini MC, Ronine A, Shaw M, Allen J, Schulz SC (2014): Comparison of low and moderate dosages of extended-release quetiapine in Borderline Personality Disorder: a randomized, double-blind, placebo-controlled trial. *Am J Psychiatry* 171, 1174–82.

Bland RC, Dyck RJ, Newman SC, Orn H (1998): Attempted suicide in Edmonton. In: AA Leenaars, S Wenckstern, I Sakinofsky, RJ Dyck, MJ Kral, RC Bland, eds: *Suicide in Canada* (pp. 136–50). Toronto, University of Toronto Press.

Bostwick JM, Pabbati C, Geske JR, McKean AJ (2016): Suicide attempt as a risk factor for completed suicide: even more lethal than we knew. *Am J Psychiatry* 173:1094–100.

Bould H, Mars B, Moran P, Biddle L, Gunnell D (2019): Rising suicide rates among adolescents in England and Wales. *Lancet* 394 (10193):116–7.

Brager-Larsen A, Zeiner P, Klungsøyr O, Mehlum L (2022): Is age of self-harm onset associated with increased frequency of non-suicidal self-injury and suicide attempts in adolescent outpatients? *BMC Psychiat* 22:58.

Brent DA (2001): Assessment and treatment of the youthful suicidal patient. *Ann NY Acad Sci* 932:106–28.

Brent DA. Oquendo M. Birmaher B. Greenhill L, Kolko D, Stanley B, Zelazny J, Brodsky B, Bridge J, Ellis S, Salazar JO, Mann JJ (2002): Familial pathways to early-onset suicide attempt: risk for suicidal behavior in offspring of mood-disordered suicide attempters. *Arch Gen Psychiatry* 59:801–7.

Brent DA, Oquendo M, Birmaher B, Greenhill L, Kolko D, Stanley B, Zelazny J, Brodsky B, Firinciogullari S, Ellis S, Salazar JO, Mann JJ (2003): Peripubertal suicide attempts in offspring of suicide attempters with siblings concordant for suicidal behavior. *Am J Psychiatry* 160:1486–93.

Brent DA, Perper JA, Moritz G, Baugher M, Roth C, Balach L, Schweers J (1993): Stressful life events, psychopathology, and adolescent suicide: a case control study. *Suicide Life Threat Behav* 23:179–87.

Brezo J, Paris J, Tremblay R, Vitaro F, Zoccolillo M, Hébert M, Turecki G (2006): Personality traits as correlates of suicidal attempts and ideation in young adults. *Psychol Med* 36:191–202.

Brown J, Cohen P, Johnson JG, Smailes EM (1999): Childhood abuse and neglect: specificity of effects on adolescent and young adult depression and suicidality. *J Am Acad Child Adolesc Psychiatry* 38:1490–6.

Brown MZ, Comtois KA, Linehan MM (2002): Reasons for suicide attempts and non-suicidal self-injury in women with borderline personality disorder. *J Abnorm Psychol* 111:198–202.

Bruffaerts R, Demyttenaere K, Borges G, Nock MK (2010): Childhood adversities as risk factors for onset and persistence of suicidal behaviour. *Brit J Psychiatry* 197:20–7.

Calati R, Courtet P (2016): Is psychotherapy effective for reducing suicide attempt and non-suicidal self-injury rates? Meta-analysis and meta-regression of literature data. *J Psychiatr Res* 79:8–20.

Carter G, Reith DM, Whyte IM, McPherson M (2005): Repeated self-poisoning: increasing severity of self-harm as a predictor of subsequent suicide. *Brit J Psychiatry* 186:253–257.

Caspi A, McClay J, Moffitt TE, Mill J, Poulton R (2002): Role of genotype in the cycle of violence in maltreated children. *Science* 297:851–4.

Caspi A, Moffitt TE, Newman DL, Silva PA (1996): Behavioral observations at age three predict adult psychiatric disorders: longitudinal evidence from a birth cohort. *Arch Gen Psychiatry* 53:1033–9.

Caspi A, Sugden K, Moffitt TE, Taylor A, Taylor A, Craig IW, Harrington HL, McClay J, Mill J, Martin J, Braithwaite A, Poulton R (2003): Influence of life stress on depression: moderation by a polymorphism in the 5-HTT gene. *Science* 301:386–9.

Cavanagh JTO, Carson AJ, Sharpe M, Lawrie SM. (2003): Psychological autopsy studies of suicide: a systematic review. *Psychol Med* 33:395–405.

Centers for Disease Control (2018): Fatal injury reports, national and regional, 1999–2017. National Center for Injury Prevention and Control. https://webappa.cdc.gov/sasweb/ncipc/mortrate.html

Cha C, Franz PJ, Nock M (2018): Annual research review: suicide among youth–epidemiology, (potential) etiology, and treatment. *J Child Psychol Psychiat* 59:460–2.

Chanen AM, McCutcheon L (2013): Prevention and early intervention for borderline personality disorder: current status and recent evidence. *Brit J Psychiatry* 202:S24–9.

Chemtob CM, Hamada RS, Bauer GB, Kinney B, Torigoe RY (1988a): Patient suicide: frequency and impact on psychiatrists. *Am J Psychiatry* 145:224–8.

Chemtob CM, Hamada RS, Bauer GB, Kinney B, Torigoe RY (1988b): Patient suicide: frequency and impact on psychologists. *Professional Psychology: Research and Practice* 19:416–20.

Choi-Kain LW, Finch EF, Masland SR, Jenkins JA, Unruh BT (2017): What works in the treatment of borderline personality disorder. *Curr Behav Neurosci Rep* 4:21–30.

Choquet M, Menke H (1990): Suicidal thoughts during early adolescence: Prevalence, associated troubles and help-seeking behavior. *Acta Psychiatr Scand* 81:170–177.

Cipriani C, Hawton K, Stockton S, Geddes JR (2013): Lithium in the prevention of suicide in mood disorders: updated systematic review and meta-analysis. *BMJ* 346:f3646

Cipriani A, Pretty H, Hawton K, Geddes JR (2005): Lithium in the prevention of suicidal behavior and all-cause mortality in patients with mood disorders: a systematic review of randomized trials. *Am J Psychiatry* 162(10):1805–19.

Clark DM. (2018): Realizing the mass public benefit of evidence-based psychological therapies: the IAPT Program. *Annu Rev Clin Psychol* 14:159–83.

Clarke RV, Lester D (1989): *Suicide: Closing the Exits*, New York, Springer.

Clarkin J, Levy KL (2004): The influence of client variables on psychotherapy. In: MJ Lambert, ed: *Bergin and Garfield's Handbook of Psychotherapy and Behavior Change* (pp. 227–308). New York, Wiley.

Coccaro EF, Kavoussi RJ (1997): Fluoxetine and impulsive aggressive behavior in personality-disordered subjects. *Arch Gen Psychiatry* 54:1081–8.

Comtois KA (2002): A review of interventions to reduce the prevalence of parasuicide. *Psychiat Serv* 53:1138–44.

Conners CJ (1994): *Continuous Performance Test Computer Program (CPT)*. San Antonio, TX, Psychological Corporation.

Cooper J, Kapur N, Webb R, Lawlor M, Guthrie E, Mackway-Jones K, Appleby L (2005): Suicide after deliberate self-harm: a 4-year cohort study. *Am J Psychiatry* 162:297–303.

Costa PT, Widiger TA, eds (2013): *Personality Disorders and the Five Factor Model of Personality*, 3rd edition. Washington, DC, American Psychological Association.

Coté S, Tremblay RE, Nagin D, Zoccolillo M, Vitaro F (2002): The development of impulsivity, fearfulness, and helpfulness during childhood: patterns of consistency and change in the trajectories of boys and girls. *J Child Psychol Psychiatry Allied Disciplines* 43:609–18.

Crawley JN, Sutton ME, Pickar D (1985): Animal models of self destructive behavior and suicide. *Psychiatr Clin North Am* 8:299–310.

Crawford M, Sanatinia R, Barrett BM, Cunningham G (2018): The clinical effectiveness and cost-effectiveness of lamotrigine in borderline personality disorder: a randomized placebo-controlled trial. *Am J Psychiatry* 175:576–80.

Crawford TN, Cohen P, Brook JS (2001a): Dramatic-erratic personality disorder symptoms: I: continuity from early adolescence to adulthood. *J Pers Disord* 15:319–35.

Crawford TN, Cohen P, Brook JS (2001b): Dramatic-erratic personality disorder symptoms: II: developmental pathways from early adolescence to adulthood. *J Pers Disord* 15:336–50.

Cristea IA, Gentili C, Cotet CD, Palomba D, Barbui C, Cuijpers P (2017): Efficacy of psychotherapies for borderline personality disorder: asystematic review and meta-analysis. *JAMA Psychiatry* 74:319–28.

Crowell S, Beauchaine TP, Linehan MM (2009): A biosocial developmental model of borderline personality: elaborating and extending Linehan's theory. *Psychol Bull* 135:495–510.

D'Agostino A, Pepi R, Monti R, Starcevic V (2020): The feeling of emptiness: areview of a complex subjective experience. *Harv Rev Psychiatry* 28:287–95.

D'Ancy KR, Uhl S, Girardi G, Martin C (2019): Treatments for the prevention and management of suicide: asystematic review. *Ann Int Med* 171:334–42.

Dawson D, MacMillan HL (1993): *Relationship Management of the Borderline Patient: From Understanding to Treatment.* New York, Brunner/Mazel.

Dehara M, Wells MB, Sjöqvist H, Kosidou K, Dalman C, Wallin AS (2021): Parenthood is associated with lower suicide risk: a register-based cohort study of 1.5 million Swedes. *Acta Psychiatr Scand* 143:206–15.

Docherty AR, Shabalin AA, DiBlasi E, Monson E, Mullins N, Adkins DE, Bacanu S-A, Bakian AV, Crowell S, Chen D, Darlington TM, Callor WB, Christensen ED, Gray D, Keeshin B, Klein M, Anderson JS, Jerominski L, Hayward C, Porteous DJ, McIntosh A, Li Q, Coon H (2020): Genome-wide association study of suicide death and polygenic prediction of clinical antecedents. *Am J Psychiatry* 177:917–27.

Dougherty DM, Mathias CW, Marsh DM, Moeller FG, Swann AC (2004): Suicidal behaviors and drug abuse: impulsivity and its assessment. *Drug Alcohol Depend* 76(Suppl 7):S93–105.

Dugdale LS, Lerner BH, Callahan D (2019): Pros and cons of physician aid in dying. *Yale J Biol Med* 92: 747–50.

Durkheim E (1952): *Suicide: A Study in Sociology.* London, UK, Routlege and Kegan Paul.

Eddleston M, Gunnell D (2006): Why suicide rates are high in China. *Science* 311(5768):1711–3.

Edmondson CB, Conger JC (1996): A review of treatment efficacy for individuals with anger problems: conceptual, assessment and methodological issues. *Clin Psychol Rev* 16:251–75.

Edwards AC, Olson H, Kendler K (2021): Genome-wide association study of suicide death and polygenic prediction of clinical antecedents. *Am J Psychiatry* 178:1060–9.

Engel G (1980): The clinical application of the biopsychosocial model. Am J Psychiatry. 137:535–44.

Erekson D, Lamber M, Eggett D (2015): The relationship between session frequency and psychotherapy outcome in a naturalistic setting. *J Consult Clin Psychol* 83:1097–107.

Esposito-Smythers C, Spirito A (2004): Adolescent substance use and suicidal behavior: a review with implications for treatment research. *Alcohol Clin Exp Res* 28(5 Suppl):77S–88S.

Ettlinger R (1975): Evaluation of suicide prevention after attempted suicide. *Acta Psychiatr Scand* 260(Suppl):1–135.

Fässberg MM, van Orden KA, Duberstein P, Erlangsen A, Lapierre S, Bodner E, Canetto SS, De Leo D, Szanto K, Waern M (2012): A systematic review of social factors and suicidal behavior in older adulthood. *Int J Environ Res Public Health* 9:722–45.

Favazza AR (1996): *Bodies under Siege: Self-Mutilation and Body Modification in Culture and Psychiatry*, 2nd edition. Baltimore, MD, Johns Hopkins University Press.

Fergusson DM, Lynskey MT, Horwood J (1996): Childhood sexual abuse and psychiatric disorder in young adulthood: II: psychiatric outcomes of childhood sexual abuse. *J Amer Acad Child Adolesc Psychiatry* 34:1365–1374.

Fergusson DM, Horwood LJ, Miller AL, Kennedy MA (2011): Life stress, 5-HTTLPR and mental disorder: findings from a 30-year longitudinal study. Br J Psychiatry 198:129–35.

Fergusson DM, Horwood LJ, Ridder EM, Beautrais AL (2005): Suicidal behaviour in adolescence and subsequent mental health outcomes in young adulthood. *Psychol Med* 35:983–93.

Fergusson DM, Woodward LJ, Horwood LJ (2000): Risk factors and life processes associated with the onset of suicidal behaviour during adolescence and early adulthood. *Psychol Med* 30:23–39.

Finch EF, Iliakis EA, Masland SR, Choi-Kain LW (2019): A meta-analysis of treatment as usual for borderline personality disorder. *Personal Disord Theory Res Treat* 10:491–9.

Fine MA, Sansone RA (1990): Dilemmas in the management of suicidal behavior in individuals with borderline personality disorder. *Am J Psychother* 44:160–71.

Fok MLY, Stewart R, Hayes RD, Moran P (2014): Predictors of natural and unnatural mortality among patients with personality disorder: Evidence from a large UK case register. *PLoS ONE* 9:e100979. DOI:10.1371/journal.pone.0100979.

Foley SR, Kelly BD (2007): When a patient dies by suicide: incidence, implications and coping strategies. *Adv Psychiatr Treat* 13:134–8.

Fombonne E, Worstear G, Cooper V, Rutter M (2001): The Maudsley long-term follow-up of depressed adolescents. *Br J Psychiatry* 179:210–7.

Fonagy P, Bateman A (2006): Progress in the treatment of borderline personality disorder. *Br J Psychiatry* 188:1–3.

Forman E, Berk MS, Henriques GR, Beck AT (2004): History of multiple suicide attempts as a behavioral marker of severe psychopathology. *Am J Psychiatry* 161:437–43.

Frank AF (1992): The therapeutic alliances of borderline patients. In: JF Clarkin, E Marziali, H Munroe-Blum, eds: *Borderline Personality Disorder: Clinical and Empirical Perspectives* (pp. 220–247). New York, Guilford.

Frank JD, Frank JB (1991): *Persuasion and Healing*, 3rd edition. Baltimore, MD, Johns Hopkins.

Freeman MP (2000): Omega-3 fatty acids in psychiatry: a review. *Ann Clin Psychiatry* 12:159–65.

Frierson RL (2022): Principles of Malpractice Litigation in Psychiatry. In: P Ash, RL Frierson, SH Friedman, eds: *Malpractice and Liability in Psychiatry*. Cham, Springer. DOI:10.1007/978-3-030-91975-7_1.

Frieswyk SH, Colson DB, Allen JG (1984): Conceptualizing the therapeutic alliance from a psychoanalytic perspective. *Psychother Theory Res Pract Train* 21:460–4.

Fu Q, Heath AC, Bucholz KK, Nelson EC, Glowinski AL, Goldberg J, Lyons MJ, Tsuang MT, Jacob T, True MR, Eisen SA (2002): A twin study of genetic and environmental influences on suicidality in men. *Psychol Med* 32:11–24.

Gabbard GO (2004): *Long-term psychodynamic psychotherapy: a basic text*. Washington, DC, American Psychiatric Press.

Gaynes BN, West SL, Ford CA, Frame P, Klein J, Lohr KN (2004): Screening for suicide risk in adults: a summary of the evidence for the U.S. Preventive Services Task Force. *Ann Intern Med* 140:822–35.

Gerson J, Stanley B (2002): Suicidal and self-injurious behavior in personality disorder: controversies and treatment directions. *Curr Psychiat Rep* 4:30–8.

Gibb SJ, Beautrais AL, Fergusson DM (2005): Mortality and further suicidal behaviour after an index suicide attempt: a 10-year study. *Aust N Z J Psychiatry* 39:95–100.

Glowinski AL, Bucholz KK, Nelson EC, Fu Q, Madden PA, Reich W, Heath AC (2001): Suicide attempts in an adolescent female twin sample. J Am Acad Child Adolesc Psychiatry 40(11):1300–7.

Gold L, Frierson RL (2020): *The American Psychiatric Association Publishing Textbook of Suicide Risk Assessment and Management*. Washington, DC, American Psychiatric Press.

Goldney RD (2000): Prediction of suicide and attempted suicide. In: K Hawton, K van Heeringen, eds: *The International Handbook of Suicide and Attempted Suicide* (pp. 585–96). New York, John Wiley.

Goldstein RB, Black DW, Nasrallah A, Winokur G (1991): The prediction of suicide. *Arch Gen Psychiatry* 48:418–22.

Goodwin FK, Fireman B, Simon GE, Hunkeler EM, Lee J, Revicki D (2003): Suicide risk in bipolar disorder during treatment with lithium and divalproex. *JAMA* 290:1467–73.

Gould MS, Greenberg T, Velting DM, Shaffer D (2003): Youth suicide risk and preventive interventions: a review of the past 10 years. *J Am Acad Child Adolesc Psychiatry* 42:386–405.

Gould MS, Kleinman MH, Lake AM, Forman J, Midle JB (2014): Newspaper coverage of suicide and initiation of suicide clusters in teenagers in the USA, 1988–96: a retrospective, population-based, case-control study. *Lancet Psychiatry* 1:34–43.

Grant BF, Hasin DS, Stinson FS, Dawson DA, Chou SP, Ruan WJ, Pickering RP (2004). Prevalence, correlates, and disability of personality disorders in the United States: results from the national epidemiologic survey on alcohol and related conditions. *J Clin Psychiatry* 65:948–58.

Grenyer BF, Lewis K, Fanaian M, Kotze B (2018): Treatment of personality disorder using a whole of service stepped care approach: a cluster randomized controlled trial. *PLoS ONE* 13(11):e0206472.

Grilo CM, McGlashan TH, Skodol AE (2000): Stability and course of personality disorders. *Psychiatr Q* 71:291–307.

Grilo CM, Udo T (2021): Association of borderline personality disorder criteria with suicide attempts among US adults. *JAMA Network Open* 24(5):e219389. DOI:10.1001/jamanetworkopen.938.

Gross JJ (2014): Emotion regulation: conceptual and empirical foundations. In: JJ Gross,ed.: *Handbook of Emotion Regulation* (pp. 3–20). New York, Guilford Press.

Grunbaum JA, Kann L, Kinchen S, Ross J, Hawkins J, Lowry R, Harris WA, McManus T, Chyen D, Collins J (2004): Youth risk behavior surveillance – United States. *MMWR. Surveillance Summaries/CDC* 53:1–96.

Grunebaum MF, Ellis SP, Li S, Oquendo MA, Mann JJ (2004): Antidepressants and suicide risk in the United States, 1985–1999. *J Clin Psychiatry* 65:1456–62.

Gunderson JG, Bender D, Sanislow C, Yen S, Rettew JB, Dolan-Sewell R, Dyck I, Morey LC, McGlashan TH, Shea MT, Skodol AE (2003): Plausibility and possible determinants of sudden "remissions" in borderline patients. *Psychiatry* 66:111–992.

Gunderson JG, Frank AF, Ronningstam EF, Wahter S, Lynch VJ, Wolf PJ (1989): Early discontinuance of borderline patients from psychotherapy. *J Nerv Mental Dis* 177:38–42.

Gunderson JG, Links P (2008): *Borderline Personality Disorder: A Clinical Guide.* Washington, DC, American Psychiatric Press.

Gunderson JG, Phillips KA (1991): A current view of the interface between borderline personality disorder and depression. *Am J Psychiatry* 48:967–75.

Gunderson JG, Singer MT (1975): Defining borderline patients: an overview. *Am J Psychiatry* 132:1–9.

Gunderson JG, Stout RL, McGlashan TH, Shea T, Morey LC, Grilo CM, Zanarini MC, Yen S, Markowitz JC, Sanislow C, Ansell E, Pinto A, Skodol AE (2011) Ten-year course of borderline personality disorder: psychopathology and function from the collaborative longitudinal personality disorders study. *Arch Gen Psychiatry* 68:827–37.

Gunnell D, Ashby D (2004): Antidepressants and suicide: what is the balance of benefit and harm? *BMJ* 329:34–8.

Gunnell D, Saperia J, Ashby D (2005): Selective serotonin reuptake inhibitors (SSRIs) and suicide in adults: meta-analysis of drug company data from placebo controlled, randomised controlled trials submitted to the MHRA's safety review. *BMJ* 330:385–95.

Gutheil TG (1992): Suicide and suit: liability after self-destruction. In: D Jacobs, ed: *Suicide and Clinical Practice* (pp. 147–67). Washington, DC, American Psychiatric Press.

Gutheil TG (2004): Suicide, suicide litigation, and borderline personality disorder. *J Personal Disord* 18:248–56.

Gutheil TG, Appelbaum P (2019): *Clinical Handbook of Psychiatry and the Law*. New York, Lippincott Williams & Wilkins.

Gutheil TG, Gabbard GO (1993): The concept of boundaries in clinical practice. *Am J Psychiatry* 150:188–96.

Gutheil TG, Schetsky D (1998): A date with death: management of time-based and contingent suicidal intent. *Am J Psychiatry* 155:1502–7.

Haglund A, Lysell H, Larsson H, Lichtenstein P, Runeson B (2019): Suicide immediately after discharge from psychiatric inpatient care: a cohort study of nearly 2.9 million discharges. *J Clin Psychiatry* 80:18m12172. DOI:10.4088/JCP.18m12172.

Harris JR (1998): *The Nurture Assumption*. New York, Free Press.

Harriss L, Hawton K, Zahl D (2005): Value of measuring suicidal intent in the assessment of people attending hospital following self-poisoning or self-injury. *Br J Psychiatry* 186:60–6.

Hasin DS, Sarvet AL, Meyers JL, Saha TD, Ruan WJ, Stohl M, Grant BF Epidemiology of adult *DSM-5* major depressive disorder and its specifiers in the United States. *JAMA Psychiatry* 75:336–46.

Haw C, Hawton K, Houston K, Townsend E (2001): Psychiatric and personality disorders in deliberate self-harm patients. *Br J Psychiatry* 178:48–54.

Hawton K, Fagg J, Simkin S, Bale E, Bond A (1997): Trends in deliberate self-harm in Oxford, 1985–1995. Implications for clinical services and the prevention of suicide. *Br J Psychiatry* 171:556–60.

Hawton K, Harriss L, Hall S, Simkin S, Bale E, Bond A (2003): Deliberate self-harm in Oxford, 1990–2000: a time of change in patient characteristics. *Psychol Med* 33:987–95.

Hawton K, Harriss L, Simkin S, Bale E, Bond A (2001): Social class and suicidal behaviour: the associations between social class and the characteristics of deliberate self-harm patients and the treatment they are offered. *Soc Psychiatry Psychiatr Epidemiol* 36:437–43.

Hawton K, Houston K, Shepperd R (1999): Suicide in young people. Study of 174 cases, aged under 25 years, based on coroners' and medical records. *Br J Psychiatry* 175:271–6.

Hawton K, Townsend E, Arensman E, Gunnell D, Hazell P, House A, van Harlingen K (1999): Psychosocial and pharmacological treatments for deliberate self harm.

Cochrane Database Syst Rev 4:CD001764. DOI:10.1002/14651858.CD001764.

Hawton K, Townsend E, Deeks J, Appleby L, Gunnell D, Bennewith O, Cooper J (2001): Effects of legislation restricting pack sizes of paracetamol and salicylate on self-poisoning in the United Kingdom: before and after study. *BMJ* 322:1203–7.

Hawton K, Zahl D, Weatherall R (2003): Suicide following deliberate self-harm: long-term follow-up of patients who presented to a general hospital. *Br J Psychiatry* 182:537–42.

Healy D (1997): *The Antidepressant Era*. Cambridge, MA, Harvard University Press.

Heath NL, Nixon MK (2009): Assessment of nonsuicidal self-injury in youth. In: MK Nixon, NL Heath, eds: *Self-Injury in Youth: The Essential Guide to Assessment and Intervention* (pp. 143–70). New York, Routledge Press.

Hedegaard H, Curtis S, Warner M (2018): Suicide rates in the United States continue to increase. *Natl Center Dis Contr Data Brief* 309. https://www.cdc.gov/nchs/data/databriefs/db309.pdf

Helbich M, Leitner M, Kapusta ND (2015): Lithium in drinking water and suicide mortality: interplay with lithium prescriptions. *Br J Psychiatry J Ment Sci* 207:64–71.

Hendin H (1981): Psychotherapy and suicide. *Am J Psychother* 35:469–80.

Hendin H, Lipschitz A, Maltsberger JT, Haas AP, Wynecoop S (2000): Therapists' reactions to patients' suicides. *Am J Psychiatry* 157:2022–7.

Hennen J, Baldessarini RJ. (2005): Suicidal risk during treatment with clozapine: a meta-analysis. *Schizophr Res* 73:139–145.

Hennings JM (2020): Function and psychotherapy of chronic suicidality in borderline personality disorder: using the reinforcement model of suicidality. *Front Psychiatry* 11. https://www.frontiersin.org/article/10.3389/fpsyt.2020.00199

Hepp U, Wittmann L, Schnyder U, Michel K (2004): Psychological and psychosocial interventions after attempted suicide: an overview of treatment studies. *Crisis: J Crisis Interv Suicide* 25:108–17.

Herpertz S (1995): Self-injurious behaviour. Psychopathological and nosological characteristics in subtypes of self-injurers. *Acta Psychiatr Scand* 91:57–68.

Herpertz SC, Kunert HJ, Schwenger UB, Sass H (1999): Affective responsiveness in borderline personality disorder: a psychophysiological approach. *Am J Psychiatry* 156:1550–6.

Hills AL, Cox B, McWilliams LA, Sareen J (2005): Suicide attempts and externalizing psychopathology in a nationally representative sample. *Compr Psychiatry* 46:334–9.

Hintikka J, Pesonen T, Saarinen P, Tanskanen A, Lehtonen J, Viinamaki H (2001): Suicidal ideation in the Finnish general population: A 12-month follow-up study. *Soc Psychiatry Psychiat Epidemiol* 36:590–4.

Hirschfeld RM (1999): Personality disorders and depression: comorbidity. *Depr Anxiety* 10:142–6.

Hoffman PD, Fruzzetti AE, Buteau E, Neiditch ER, Penney D, Bruce ML, Hellman F, Struening E (2005): Family connections: a program for relatives of persons with borderline personality disorder. *Fam Process* 44:217–25.

Hollander E, Allen A, Lopez RP, Bienstock CA, Grossman R, Siever LJ, Merkatz L, Stein DJ (2001): A preliminary double-blind, placebo-controlled trial of divalproex sodium in borderline personality disorder. *J Clin Psychiatry* 62:199–203.

Hollander E, Swann AC, Coccaro EF, Jiang P, Smith TB (2005): Impact of trait impulsivity and state aggression on divalproex versus placebo response in borderline personality disorder. Am J Psychiatry 162: 621–24.

Hollander E, Tracy KA, Swann AC, Coccaro EF, McElroy SL, Wozniak P, Sommerville KW, Nemeroff CB (2003): Divalproex in the treatment of impulsive aggression: efficacy in cluster B personality disorders. *Neuropsychopharmacology* 28:1186–97.

Holmans P (2020): Using genetics to increase specificity of outcome prediction in psychiatric disorders: prospects for progression. *Am J Psychiatry* 177:884–7.

Horwitz AV (2002): *Creating Mental Illness.* Chicago, University of Chicago Press.

Horwitz AV, Widom CS, McLaughlin J, White H (2001): The impact of childhood abuse and neglect on adult mental health: a prospective study. *J Health Soc Behav* 42:184–201.

Howard KI, Kopta AM, Krause MS, Orlinsky DE (1986) The dose-effect relationship to psychotherapy. *Am Psychol* 41:159–64.

Hufford MR (2001): Alcohol and suicidal behavior. *Clin Psychol Rev* 21:797–811.

Hull JW, Yeomans F, Clarkin J, Li C, Goodman G (1996): Factors associated with multiple hospitalizations of patients with borderline personality disorder. *Psychiatr Serv* 47:638–41.

Hwu HG, Yeh EK, Change LY (1989): Prevalence of psychiatric disorders in Taiwan defined by the Chinese Diagnostic Interview Schedule. *Acta Psychiatr Scand* 79:136–47.

Ilagan GS, Choi-Kain L 2021: General psychiatric management for adolescents (GPM-A) with borderline personality disorder. *Curr Opin Psychol* 37:1–6.

India State-Level Disease Burden Initiative Suicide Collaborators (2018): Gender differentials and state variations in suicide deaths in India: the Global Burden of Disease Study 1990–2016. *Lancet Public Health* 3:e478–89. DOI:10.1016/S2468-2667(18)30138-5.

Insel T (2022): *Healing: Our Path from Mental Illness to Mental Health.* New York, Penguin Random House.

Inskip HM, Harris EC, Barraclough B (1998): Lifetime risk of suicide for affective disorder, alcoholism and schizophrenia. *Br J Psychiatry* 172:35–7.

Isaac M, Elias B, Katz L, Belik S-L, Deane FP, Enns M, Sareen J; Swampy Cree Suicide Prevention Team (2019): Gatekeeper training as a preventative intervention for suicide: a systematic review. *Can J Psychiatry* 54:264–70.

Isacsson G (2000): Suicide prevention: a medical breakthrough? *Acta Psychiatr Scand* 102:113–7.

Isacsson G, Bergman U, Rich CL (1996): Epidemiological data suggest antidepressants reduce suicide risk among depressives. *J Affect Disord* 41:1–8.

Isacsson G, Holmgren P, Druid H, Bergman U (1997) The utilization of antidepressants—a key issue in the prevention of suicide: an analysis of 5281 suicides in Sweden during the period 1992–1994. *Acta Psychiatr Scand* 96:94–100.

Isometsa ET, Henriksson MM, Heikkinen ME, Aro HM, Marttunen MJ, Kuoppasalmi KI, Lönnqvist JK (1996): Suicide among subjects with personality disorders. *Am J Psychiatry* 153:667–673.

Isometsa ET, Lonnqvist JK (1998): Suicide attempts preceding completed suicide. *Br J Psychiatry* 173:531–5.

Jang KL (2005): *The Behavioral Genetics of Psychopathology*. New York, Routledge.

Jang KL, Livesley WJ, Vernon PA, Jackson DN (1996). Heritability of personality traits: a twin study. *Acta Psychiatr Scand* 94:438–44.

Jenkins R, Singh B (2000): General population strategies of suicide prevention. In: K Hawton, K van Heeringen, eds: *The International Handbook of Suicide and Attempted Suicide* (pp. 597–615). New York, John Wiley.

Jennings C, Barraclough BM, Moss JR (1978): Have the Samaritans lowered the suicide rate? A controlled study. *Psychol Med* 8:413–22.

Ji J, Kleinman A, Becker AE (2001): Suicide in contemporary China: a review of China's distinctive suicide demographics in their sociocultural context. *Harvard Rev Psychiatry* 9:1–12.

Johnson JG, Cohen P, Brook JS, Gould MS, Kasen S, Brown J 2002: Childhood adversities, interpersonal difficulties, and risk for suicide attempts during late adolescence and early adulthood. *Arch Gen Psychiatry* 59:741–9.

Johnson JG, Cohen P, Brown J, Smailes EM, Bernstein DP (1999): Childhood maltreatment increases risk for personality disorders during early adulthood. *Arch Gen Psychiatry* 56:600–6.

Johnson JG, Cohen P, Skodol AE, Oldham JM, Kasen S, Brook JS (1999): Personality disorders in adolescence and risk of major mental disorders and suicidality during adulthood. *Arch Gen Psychiatry* 56:805–11.

Johnson JG, First MB, Cohen P, Skodol AE, Kasen S, Brook JS (2005): Adverse outcomes associated with personality disorder not otherwise specified in a community sample. *Am J Psychiatry* 162:1926–32.

Joiner TE (2005): *Why People Die By Suicide*. Cambridge, MA, Harvard University Press.

Joiner TE Jr (2002): The trajectory of suicidal behavior over time. *Suicide Life-Threat Behav* 32:33–41.

Joiner TE Jr (2005): *Why People Die by Suicide*. Cambridge MA, Harvard University Press.

Joiner TE Jr, Brown JS, Wingate LR (2005): The psychology and neurobiology of suicidal behavior. *Annu Rev Psychol* 56:287–314.

Jordan JT, McNiel DE (2020): Characteristics of persons who die on their first suicide attempt: results from the National Violent Death Reporting System. *Psychol Med* 50:1390–7.

Kagan J, Snidman N, Arcus D, Reznick JS (1994): *Galen's Prophecy: Temperament in Human Nature*. New York, Basic Books.

Kahn AA, Jacobson CO, Gardner CA, Kendler KS (2005): Personality and comorbidity of common psychiatric disorders. *Br J Psychiatry* 186:190–6.

Kapur N, Goldney RD (2019): *Suicide Prevention*, 3rd edition. Oxford University Press.

Kasen S, Cohen P, Skodol AE, Johnson JG, Smailes E, Brook JS (2001): Childhood depression and adult personality disorder: alternative pathways of continuity. *Arch Gen Psychiatry* 58:231–6.

Kavoussi RJ, Coccaro EF (1998): Divalproex sodium for impulsive aggressive behavior in patients with personality disorder. *J Clin Psychiatry* 59:676–80.

Keenan K, Hipwell A, Chung T, Stepp S, Stouthamer-Loeber M, Loeber R, McTigue K (2010): The Pittsburgh girls study: overview and initial findings. *J Clin Child Adolesc Psychol* 39:506–21.

Kelley JT (1996): *Psychiatric Malpractice*. New Brunswick, NJ, Rutgers University Press.

Kernberg OF (1984): *Severe Personality Disorders: Psychotherapeutic Strategies*. New Haven, CT, Yale University Press.

Kernberg OF (1987a): Diagnosis and clinical management of suicidal potential in borderline patients. In: JS Grotstein, MF Solomon, eds: *The Borderline Patient: Emerging Concepts in Diagnosis, Psychodynamics and Treatment* (pp. 69–80). New York, Psychoanalytic Inquiry Book Series.

Kernberg OF (1987b): *Severe Personality Disorders*. New York, Basic Books.

Kernberg PF, Weiner AS, Bardenstein KK (2000): *Personality Disorders in Children and Adolescents*. New York, Basic Books.

Kessing LV, Vedel L., Søndergård L, Kvist K, Andersen PK (2005): Suicide risk in patients treated with lithium. *Arch Gen Psychiatry* 62:860–6.

Kessler RC, Berglund P, Borges G, Nock M, Wang PS (2005): Trends in suicide ideation, plans, gestures, and attempts in the United States, 1990–1992 to 2001–2003. *JAMA* 293:2487–95.

Kessler RC, Berglund P, Demler O, Jin R, Merikangas KR, Walters EE (2005): Lifetime prevalence and age-of-onset distributions of DSM-IV disorders in the National Comorbidity Survey Replication. *Arch Gen Psychiatry* 62:593–602.

Kessler RC, McGonagle KA, Nelson CB, Hughes M, Eshelman S, Wittchen HU, Kendler KS (1994): Lifetime and 12-month prevalence of DSM-III-R psychiatric disorders in the United States. *Arch Gen Psychiatry* 51:8–19.

Kirmayer LJ, Brass GM, Tait CL (2000): The mental health of aboriginal peoples: transformations of identity and community. *Can J Psychiatry* 45:607–16.

Klonsky ED, Oltmanns TF, Turkheimer E (2003): Deliberate self-harm in a nonclinical population: prevalence and psychological correlates. *Am J Psychiatry* 160:1501–8.

Knox KL, Litts DA, Talcott GW, Feig JC, Caine ED (2003): Risk of suicide and related adverse outcomes after exposure to a suicide prevention programme in the US Air Force: cohort study. *BMJ* 327:1376–81.

Koenigsberg HW, Harvey PD, Mitropoulou V, Schmeidler J, New AS, Goodman M, Silverman JM, Serby M, Schopick F, Siever L (2002): Characterizing affective instability in borderline personality disorder. *Am J Psychiatry* 159:784–8.

Koerner K, Linehan MM (2000): Research on dialectical behavior therapy for patients with borderline personality disorder. *Psychiatr Clin N Am* 23:151–67.

Kramer U, Kolly S, Charbon P, IlaganGS, Choi-Kain LW (2021): Brief psychiatric treatment for borderline personality disorder as a first step of care: adapting general psychiatric management to a 10-session intervention. *Pers Disord Theory Res Treat.* DOI:10.1037/per0000511.

Kreitman N (1976): The coal gas story: United Kingdom suicide rates, 1960–71. *Br J Prev Soc Med* 30:86 93.

Kreitman N, Carstairs V, Duffy JJ (1991): Association of age and social class with suicide among men in Great Britain. *Epidemiol Community Health* 1(45):195–202.

Kreitman N, Casey P (1988): Repetition of parasuicide: an epidemiological and clinical study. *Br J Psychiatry* 153:792–800.

Krueger RF (1999): The structure of common mental disorders. *Arch Gen Psychiatr* 56:921–6.

Krueger RF, Markon KE (2014): The role of the DSM-5 personality trait model in moving toward a quantitative and empirically based approach to classifying personality and psychopathology. Annu Rev Clin Psychol 10:477–501.

Kullgren Gl (1988): Factors associated with completed suicide in borderline personality disorder. *J Nerv Ment Dis* 176:40–4.

Lapierre YD (2003): Suicidality with selective serotonin reuptake inhibitors: valid claim? *J Psychiatry Neurosci* 28:340–7.

Laporte L, Paris J, Bergevin T, Fraser R, Cardin JF (2018): Clinical outcomes of stepped care for the treatment of borderline personality disorder. *Pers Ment Health* 12:252–64.

Large MM (2018): The role of prediction in suicide prevention. *Dialogues Clin Neurosci* 20(3):197–205.

Leibenluft E, Gardner DL, Cowdry RW (1987): The inner experience of the borderline self-mutilator. *J Pers Disord* 1:317–24.

Leichsenring F (2004): Quality of depressive experiences in borderline personality disorders: differences between patients with borderline personality disorder and patients with higher levels of personality organization. *Bull Menninger Clin* 68:9–22.

Leichsenring F, Leibing E (2003): The effectiveness of psychodynamic therapy and cognitive behavior therapy in the treatment of personality disorders: a meta-analysis. *Am J Psychiatry* 160:1223–32.

Lengvenyte A, Olié E, Courtet P (2019): Suicide has many faces, so does ketamine: a narrative review on ketamine's antisuicidal actions. *Curr Psychiatry Rep* 21:132–7.

Lesage AD, Boyer R, Grunberg F, Morisette R, Vanier C, Ménard-Buteau C, Loyer M (1994): Suicide and mental disorders: a case control study of young men. *Am J Psychiatry* 151:1063–8.

Levy KN, Draijer N, Kivity Y, Yeomans FE, Rosenstein LK (2019) Transference-Focused Psychotherapy (TFP). *Curr Treat Options Psychiatry* 6:312–24.

Lewinsohn PM, Rohde P, Seeley JR (1995): Adolescent psychopathology: III. The clinical consequences of comorbidity. *J Am Acad Child Adolesc Psychiatry* 34:510–9.

Leyton M, Okazawa H Diksic M, Paris J, Rosa P, Mzengeza S, Young SN, Blier P, Benkelfat C (2001): Brain regional rate a-methyl {11} trapping in impulsive subjects with borderline personality disorder. *Am J Psychiatry* 158:775–82.

Linehan M, Rizvi SL Welch SS, Page B (2000): Psychiatric aspects of suicidal behavior: personality disorders. In: K Hawton, K van Heeringen, eds: *The International Handbook of Suicide and Attempted Suicide* (pp. 147–78). New York, John Wiley.

Linehan MM (1993): *Cognitive Behavioral Therapy for Borderline Personality Disorder.* New York, Guilford.

Linehan MM, Armstrong HE, Suarez A, Allmon D, Heard H (1991): Cognitive behavioral treatment of chronically parasuicidal borderline patients. *Arch Gen Psychiatry*; 48:1060–4.

Linehan MM, Comtois KA, Murray AM, Brown MZ, Gallop RJ, Heard HL, Korslund KE, Tutek DA, Reynolds SK, Lindenboim N (2006): Two-year randomized trial + follow-up of dialectical behavior therapy vs. therapy by experts for suicidal behaviors and Borderline Personality Disorder. *Arch Gen Psychiatry* 63:757–66.

Linehan MM, Dimeff LA, Reynolds SK, Comtois KA, Welch SS, Heagerty P, Kivlahan DR (2002): Dialectical behavior therapy versus comprehensive validation therapy plus 12-step for the treatment of opioid dependent women meeting criteria for borderline personality disorder. *Drug Alcohol Depend* 67:13–26.

Linehan MM, Goodstein JL, Nielsen SL, Chiles JA (1983): Reasons for staying alive when you are thinking of killing yourself: the reasons for living inventory. *J Consult Clin Psychol* 51:276–86.

Linehan MM, Heard HL, Armstrong HE (1993): Naturalistic follow-up of a behavioral treatment for chronically parasuicidal borderline patients. *Arch Gen Psychiatry* 50:971–4.

Links PS, Gould B, Ratnayake R (2003): Assessing suicidal youth with antisocial, borderline, or narcissistic personality disorder. *Can J Psychiatry* 48:301–10.

Links PS, Heslegrave R, van Reekum R (1999): Impulsivity, core aspect of borderline personality disorder. *J Pers Disord* 13:131–9.

Links PS, Kolla N (2005): Assessing and managing suicide risk. In: J. Oldham, AE Skodol, Bender D, eds: *American Psychiatric Publishing Textbook of Personality Disorders* (pp. 449–62). Washington, DC, American Psychiatric Publishing.

Links PS, Steiner M, Boiago I, Irwin D (1990): Lithium therapy for borderline patients: preliminary findings. *J Pers Disord* 4:173–81.

Livesley WJ (2003): *The Practical Management of Personality Disorder.* New York, Guilford.

Livesley WJ, Jang KL, Vernon PA (1998): Phenotypic and genetic structure of traits delineating personality disorder. *Arch Gen Psychiatry* 55:941–8.

Luborsky L, Singer B, Luborsky L (1975): Comparative studies of psychotherapy: is is true that "everyone has won and all shall have prizes"? *Arch Gen Psychiatry* 41:165–80.

Lykken, D (1995): *The Antisocial Personalities.* Hillside, NJ, Laurence Erlbaum.

Lynch J, Smith GD, Harper S, Hillemeier M (2004): Is income inequality a determinant of population health? Part 2. U.S. National and regional trends in income inequality and age- and cause-specific mortality. *Milbank Q* 82:355–400.

Malda-Castillo J Brown C, Perez-Algorta G (2019): Mentalization-based treatment and its evidence-base status: a systematic literature review. *Psychol Psychother*, 92:465–98.

Maltsberger JT (1994a): Calculated risk taking in the treatment of suicidal patients: ethical and legal problems. *Death Stud* 18:439–52.

Maltsberger JT (1994b): Calculated risk in the treatment of intractably suicidal patients. *Psychiatry* 57:199–212.

Maltsberger JT, Buie DH (1974): Countertransference hate in the treatment of suicidal patients. *Arch Gen Psychiatry* 30:625–33.

Mann JJ (1998): The neurobiology of suicide. *Nat Med* 4:25–30.

Mann JJ (2003): Neurobiology of suicidal behaviour. *Nat Rev Neurosci* 4:819–28.

Mann JJ, Apter A, Bertolote J, Beautrais J, Currier D, Haas A, Hegerl U, Lonnqvist J, Malone K, Marusic A, Mehlum L, Patton G, Phillips M, Rutz W, Rihmer Z, Schmidtke A, Shaffer D, Silverman M, Takahashi Y, Varnik A, Wasserman D, Yip P, Hendin H (2005): Suicide prevention Strategies: a systematic review. *JAMA* 294:2064–74.

Mann JJ, Brent DA, Arango V (2001): The neurobiology and genetics of suicide and attempted suicide: a focus on the serotonergic system. *Neuropsychopharmacology* 24:467–77.

Maris R (1981): *Pathways to Suicide.* Baltimore, MD, Johns Hopkins Press.

Maris RW, Berman AL, Silverman MM (2000): *Comprehensive Textbook of Suicidology.* New York, Guilford.

Markowitz PJ (1995): Pharmacotherapy of impulsivity, aggression, and related disorders. In: E Hollander and DJ Stein, eds: *Impulsivity and Aggression* (pp. 263–86). New York, John Wiley.

Marttunen MJ, Aro HM, Henriksson MM, Lonnqvist JK (1991): Mental disorders in adolescent suicide. DSM-III-R axes I and II diagnoses in suicides among 13- to 19-year-olds in Finland. *Arch Gen Psychiatry* 48:834–9.

Maughan B, Rutter M (1997): Retrospective reporting of childhood adversity. *J Pers Disord* 11:4–18.

McDowall D, Loftin C (2005): Are U.S. crime rate trends historically contingent? *J Res Crime Delinq* 42:359–83.

McGirr A, Alda M, Séguin M, Cabot S, Lesage A, Turecki G (2009): Familial aggregation of suicide explained by cluster B traits: a three-group family study of suicide controlling for major depressive disorder. Am J Psychiatry 166(10):1124–34.

McGlashan TH (1986): The Chestnut Lodge follow-up study III: long-term outcome of borderline personalities. *Arch Gen Psychiatry* 43:2–30.

McGlashan TH (1993): Implications of outcome research for the treatment of borderline personality disorder. In: J Paris, ed: *Borderline Personality Disorder: Etiology and Treatment* (pp. 235–60). Washington, DC, American Psychiatric Press.

McGlashan TH (2002): The borderline personality disorder practice guidelines: the good, the bad, and the realistic. *J Pers Disord* 16:119–21.

McKeown RE, Cuffe SP, Schulz RM (2006): US suicide rates by age group, 1970–2002: An examination of recent trends. Am J Public Health 96:1744–51.

McMain SF, Chapman AL, Kuo JR, Guimond T, Streiner DL, Dixon-Gordon KL, Isaranuwatchai W, Hoch JS (2018): The effectiveness of 6 versus 12-months of dialectical behaviour therapy for borderline personality disorder: the feasibility of a shorter treatment and evaluating responses (FASTER) trial protocol. *BMC Psychiatry* 18:230. DOI:10.1186/s12888-018-1802-z. PMID: 30016935; PMCID: PMC6050694.

McManus S, Gunnell D, Cooper C, Bebbington M (2019): Prevalence of non-suicidal self-harm and service contact in England, 2000–14: repeated cross-sectional surveys of the general population. *Lancet Psychiatry* 6:573–81.

Meltzer H, Okayli G (1995): Reduction of suicidality during clozapine treatment of treatment-resistant schizophrenia. *Am J Psychiatry* 152:183–90.

Meltzer HY, Alphs L, Green AI, Altamura AC, Anand R, Bertoldi A, Bourgeois M, Chouinard G, Islam MZ, Kane J, Krishnan R, Lindenmayer JP, Potkin S (2003): Clozapine treatment for suicidality in schizophrenia – International Suicide Prevention Trial (InterSePT). *Arch Gen Psychiatry* 60:82–91.

Merelle S, van Bergen D, Popma A (2020): A multi-method psychological autopsy study on youth suicides in the Netherlands in 2017: feasibility, main outcomes and recommendations, *PLoS ONE* 15:e0238031.

Miller M, Lippman SJ, Azrael D Hemenway D (2007): Household firearm ownership and rates of suicide across the 50 United States. *J Trauma Injury Inf Crit Care* 62:1029–35.

Miller WR, Rollnick S (2002): *Motivational Interviewing*, 2nd edition. New York, Guilford.

Moeller FG, Barratt ES, Dougherty DM, Schmitz JM, Swann AC (2001): Psychiatric aspects of impulsivity. *Am J Psychiatry* 158:1783–93.

Moffitt TE, Caspi A, Rutter MM, Silva PA (2001): *Sex Differences in Antisocial Behavior*. New York, Cambridge University Press.

Mohino JS, Ortega-Monasterio L, Planchat-Teruel LM, Cuquerella-Fuentes A, Navarro TT, Vives LJM (2004): Discriminating deliberate self-harm (DSH) in young prison inmates through personality disorder. *J For Sci*; 49:137–40.

Moncrieff J, Cooper RE, Stockmann T, Amendola S, Hengartner MP, Horowitz MA (2022): The serotonin theory of depression: a systematic umbrella review of the evidence. *Mol Psychiatry*, DOI:10.1038/s41380-022-01661-0.

Monroe SM, Simons AD (1991): Diathesis-stress theories in the context of life stress research. *Psychol Bull* 110:406–25.

Moran P, CoffeyC, Romaniuk H, Olsson C, Borschmann R, Carlin JB, Patton GC (2012): The natural history of self-harm from adolescence to young adulthood: a population-based cohort study. *Lancet* 379:236–43.

Morrell S, Page A, Taylor R (2002): Birth cohort effects in New South Wales suicide, 1865–1998. *Acta Psychiatr Scand* 106:365–72.

Morriss R, Gask L, Webb R, Dixon C, Appleby L (2005): The effects on suicide rates of an educational intervention for front-line health professionals with suicidal patients (the STORM Project). *Psychol Med* 35:957–60.

Motto JA, Bostrom AG (2001): A randomized controlled trial of postcrisis suicide prevention. *Psychiat Serv* 52:828–33.

Mulder RT (2002): Personality pathology and treatment outcome in major depression: a review. *Am J Psychiatry* 159:359–71.

Mulder RT, Joyce PR, Luty SE (2003): The relationship of personality disorders to treatment outcome in depressed outpatients. *J Clin Psychiatry* 64:259–64.

Murphy GE (2000): Psychiatric aspects of suicidal behavior: substance abuse. In: K Hawton, K van Heeringen, eds: *The International Handbook of Suicide and Attempted Suicide* (pp. 135–46). New York, John Wiley.

Murphy GE, Wetzel RD (1980): Suicide risk by birth cohort in the United States, 1949 to 1974. *Arch Gen Psychiatry* 37:519–23.

National Health and Medical Research Guideline (2017): https://www.nhmrc.gov.au/guidelines

National Institute for Health and Care Excellence (NICE) (2009): *Personality disorders quality statement: Antisocial and borderline*. Retrieved from www.nice.org.uk

National Institute of Mental Health (2020): https://www.nimh.nih.gov/health/topics/suicide-prevention

Nelson EE, Leibenluft E, McClure EB, Pine DS (2005): The social re-orientation of adolescence: a neuroscience perspective on the process and its relation to psychopathology. *Psychol Med* 35:163–74.

Newton-Howes G, Tyrer P, Johnson T (2006): Personality disorder and the outcome of depression: meta-analysis of published studies. *Br J Psychiatry* 188:13–20.

Nickel MK, Nickel C, Mitterlehner FO, Tritt K, Lahmann C, Leiberich PK, Rother WK, Loew TH (2004): Topiramate treatment of aggression in female borderline personality disorder patients: a double-blind, placebo-controlled study. *J Clin Psychiatry* 65:1515–9.

Nock MK, Borges G, Bromet EJ, Alonso J, Angermeyer M, Beautrais A, Bruffaerts R, Chiu WT, de Girolamo G, Gluzman S, de Graaf R, Gureje O, Haro JM, Huang Y, Karam E, Kessler RC, Lepine JP, Levinson D, Medina-Mora ME, Ono Y, Posada-Villa J, Williams D (2008): Cross-national prevalence and risk factors for suicidal ideation, plans and attempts. *Br J Psychiatry* 192:98–105.

Nock MK, Borges G, Bromet EJ, Chae CB, Kessler RC, Lee S (2008): Suicide and suicidal behavior. *Epidemiol Rev* 30:133–54.

Nock MK, Green JG, Hwang I, McLaughlin KA, Sampson NA, Zaslavsky AM, Kessler RC (2013): Prevalence, correlates, and treatment of lifetime suicidal behavior among adolescents: results from the National Comorbidity Survey Replication Adolescent Supplement. *JAMA Psychiatry* 70:300–10.

O'Connor RC, Pirkis J (2016): *The International Handbook of Suicide Prevention*. New York, Wiley.

Offer D, Offer J (1975): Three developmental routes through normal male adolescence.

Adolesc Psychiatry 4:121–41.

Oldham JM, Gabbard GO, Goin MK, Gunderson J, Soloff P, Spiegel D, Stone M, Phillips KA (2001): Practice guideline for the treatment of borderline personality disorder. *Am J Psychiatry* 158(Suppl):1–52.

Olfson M, Marcus SC (2009): National patterns in antidepressant medication treatment. *Arch Gen Psychiatry* 66:848–56.

Olfson M, Shaffer D, Marcus SC, Greenberg T (2003): Relationship between antidepressant medication treatment and suicide in adolescents. *Arch Gen Psychiatry* 60:978–82.

Orbach I (2003): Mental pain and suicide. *Israel J Psychiatry Rel Sci* 40:191–201.

Orlinsky DE, Ronnestad MH, Willutski U (2004): Fifty years of psychotherapy process-outcome research: continuity and change. In: MJ Lambert, ed: *Bergin and Garfield's Handbook of Psychotherapy and Behavior Change*, 5th edition (pp. 307–90). New York, Wiley.

Osuch EA, Noll JG, Putnam FW (1999): The motivations for self-injury in psychiatric inpatients. *Psychiatry*, 62:334–46.

Owens D, Horrocks J, House A (2002): Fatal and non-fatal repetition of self-harm. *Br J Psychiatry* 181:193–9.

Packman WL, Harris EA (1998): Legal issues and risk management in suicidal patients. In: B Bongar, AL Berman, RW Maris, MM Silverman, EA Harris, WL Packman, eds: *Risk Management with Suicidal Patients* (pp. 150–86). New York, Guilford.

Page A, Morrell S, Taylor R (2002): Suicide differentials in Australian males and females by various measures of socio-economic status, 1994–98. *Aust N Z J Pub Health* 26:318–24.

Pajonk FG, Gruenberg KA, Moecke H, Naber D (2002): Suicides and suicide attempts in emergency medicine. *Crisis J Crisis Interv Suicide* 23:68–73.

Panksepp J. (2011): The neurobiology of social loss in animals: some keys to the puzzle of psychic pain in humans. In: G MacDonald, LA Jensen-Campbell,eds: *Social Pain: Neuropsychological and Health Implications of Loss and Exclusion* (pp. 11–51). Washington, DC, American Psychological Association.

Pao NP (1967): The syndrome of deliberate self-cutting. *Br J Med Psychol* 42:195–206.

Paris J (1998): *Working with Traits.* Northvale, NJ, Jason Aronson.

Paris J (2000): *Myths of Childhood.* Philadelphia. PA, Brunner/Mazel.

Paris J, Zweig-Frank H (2001): A 27 year follow-up of patients with borderline personality disorder. *Compr Psychiatry* 42:482–487.

Paris J (2002a): Chronic suicidality in borderline personality disorder. *Psychiatr Serv* 53:738–42.

Paris J (2002b): Implications of long-term outcome research for the management of patients with borderline personality disorder. *Harv Rev Psychiatry* 10:315–23.

Paris, J (2003): *Personality Disorders Over Time.* Washington, DC, American Psychiatric Press.

Paris J (2004a): Borderline or bipolar? Distinguishing borderline personality disorder from bipolar spectrum disorders. *Harv Rev Psychiatry* 12:140–5.

Paris J: (2004b): Half In love with easeful death: the meaning of chronic suicidality in borderline personality disorder. *Harv Rev Psychiatry* 12:42–8.

Paris J (2004c): Is hospitalization useful for suicidal patients with borderline personality disorder? *J Pers Disord* 18:240–7.

Paris J (2004d): Sociocultural factors in the treatment of personality disorders. In: J Magnavita, ed: *Handbook of Personality Disorders: Theory and Practice* (pp. 135–47). New York, Wiley.

Paris J (2005a): *The Fall of an Icon: Psychoanalysis and Academic Psychiatry*. Toronto, University of Toronto Press.

Paris J (2005b): Understanding self-mutilation in borderline personality disorder. *Harv Rev Psychiatry* 13:179–85.

Paris J (2005c): Recent advances in the treatment of borderline personality disorder. *Can J Psychiatry* 50:435–41.

Paris J (2005d): Borderline personality disorder. *CMAJ* 172:1579–83.

Paris J (2005e): Diagnosing borderline personality disorder in adolescence. *Adolesc Psychiatry* 29:237–47.

Paris J (2014): The relevance of social capital for personality disorders. *Pers Ment Health* 8:24–9.

Paris J (2015): *A Concise Guide to Personality Disorders*. Washington, DC, American Psychological Association.

Paris J (2017): *Stepped Care for Borderline Personality Disorder: Making Treatment Brief, Effective, and Accessible*. New York, Academic Press.

Paris J (2019): *An Evidence-Based Critique of Contemporary Psychoanalysis*. New York, Routledge.

Paris J (2020a): *Treatment of Borderline Personality Disorder: A Guide to Evidence-Based Practice*, 2nd edition, revised and updated. New York: Guilford Press.

Paris J (2020b) *Nature and Nurture in Psychiatry: A Gene-Environment Model*, 2nd edition, revised and updated. Washington, DC, American Psychiatric Publishing.

Paris J (2020c): *Social Factors in the Personality Disorders*, 2nd edition. Cambridge, Cambridge University Press.

Paris J 2021): Can we predict or prevent suicide? An update. *Prev Med* 152. DOI:10.1016/j.ypmed.2020.106353.

Paris J (2022): *Nature and Nurture in Personality and Psychopathology: A Guide for Clinicians*. New York, Routledge.

Paris J (2023): *Myths of Trauma*. New York, Oxford University Press.

Paris J, Zweig-Frank H (2001): A twenty-seven year follow-up of borderline patients. *Compr Psychiatry* 42:482–7.

Paris J, Zweig-Frank H, Ng F, Schwartz G, Steiger H, Nair V (2004): Neurobiological correlates of diagnosis and underlying traits in patients with borderline personality disorder compared with normal controls. *Psychiatry Res* 121:239–52.

Parker G (2005): Beyond major depression. *Psychol Med* 35:467–74.

Pazzagli A, Monti MR (2000): Dysphoria and aloneness in borderline personality disor-

der. *Psychopathology* 33:220–6.
Pelkonen M, Marttunen M (2003): Child and adolescent suicide: epidemiology, risk factors, and approaches to prevention. *Paediatr Drugs* 5:243–65.
Pepper CM, Klein DN, Anderson RL, Riso LP, Ouimette PC, Lizardi H (1995): DSM III-R Axis II comorbidity in dysthymia and major depression. *Am J Psychiatry* 152:239–47.
Pfeffer C (2000): Suicidal behavior in children: an emphasis on developmental influences. In: K Hawton, K van Heeringen, eds: *The International Handbook of Suicide and Attempted Suicide* (pp. 237–48). New York, John Wiley.
Pfeffer CR, Klerman GL, Hurt SW, Lesser M, Peskin JR, Siefker CA (1991): Suicidal children grow up: demographic and clinical risk factors for adolescent suicide attempts. *J Am Acad Child Adolesc Psychiatry* 30:609–16.
Philgren H (1995): Depression and suicide in Gotland. *J Affect Disord* 35:147–52.
Pinto A, Grapentine WL, Francis G, Picariello CM (1996): Borderline personality disorder in adolescents: affective and cognitive features. *J Am Acad Child Adolesc Psychiatry* 35:1338–43.
Pinto C, Dhavale HS, Nair S, Patil B, Dewan M (2000): Borderline personality disorder exists in India. *J Nerv Ment Dis* 188:386–8.
Pinto OC, Akiskal HS (1998): Lamotrigine as a promising approach to borderline personality: an open case series without concurrent DSM-IV major mood disorder. *J Disord* 51:333–43.
Piper WE, Azim HA, Joyce AS, McCallum M (1991): Transference interpretations, therapeutic alliance, and outcome in short-term individual psychotherapy. *Arch Gen Psychiatry* 48:946–53.
Piper WE, Rosie JS, Joyce AS (1996): *Time-Limited Day Treatment for Personality Disorders: Integration of Research and Practice in a Group Program.* Washington, DC, American Psychological Association.
Pirkola S, Isometsa E, Lonnqvist J (2003): Do means matter?: differences in characteristics of Finnish suicide completers using different methods. *J Nerv Ment Dis* 191:745–50.
Plath S (1966): *Ariel.* New York, Harper and Row.
Plomin R, Knopik VS, Neierheiser JM (2017): *Behavioral Genetics: A Primer*, 6th edition. New York, W.H. Freeman.
Pokorny AD (1983): Prediction of suicide in psychiatric patients: report of a prospective study. *Arch Gen Psychiatry* 40:249–57.
Pompili M ed (2018): *The Phenomenology of Suicide.* New York, Springer.
Porter C, Palmier-Claus J, Branitsky A, Mansell W, Warwick H, Varese F (2020): Childhood adversity and borderline personality disorder: a meta-analysis. *Acta Psychiatr Scand* 141:6–20.
Pratt LA, Brody DJ, Gu Q (2011): Antidepressant use in persons aged 12 and over: United States, 2005–2008. *NCHS Data Brief*, no. 76. Hyattsville, MD, National Center for Health Statistics.

Pruitt LD, Smolenski DJ, Bush NE, Tucker J, Issa F, Hoyt TV, Reger MA (2019) Suicide in the military: understanding rates and risk factors across the United States' Armed Forces. *J Mil Med* 184(Suppl 1):432–7.

Rachlin S (1984): Double jeopardy: suicide and malpractice. *Gen Hosp Psychiatry* 6:302–7.

Rachlin H (2000): *The Science of Self Control.* Cambridge, MA, Harvard University Press.

Reise SP, Moore TM, Sabb FW, Brown AK, London ED (2013) The Barratt Impulsiveness Scale-11: reassessment of its structure in a community sample. Psychol Assess 25(2):631–42.

Reiss D, Hetherington EM, Plomin R (2000): *The Relationship Code.* Cambridge, MA, Harvard University Press.

Rich CL, Fowler RC, Fogarty LA, Young D (1988): San Diego suicide study: relationships between diagnoses and stressors. *Arch Gen Psychiatry* 45:589–94.

Rinne T, van den Brink W, Wouters L, van Dyck R (2002): SSRI treatment of Borderline Personality Disorder: a randomized, placebo-controlled clinical trial for female patients with Borderline Personality Disorder. *Am J Psychiatry* 159:2048–54.

Rioux C, Seguin J, Paris J (2018): Differential susceptibility to the environment and Borderline Personality Disorder. *Harv Rev Psychiatry* 2:374–80.

Ripoll LH (2013): Psychopharmacologic treatment of borderline personality disorder. *Dialogues Clin Neurosci* 15(2):213–24.

Robins E (1981): *The Final Months: A Study of the Lives of 134 Persons Who Committed Suicide.* New York, Oxford University Press.

Robins LN (1966): *Deviant Children Grown Up.* Baltimore, MD, Williams and Wilkins.

Robins LN, Schoenberg SP, Holmes SJ (1985): Early home environment and retrospective recall; a test for concordance between siblings with and without psychiatric disorders. *Am J Orthopsychiatry* 55:27–41.

Rodham K, Hawton K, Evans E (2004): Reasons for deliberate self-harm: comparison of self-poisoners and self-cutters in a community sample of adolescents. *J Am Acad Child Adolesc Psychiatry* 43:80–7.

Rogers JH, Widiger TA, Krupp A (1995): Aspects of depression associated with borderline personality disorder. *Am J Psychiatry* 152:268–70.

Rosenzweig S (1936): Some implicit common factors in diverse methods of psychotherapy. *Am J Orthopsychiatry* 6:412–5.

Royal College of Psychiatrists (2020): Self-harm and suicide, CR229. https://www.rcpsych.ac.uk/

Ruch DA, Sheftall AH, Schlagbaum P, Rausch J, Campo JV, Bridge JA (2019): Trends in suicide among youth aged 10 to 19 years in the United States, 1975 to 2016. *JAMA Network Open* 2(5):e193886.

Rudd MD, Joiner TE Jr, Rumzek H (2004): Childhood diagnoses and later risk for multiple suicide attempts. *Suicide Life Threat Behav* 34:113–25.

Rudd MD, Joiner T, Rajab MH (1996): Relationships among suicide ideators, attempters and multiple attempters in a young-adult sample. *J Abnorm Psychol* 105:541–50.

Rush AJ, Warden D, Wisniewski SR, Fava M, Trivedi MH, Gaynes BN, Nierenberg AA (2009): STAR*D: revising conventional wisdom. *CNS Drugs* S23:627–47.

Rutter M (1987) Temperament, personality, and personality disorder. *Br J Psychiatry* 150:443–8.

Rutter M (2006): *Genes and Behavior: Nature-Nurture Interplay Explained.* London, UK, Blackwell.

Rutter M (2013): Annual Research Review: Resilience-clinical implications. *J Child Psychol Psychiat* 54:474–487.

Rutter M, Smith DJ (1995): *Psychosocial Problems in Young People.* Cambridge, Cambridge University Press.

Saini M (2009): A meta-analysis of the psychological treatment of anger: developing guidelines for evidence-based practice. *J Am Acad Psychiatry Law* 7:473–88.

Sakinofsky I (2000): Repetition of suicidal behavior. In: K Hawton, K van Heeringen, eds: *The International Handbook of Suicide and Attempted Suicide* (pp. 385–404). New York, John Wiley.

Samuels J, Eaton WW, Bienvenu J, Clayton P, Brown H, Costa PT, Nestadt G (2002): Prevalence and correlates of personality disorders in a community sample. *Br J Psychiatry* 180:536–54.

Sanderson C, Swenson C, Bohus M (2002): A critique of the American Psychiatric Association practice guideline for the treatment of patients with borderline personality disorder. *J Pers Disord* 16:122–9.

Sato T, Takeichi M (1993): Lifetime prevalence of specific psychiatric disorders in a general medicine clinic. *Gen Hosp Psychiatry* 15:224–33.

Scarr S, McCartney K (1983): How people make their own environments: a theory of genotype-environment effects. *Child Dev* 54:424–35.

Scheel KR (2000): The empirical basis of dialectical behavior therapy: summary, critique, and implications. *Clin Psychol Sci Pract* 7:68–86.

Schneidman ES (1973a): *Deaths of Man.* New York, Quadrangle/New York Times.

Schneidman ES (1973b): *The Suicidal Mind.* New York, Oxford University Press.

Schneidman ES (1996): *The Suiciidal Mind.* New York, Oxford University Press.

Schwartz DA (1979): The suicidal character. *Psychiatr Q* 51:64–70.

Schwartz DA, Flinn DE, Slawson PF (1974): Treatment of the suicidal character. *Am J Psychother* 28:194–207.

Seiden RH (1978): *Where are they now? A follow-up study of suicide attempters from the Golden Gate Bridge. Suicide Life Threat Behav 8*:203–16.

Settersen RA, Furstenberg FF, Rumbaut RG, eds: (2005): *On the Frontier of Adulthood: Theory, Research, and Public Policy.* Chicago: University of Chicago Press.

Shaffer D, Gould MS, Fisher P, Trautman P, Moreau D, Kleinman M, Flory M (1996): Psychiatric diagnosis in child and adolescent suicide. *Arch Gen Psychiatry* 53:339–48.

Shea MT, Pilkonis PA, Beckham E, Collins JF, Elikin E, Sotsky SM, Docherty JP (1990): Personality disorders and treatment outcome in the NIMH Treatment of Depression Collaborative Research Program. *Am J Psychiatry* 147:711–8.

Sher L (2015): Suicide medical malpractice: an educational overview. *Int J Adolesc Med Health* 27:203–6.

Shneidman E (1996): *The Suicidal Mind*. New York, Oxford University Press.

Siever LJ, Davis KL (1991): A psychobiological perspective on the personality disorders. *Am J Psychiatry* 148:1647–58.

Silk KR, Yager J, (2003): Suggested guidelines for e-mail communication in psychiatric practice. *J Clin Psychiatry* 64:799–806.

Simeon D, Stanley B, Frances A, Mann JJ, Winchel R, Stanley M (1992): Self-mutilation in personality disorders: psychological and biological correlates. *Am J Psychiatry* 149:221–6.

Sisask M, Värnik A. (2012): Media roles in suicide prevention: a systematic review. *Int J Environ Res Public Health* 9:123–38.

Skodol AE, Buckley P, Charles E (1983): Is there a characteristic pattern in the treatment history of clinic outpatients with borderline personality? *J Nerv Ment Dis* 171:405–10.

Skodol AE, Gunderson JG, Shea MT, McGlashan TH, Morey LC, Sanislow CA, Bender DS, Grilo CM, Zanarini MC, Yen S, Pagano ME, Stout RL (2005): The Collaborative Longitudinal Personality Disorders Study (CLPS): overview and implications. *J Pers Disord* 19:487–504.

Skoglund C, Tiger A, Rück C, Petrovic P, Asherson P, Hellner C, Mataix-Cols D, Kuja-Halkola R (2021): Familial risk and heritability of diagnosed borderline personality disorder: a register study of the Swedish population. *Mol Psychiatry* 26, 999–1008.

Skogman K, Alsen M, Ojehagen A (2004): Sex differences in risk factors for suicide after attempted suicide-a follow-up study of 1052 suicide attempters. *Soc Psychiatry Psychiatr Epidemiol* 39:113–20.

Slutske WS, Dunne MP, Martin NG (1998): Suicidal behaviour: an epidemiological and genetic study. *Psychol Med* 28:839–55.

Smith ML, Glass GV, Miller T (1980): *The Benefits of Psychotherapy*. Baltimore, MD, Johns Hopkins Press.

Sokolowski M, Wasserman D (2020): Genetic origins of suicidality? A synopsis of genes in suicidal behaviours, with regard to evidence diversity, disorder specificity and neurodevelopmental brain transcriptomics. *Eur Neuropsychopharmacol* 37:1–11.

Soloff P (2000): Psychopharmacological treatment of borderline personality disorder. *Psychiatr Clin N Am* 23:169–92.

Soloff PH, Cornelius J, George A, Nathan S, Perel JM, Ulrich RF (1993): Efficacy of phenelzine and haloperidol in borderline personality disorder. *Arch Gen Psychiatry*, 50:377–85.

Soloff PH, Lynch KG, Kelly TM (2002): Childhood abuse as a risk factor for suicidal behavior in borderline personality disorder. *J Pers Disord* 16:201–14.

Soloff PH, Lynch KG, Kelly TM, Malone KM, Mann JJ (2000): Characteristics of suicide attempts of patients with major depressive episode and borderline personality disorder: a comparative study. *Am J Psychiatry* 157:601–8.

Solomon MI, Hellon CP (1980): Suicide and age in Alberta, Canada, 1951 to 1977. A cohort analysis. *Arch Gen Psychiatry* 37:511–3.

Sorberg-Wallin A, Sjoqvist H, Dehara M, Wells MB, Dykxhoorn J, Kosidou K, Dalman C (2022): Parenthood and lower risk of suicide in women and men: the total swedish population followed across adulthood. *Soc Psychiatry Psychiatr Epidemiol.* DOI:10.1007/s00127-022-02321-y.

Spirito A, Valeri S, Boergers J, Donaldson D (2003): Predictors of continued suicidal behavior in adolescents following a suicide attempt. *J Clin Child Adolesc Psychol* 32:284–9.

Stanley B, Gameroff MJ, Michalsen V, Mann JJ (2001): Are suicide attempters who self-mutilate a unique population? *Am J Psychiatry* 158:427–32.

Statham DJ, Heath AC, Madden PA, Bucholz KK, Bierut L, Dinwiddie SH, Stepp SD, Lazarus SA, Byrd AL (2016): A systematic review of risk factors prospectively associated with borderline personality disorder: taking stock and moving forward. *Pers Disord* 7:316–23.

Stepp SD, Lazarus SA, Byrd AL (2016): A systematic review of risk factors prospectively associated with borderline personality disorder: taking stock and moving forward. Personal Disord 7(4):316–323.

Stern A (1938): Psychoanalytic investigation of and therapy in the borderline group of neuroses. *Psychoanal Q* 7:467–89.

Stevenson A (1989): *Bitter Fame: A Life of Sylvia Plath.* Boston, MA: Houghton Mifflin.

Stevenson J, Meares R (1992): An outcome study of psychotherapy for patients with borderline personality disorder. *Am J Psychiatry* 149:358–62.

Stone MH (1990): *The Fate of Borderline Patients.* New York, Guilford.

Storebo OJ, Stoffers-Winterling J, Vollm B, Kongerslev MT, Mattivi JT, Jørgensen MS, Faltinsen E, Todorovac A, Sales CP, Callesen HE, Lieb K, Simonsen E (2020): Psychological therapies for people with borderline personality disorder *Cochrane Database Syst Rev* 5(5):CD012955.DOI:10.1002/14651858.CD012955.pub2.

Sudak HS, Ford AB, Rushforth NB (1984): *Suicide in the Young.* Boston, MA, John Wright.

Suokas J, Suominen K, Isometsa E, Ostamo A, Lonnqvist J (2001): Long-term risk factors for suicide mortality after attempted suicide – findings of a 14-year follow-up study. *Acta Psychiatr Scand* 104:117–21.

Suominen K, Isometsa E, Haukka J, Lonnqvist J (2004): Substance use and male gender as risk factors for deaths and suicide—a 5-year follow-up study after deliberate self-harm. *Soc Psychiatry Psychiatr Epidemiol* 39:720–4.

Suominen KH, Isometsa ET, Henriksson MM, Ostamo AI, Lonnqvist JK (2000): Suicide attempts and personality disorder. *Acta Psychiatr Scand* 102:118–25.

Suominen K, Isometsa E, Ostamo A, Lonnqvist J (2004): Level of suicidal intent predicts overall mortality and suicide after attempted suicide: a 12-year follow-up study. *BMC Psychiatry* 4:11.

Suominen K, Isometsa Ei, Suokas J, Haukka J, Achte K, Lonnqvist J (2004): Completed suicide after a suicide attempt: a37-year follow-up study. *Am J Psychiatry* 161:563–4.

Suyemoto K (1998): The functions of self-mutilation. *Clin Psychol Rev* 18:531–54.

Tadmon D, Olfson M (2022): Trends in outpatient psychotherapy provision by US psychiatrists: 1996–2016. *Am J Psychiatry* 179:110–121.

Thombs BD, Ziegelstein RC (2014): Does depression screening improve depression outcomes in primary care? *BMJ* 348:g1253.

Tidemalm D, Runeson B, Waern M, Frisell T, Carlström E, Lichtenstein P, Långström N (2011) Familial clustering of suicide risk: a total population study of 11.4 million individuals. *Psychol Med* 41:2527–34.

Tollefson GD, Fawcett J, Winokur G, Beasley CM Jr, Potvin JH, Faries DE, Rampey AH Jr, Sayler ME (1993): Evaluation of suicidality during pharmacologic treatment of mood and non-mood disorders. *Ann Clin Psychiatry* 5:209–24.

Tonrblom AW, Soriionen K, Ruseon B, Rydlius P-A (2020): Who is at risk of dying young from suicide and sudden violent death? Common and specific risk factors among children, adolescents, and young adults. *Suicide Life Threat Behav* 50:755–777.

Torgersen S, Kringlen E, Cramer V (2001): The prevalence of personality disorders in a community sample. *Arch Gen Psychiatry* 58:590–6.

Torgersen S, Lygren S, Oien PA, Skre I, Onstad S, Edvardsen J, Tambs K, Kringlen E (2000): A twin study of personality disorders. *Compr Psychiatry* 41:416–25.

Tornbloom AW, Sorionen K, Runeson B, Rydelius P-A (2020): Who Is at risk of dying young from suicide and sudden violent death? Common and specific risk factors among children, adolescents, and young adults. *Suicide Life Threat Behav* 50:757–77.

Townsend E, Arensman E, Gunnell D, Hazell P, House A, van Heeringen K (2000): Psychosocial versus pharmacological treatments for deliberate self harm. *Cochrane Database Syst Rev* 2:CD001764.

Tritt K, Nickel C, Lahmann C, Leiberich PK, Rother WK, Loew TH, Nickel MK (2005): Lamotrigine treatment of aggression in female borderline patients: a randomized, double-blind, placebo-controlled study. *J Psychopharmacol* 19:287–91.

Trivedi MH, Kleiber BA (2001): Using treatment algorithms for the effective management of treatment-resistant depression. *J Clin Psychiatry* 62(Suppl 18):25–9.

Trull TJ, Jahng S, Tomko RL (2010): Revised NESARC personality disorder diagnosis: gender, prevalence, and comorbidity with substance dependence disorders. J Pers Disord 24:412–26.

Trull TJ, Sher KJ (1994): Relationship between the five-factor model of personality and Axis I disorders in a nonclinical sample. *J Abnorm Psychol* 103:350–60.

Turecki G, Brent DA (2016): Suicide and suicidal behaviour. *Lancet* 387(10024):1227–39.

Turecki G, Brent DA, Gunnell D, O'Connor RC, Oquendo MA, Pirkis J, Stanley BH (2019): Suicide and suicide risk. Nat Rev Dis Primers 5:74. https://doi.org/10.1038/s41572-019-0121-0

Twenge J, Campbell K (2009): *The Narcissism Epidemic: Living in the Age of Entitlement.* New York, Simon and Schuster.

Twenge JM, Farley E (2021): Not all screen time is created equal: associations with mental health vary by activity and gender. *Soc Psychiatry Psychiatr Epidemiol* 56:207–17.

Tyrer P (2002): Practice guideline for the treatment of borderline personality disorder: a bridge too far. *J Pers Disord* 16:113–8.

Tyrer P, Coid J, Simmonds S, Joseph P, Marriott S (2000): Community mental health teams (CMHTs) for people with severe mental illnesses and disordered personality. *Cochrane Database Syst Rev* 2:CD000270.

Ursano RJ, Stein MB, Kessler RC, Heeringa SG, Wagner J (2020): Army Study to Assess Risk and Resilience in Servicemembers (STARRS). Inter-university Consortium for Political and Social Research [distributor], 2020-08-27. DOI:10.3886/ICPSR35197.v7.

Vaillant G (1977): *Adaptation to Life*. Cambridge, MA, Harvard University Press.

Vajda J, Steinbeck K (2000): Factors associated with repeat suicide attempts among adolescents. *Aust N Z J Psychiatry* 34:437–45.

van den Bosch LM, Verheul R, Schippers GM, van den Brink W (2002): Dialectical behavior therapy of borderline patients with and without substance use problems. Implementation and long-term effects. *Addict Behav* 27:911–23.

van Heeringen K (2003): The neurobiology of suicide and suicidality. Can J Psychiatry 48(5):292–300.

Van Praag HM (2003): A stubborn behaviour: the failure of antidepressants to reduce suicide rates. *World J Biol Psychiatry* 4:184–91.

Verheul R, van den Bosch LMC, Koeter MWJ, de Ridder MA, Stijnen T, Van Den Brink W 2003): Dialectical behaviour therapy for women with borderline personality disorder: 12-month, randomised clinical trial in The Netherlands. *Br J Psychiatry* 182:135–40.

Verkes RJ, Cowen PJ (2000): Pharmacotherapy of suicidal ideation and behavior. In: K Hawton, K van Heeringen, eds: *The International Handbook of Suicide and Attempted Suicid*e (pp. 487–502). New York, John Wiley.

Von Egmond N, Diekstra RF (1990): The predictability of suicidal behavior; the results of a meta-analysis. *Crisis* 11:57–84.

Waldinger RJ, Gunderson JG (1984): Completed psychotherapies with borderline patients. *Am J Psychother* 38:190–201.

Walsh BW, Rosen P (1988): *Self-Mutilation: Theory, Research, and Practice*. New York, Guilford.

Wampold BE (2007): Psychotherapy: the humanistic (and effective) treatment. *Am Psychol* 62:857–73.

Wampold BE, Imel ZE (2015): *The Great Psychotherapy Debate: The Evidence for What Makes Psychotherapy Work (Counseling and Psychotherapy)*, 2nd Edition. New York, Taylor and Francis.

Wang J, Sumner SA, Simon TR, Crosby AE, Annor FB, Gaylor E, Xu L, Holland KM (2020): Trends in the incidence and lethality of suicidal acts in the United States, 2006 to 2015. *JAMA Psychiatry* 7:684–93.

Weissman MM, Bland RC, Canino GJ, Faravelli C (1996): Cross-national epidemiology of major depressive and bipolar disorder. *JAMA* 276:298–9.

Weissman MM, Bland RC, Canino GJ, Greenwald S, Hwu HG, Joyce PR, Karam EG, Lee

CK, Lellouch J, Lepine JP, Newman SC, Rubio-Stipec M, Wells JE, Wickramaratne PJ, Wittchen HU, Yeh EK (1999): Prevalence of suicide ideation and suicide attempts in nine countries. *Psychol Med.* 29:9–17.

Weissman MM, Leaf PJ, Tischler GL, Blazer DG, Karno M, Bruce ML, Florio LP (1988): Affective disorders in five United States communities. *Psychol Med* 18:141–53.

Welch SS (2001): A review of the literature on the epidemiology of parasuicide in the general population. *Psychiatr Serv*; 52:368–75.

Westen D, Novotny CM, Thompson-Brenner H (2004): The empirical status of empirically supported psychotherapies: assumptions, findings, and reporting in controlled clinical trials. *Psychol Bull* 130:631–63.

White CN, Gunderson JG, Zanarini MC, Hudson JI (2003): Family studies of borderline personality disorder: a review. *Harv Rev Psychiatry* 11:118–9.

Wilkinson DG (1982): The suicide rate in schizophrenia. *Br J Psychiatry* 140:138–41.

Wilkinson G (1994): Can suicide be prevented? *Br Med J* 309:860–2.

Wilkinson-Ryan T, Westen D (2000): Identity disturbance in borderline personality disorder: an empirical investigation. *Am J Psychiatry* 157:528–41.

Williams JMG (1997): *Cry of Pain: Understanding Suicide and Self-Harm.* London, Penguin.

Williams L (1998): A "classic" case of borderline personality disorder. *Psychiatr Serv* 49:173–4.

Willis LA, Coombs DW, Drentea P, Cockerham WC (2003): Uncovering the mystery: factors of African American suicide. *Suicide Life Threat Behav* 33:412–29.

Winchel RM, Stanley M (1991): Self-injurious behavior: a review of the behavior and biology of self-mutilation. *Am J Psychiatry* 148:306–17.

Wixom J, Ludolph P, Westen D (1993): The quality of depression in adolescents with borderline personality disorder. *J Am Acad Child Adolesc Psychiatry* 32:1172–7.

World Health Organization (1998): *International Classification of Diseases*, 11th edition. Geneva, WHO.

World Health Organization (2019): *International Classification of Diseases*, 11th edition, (ICD-11). Geneva, Switzerland.

World Population Review (2020): https://worldpopulationreview.com/country-rankings/suicide-rate-by-country

Yen S, Shea MT, Sanislow CA, Grilo CM, Skodol AE, Gunderson JG, McGlashan TH, Zanarini MC, Morey LC (2004): Borderline personality disorder criteria associated with prospectively observed suicidal behavior. *Am J Psychiatry* 161:1296–8.

Yeomans F, Clarkin JF, Kernberg OF (2002): *A Primer of Transference-Based Psychotherapy.* Northvale, NJ, Jason Aronson.

Young JE (1999): *Cognitive Therapy for Personality Disorders: A Schema Focused Approach.* 3rd edition. Sarasota, FL: Professional Resource Press.

Young JE, Klosko JS, Weishaar, ME (2006): *Schema Therapy: A Practitioner's Guide.* New York, Guilford.

Zahl DL, Hawton K (2004): Repetition of deliberate self-harm and subsequent suicide risk: long-term follow-up study of 11,583 patients. *Br J Psychiatry* 185:70–5.

Zalsman G, Hawton K, Wasserman D, van Heeringen K, Arensman E, Sarchiapone M, Carli V, Höschl C, Barzilay R, Balazs J, Purebl G, Kahn JP, Sáiz PA, Lipsicas CB, Bobes J, Cozman D, Hegerl U, Zohar J (2016): Suicide prevention strategies revisited: 10-year systematic review. *Lancet Psychiatry* 3:646–59.

Zanarini MC (2000): Childhood experiences associated with the development of borderline personality disorder. *Psychiatr Clin N Am* 23:89–101.

Zanarini MC (2005): *Textbook of Borderline Personality Disorder*. Philadelphia, Taylor & Francis.

Zanarini MC (2019): *In the Fullness of Time: Recovery from Borderline Personality Disorder*. New York, Oxford University Press.

Zanarini MC, Frankenburg FR (1994): Emotional hypochondriasis, hyperbole, and the borderline patient. *J Psychother Pract Res* 3:25–36.

Zanarini MC, Frankenburg FR, (2003): Omega-3 fatty acid treatment of women with borderline personality disorder: a double-blind, placebo-controlled pilot study. *Am J Psychiatry* 160:167–9.

Zanarini MC, Frankenburg FR, Dubo ED, Sickel AE, Trikha A, Levin A, Reynolds V (1998): Axis I comorbidity of borderline personality disorder. *Am J Psychiatry* 155:1733–9.

Zanarini MC, Frankenburg FR, Hennen J, Silk KR (2003): The longitudinal course of borderline psychopathology: 6-year prospective follow-up of the phenomenology of borderline personality disorder. *Am J Psychiatry* 160:274–83.

Zanarini MC, Frankenburg FR, Khera GS, Bleichmar J (2001): Treatment histories of borderline inpatients. *Compr Psychiatry* 42:144–50.

Zareian R, Klonsky ED (2020: Connectedness and suicide. In: W Strizke, A Page, eds: *Alternatives to Suicide: Beyond Risk and Toward a Life Worth Living* (pp. 135–58). New York, Academic Press.

Zimmerman M, Multach MD, Dalrymple K, Chelminski I (2017): Clinically useful screen for borderline personality disorder in psychiatric out-patients. *Br J Psychiatry* 210:165–6.

Zimmerman M, Rothschild L, Chelminski I (2005): The prevalence of DSM-IV personality disorders in psychiatric outpatients. *Am J Psychiatry* 162:1911–8.

索引

本索引所列之頁碼為原文書的頁碼，請參照正文內頁兩側的原文頁碼搜尋。

A

急性自殺傾向 acute suicidality 1-2, 5, 41, 44, 49, 64, 68, 105, 139, 143, 149
阿德勒 Adler, G. 120-1
青春期 adolescence 63-7; 發展因素 developmental factors 62; 心理因素 psychological factors 62; 社會因素 social factors 28-9
青少年自殺 adolescent suicide 64-5; 風險因子 risk factors for 65-6
建立治療同盟 alliance-building 119-121
親和性 agreeableness 73-4
酒癮 alcoholism 5, 16, 33
歐蒙 Allmon, D. 89-90
阿隆索 Alonso, J. 16
人格障礙症替代模型 Alternate Model for Personality Disorders (AMPD) 74
美國空軍 American Air Force 35
美國精神醫學會 American Psychiatric Association 40-1, 100
安格邁爾 Angermeyer, M. 16
抗憂鬱劑 antidepressants 98-9, 101-2, 104
抗精神病藥物 antipsychotics 96, 98, 101, 104
焦慮 anxiety 37, 43, 63, 70, 73, 75-7, 95, 97, 101-2, 131, 133
抗焦慮劑 anxiolytics 103
阿庫斯 Arcus, D. 63
阿姆斯壯 Armstrong, H.E. 38, 40, 42, 76, 78, 80-1, 89-90, 111, 114, 117, 124, 127, 130, 133
阿羅 Aro, H.M. 67

B

巴拉克 Balach, L. 67
貝爾 Bale, E. 21, 34
巴布伊 Barbui, C. 129
巴瑞特衝動量表 Barratt Impulsivity Scale 78
貝特曼 Bateman, A. 90
鮑爾 Baugher, M. 67
布翠斯 Beautrais, A. 16
布翠斯 Beautrais, A.L. 66
貝克 Beck, A.T. 76

C

對死亡的渴望 desire for death 48; 使其住院治療 hospital admission for 41; 內在世界 inner world of 2-4, 48, 58; 亦參見長期自殺傾向病人，內在經驗 see also chronically suicidal patients, inner experiences; 在網路上 on the internet 50; 研究方向 research directions 150-1; 心理狀態 state of mind 49

長期自殺傾向病人 chronically suicidal patients, 內在經驗 inner experiences 48-50; 同理心與內在世界 empathy and inner world 58-9; 空虛感 emptiness 53-4; 無望感 hopelessness 54-5; 強烈的精神痛苦 intense psychic pain 50-2; 人際脈絡 interpersonal context 56-8; 對控制的需求 need for control 55-6

長期自殺傾向 chronic suicidality 1-2, 8, 37, 44, 64, 108; 於兒童與青少年時期 in childhood and adolescence 9; 與憂鬱症 and depression 69-71; 藥物 drugs for 96; 同理心與內在世界 empathy and inner world 58-9; 空虛感 emptiness and 53-4; 無望感 hopelessness and 54-5; 人際脈絡 interpersonal context of 56-8; 在治療中處理 managing in therapy

6-7; BPD 之藥物，參見 BPD 的藥物 medication in BPD see pharmacology in BPD; 對控制的需求 need for control 55-6; 不處理 not to manage 5-6; BPD 病人 patients with BPD 99-101, 104; 與人格障礙症 and personality disorders 9; 藥物不當管理 pharmacological mismanagement of 99-101; 問題 problem of viii-x; 精神痛苦與 psychic pain and 50-3; 理論觀點 theoretical perspective 8

長期自殺傾向的處理 chronic suicidality, management of 46, 119, 149, 151; 建立治療同盟及脆弱性 alliance-building and fragility 120-1; 界限維持與自殺傾向 boundary maintenance and suicidality 127-8; 重拾生活 getting a life 134-5; 管理衝動性 managing impulsivity 131-2; 自殺危機與衝動性 suicidal crises and impulsivity 122-4; 電話聯繫的利與弊 telephone contact, pros and cons 124-7; 治療需要 therapy need 138-9; 重新思考 thinking differently 139-40; 忍受、去中心化與再評估 tolerating, decentering and reappraising 128-31; 與家庭合

D

E

20, 60, 77, 79-80, 131
情緒調節 emotion regulation 128-30
同理心 empathy 58-9, 120
空虛感 emptiness 3, 9, 53-4
艾謝爾曼 Eshelman, S. 65
外化症狀 externalizing symptoms 63-4

F

法格 Fagg, J. 21
福爾廷森 Faltinsen, E. 89
與家庭合作 families: working with 135-7
法納揚 Fanaian, M. 139
死亡 fatality 5, 12-4, 21
致命結果 fatal outcomes 5, 15, 24, 26, 31-3, 67, 145
法發薩 Favazza, A.R. 18
佛格森 Fergusson, D.M. 63, 66, 76
芬奇 Finch, E.F. 139
范恩 Fine, M.A. 49
費雪 Fisher, P. 66
五大人格特質模型 Five-Factor Model (FFM) 73-4, 78
佛洛里 Flory, M. 66
馮納吉 Fonagy, P. 90
法蘭克（女）Frank, J.B. 86
法蘭克（父）Frank, J.D. 86

G

綜合精神醫學處置 General Psychiatric Management (GPM) 89, 92
全基因組關聯分析 genomewide association studies (GWAS) 60
詹蒂利 Gentili, C. 129
葛拉斯 Glass, G.V. 85-6
葛魯茲曼 Gluzman, S. 16
戈德斯坦 Goldstein, R.B. 17
顧爾德 Gould, M.S. 66
格尼葉 Grenyer, B.F. 139
格倫伯格 Grunberg, F. 21
吉蒙德 Guimond, T. 87
岡德森 Gunderson, J.G. 20, 40, 79, 92, 114, 136
古瑞傑 Gureje, O. 16
古賽爾 Gutheil, T.G. 145-6

H

哈格倫 Haglund, A. 31
霍爾 Hall, S. 34
哈洛 Haro, J.M. 16
哈里斯 Harriss, L. 19, 34
霍頓 Hawton, K. 19, 21, 34
赫德 Heard, H.L. 38, 40, 42, 76, 78, 80-1, 89-90, 111, 114, 117, 124, 127, 130, 133
亨寧斯 Hennings, J.M. 50
亨利克森 Henriksson, M.M. 67
霍克 Hoch, J.S. 87

霍夫曼 Hoffman, P.D. 136
無望感 hopelessness 3, 9, 48, 151
霍伍德 Horwood, L.J. 63, 66
因自殺傾向而住院 hospitalization for suicidality 1, 9, 37; 住院 admission 32, 41-2; 醫院環境 hospital environment 38-9; 適應症 indications 42; 限制 limitations 6, 37-46; 惡性退行 malignant regression 39; 部分 partial 45-6; 之問題 problem with 44; 反覆 repeated 109-10; 限縮 restrictions on 43
熱線服務 hot-line services 35
霍華德 Howard, K.I. 87
黃 Huang, Y. 16
休斯 Hughes, M. 65

I

衝動性 impulsivity 131-2
失眠 insomnia 101, 103-4
間歇性治療 intermittent therapy 93
內在世界 inner world: 空虛感 emptiness 3, 53-4; 無望感 hopelessness 3, 54; 心理痛苦 psychological pain 3, 50-3
伊薩如努瓦彩 Isaranuwatchai, W. 87

J

詹金斯 Jenkins, J.A. 139
小喬伊納 Joiner, T.E. Jr. 57, 63-4
約根森 Jørgensen, M.S. 89

K

卡根 Kagan, J. 63
卡拉姆 Karam, E. 16
肯德勒 Kendler, K.S. 65
康伯格 Kernberg, O.F. 40, 47
凱斯勒 Kessler, R.C. 16, 65
氯胺酮 ketamine 99
克萊曼 Kleinman, M. 66
柯拉 Kolla, N. 42
康厄斯列夫 Kongerslev, M.T. 89
科普塔 Kopta, A.M. 87
柯策 Kotze, B. 139
克勞斯 Krause, M.S. 87
郭 Kuo, J.R. 87

L

拉森 Larsson, H. 31
訴訟 lawsuits 1, 141, 143-4, 146-7
雷平 Lepine, J.P. 16
雷薩吉 Lesage, A.D. 21
列文森 Levinson, D. 16
陸易斯 Lewis, K. 139
李奇登斯坦 Lichtenstein, P. 31
利布 Lieb, K. 89
林納涵 Linehan, M.M. 38, 40, 42, 76, 78, 80-1, 89-90, 111, 114, 117, 124, 127, 129-30, 133
林克斯 Links, P.S. 40, 42, 92, 114

鋰鹽 lithium 97-8
訴訟 litigation: 情況 conditions for 143-4; 與家庭 involving families 145-7; 降低風險 making less likely 144-5
萊夫斯利 Livesley, W.J. 40
蔡－凱恩 Lois Choi-Kain. 92
隆奎斯特 Lonnqvist, J.K. 67
洛伊爾 Loyer, M. 21
萊瑟爾 Lysell, H. 31

M

麥斯伯格 Maltsberger, J.T. 37, 50, 57, 116
馬利斯 Maris, R. 15
瑪莎・林納涵 Marsha Linehan 42
馬騰能 Marttunen, M.J. 67
馬斯蘭 Masland, S.R. 139
馬蒂維 Mattivi, J.T. 89
英國倫敦莫茲里醫院 Maudsley Hospital in London, England 66
麥格拉申 McGlashan, T.H. 40, 82, 93
麥克哥納爾 McGonagle, K.A. 65
麥克曼 McMain, S.F. 87
藥物 medication 1, 34, 42, 76, 86, 93, 95-7, 99-102, 104, 109, 113, 123, 147
梅迪納－莫拉 Medina-Mora, M.E. 16
有憂鬱特徵的鬱症 melancholic depression 5, 16, 33
梅納－布托 Menard-Buteau, C. 21
精神疾病 mental disorders 16, 26, 28-9, 33, 36, 42, 60-1, 63, 76, 88, 95, 97, 143
精神健康實務 mental health practice 1, 95, 118, 125
精神健康服務 mental health services 46, 88, 108
以心智化為基礎的治療 mentalization-based treatment (MBT) 90-1
米勒 Miller, T. 85-6
正念 mindfulness 129
情緒不穩 mood instability 103
情緒穩定劑 mood stabilizer 102-4
莫蘭 Moran, P. 20
莫羅 Moreau, D. 66
莫雷 Morey, L.C. 40
莫莉塞特 Morisette, R. 21
莫里茲 Moritz, G. 67
動機式晤談 motivational interviewing 127, 133
穆爾塔赫 Multach, M.D. 77

N

納斯拉勒 Nasrallah, A. 17
全國邊緣型人格障礙症教育聯盟 National Educational Alliance for Borderline Personality Disorder (NEA-BPD) 136

美國國家暴力死亡報告系統 The National Violent Death Reporting System 32
對控制的需求 need for control 55-6
尼爾森 Nelson, C.B. 65
神經質 neuroticism 71, 73, 76, 78
紐約與蒙特婁組 New York and Montreal groups 83
紐西蘭 New Zealand 16, 63
諾克 Nock, M.K. 16
非自殺性自傷 non-suicidal self-injury (NSSI) 9, 19-20, 66

O

歐佛（夫）Offer, D. 81
歐佛（妻）Offer, J. 81
奧爾森 Olsson, C. 20
小野 Ono, Y. 16
奧巴赫 Orbach, I. 52
歐林斯基 Orlinsky, D.E. 87
門診心理治療 outpatient psychotherapy 7, 44
服藥過量 overdoses 21-2, 53, 55, 146

P

帕隆巴 Palomba, D. 129
潘克塞普 Panksepp, J. 52
部分住院 partial hospitalization 45-6
BPD 病人 patients with BPD 19, 55, 77-8, 107, 128; 童年經驗 childhood experiences in 80-1; 追蹤研究 follow-up studies of 133; 治療試驗 trials of therapy in 94; 真正的自殺率 true suicide rate in 83
巴頓 Patton, G.C. 20
佩珀 Perper, J.A. 67
人格障礙症 personality disorders (PDs) 7-8, 68; 定義 definition 68; 結果 outcome 82-4; 人格向度 personality dimensions and 74-5; 在精神醫學中的心理治療 of psychotherapy in psychiatry 75-6
人格特質 personality traits 61; 遺傳性 heritability 61; 測量 measuring 73-4; 起源 origin of 71-3; 與障礙症的關係 relationship to disorders 74-5; 與心理治療的關係 relationship to psychotherapy 75-6; 與自殺傾向的關係 relationship to suicidality 76-9
BPD 的藥物治療 pharmacology in BPD: 抗憂鬱劑 antidepressants 101-2; 抗精神病藥物 antipsychotics 101; 抗焦慮劑 anxiolytics 103; 情緒穩定劑 mood stabilizer 102-3; 其他藥物

other agents 103-4
藥物治療 pharmacotherapy 7, 9, 104; 與當代精神醫學 and contemporary psychiatry 95-7
醫師 physicians 32, 34, 43, 98-9, 101, 126, 142
匹茲堡女孩研究 Pittsburgh Girls Study 62
希薇亞・普拉絲 Plath, Sylvia 48
多基因風險分數 polygenic risk score (PRS) 60-1
多重用藥 polypharmacy 96, 99-100
基於群體的介入措施 population-based interventions: 守門人的教育 education of gatekeepers 34-5; 限制手段的獲取 restricting access to means 34; 自殺熱線、密切追蹤，與媒體報導 suicide hot lines, close follow-up and media coverage 35-6
波薩達－維亞 Posada-Villa, J. 16
精神科診斷 psychiatric diagnoses 70
將病人「精神醫療化」 “psychiatrize” patients 109, 113
精神醫學（精神科醫師） psychiatry(ists) 95-7, 99-101, 104
精神動力治療 psychodynamic therapy 90, 110
心理痛苦 psychological pain 3, 12-3, 37, 50-2
精神病理 psychopathology 21, 28, 60-1, 67, 74-5, 77, 80, 100, 131
精神藥物 psychopharmacology: 抗憂鬱劑 antidepressants 101-2; 抗精神病藥物 antipsychotics 101; 抗焦鬱劑 anxiolytics 103; 與長期自殺傾向 and chronic suicidality 99-101; 與當代精神醫學 and contemporary psychiatry 95-7; 情緒穩定劑 mood stabilizers 102-3; 抗精神病藥物 neuroleptics 76; 與自殺防治 and prevention 97-9
BPD 的心理治療 psychotherapies for BPD: 綜合精神醫學處置 GPM 92; 間歇性治療 intermittent therapy 93; 以心智化為基礎的治療 mentalization-based treatment 90-1; 基模治療 schema therapy 92; 情緒預測性與問題解決系統訓練 STEPPS 92; 常規治療 TAU 93-4; 移情焦點心理治療 transference-focused psychotherapy 91
心理治療 psychotherapy: 認知技巧 cognitive techniques 129, 131; 辯證行為 dialectical behavioral 88-90; 重拾生活 getting a life 132-5; 以心智化

為基礎 mentalization-based 90-1; 門診 outpatient 7, 46; 精神分析的 psychoanalytical 75; 研究 research 85-8; 移情焦點 transference-focused 91

R

拉克林 Rachlin, S. 47
全然接納 radical acceptance 111, 133
退行 regression 110-13
研究方向 research directions 150-1
瑞圖 Rettew, J.B. 40
瑞茲尼克 Reznick, J.S. 63
里德爾 Ridder, E.M. 66
羅馬紐克 Romaniuk, H. 20
羅森茨維格 Rosenzweig, S. 86
羅斯 Roth, C. 67
魯德 Rudd, M.D. 63
羅姆茲克 Rumzek, H. 63
盧內松 Runeson, B. 31

S

安全 safety 6; 的假象 illusion of 2, 37-8, 105
賽爾斯 Sales, C.P. 89
撒瑪利亞會 Samaritans 35
薩尼斯洛 Sanislow, C. 40
桑松 Sansone, R.A. 49
基模治療 schema therapy 92
思覺失調症 schizophrenia 5, 16, 33, 38, 42, 108
史奈曼 Schneidman, E.S. 52
史瓦茲 Schwartz, D.A. 49, 57
施韋爾斯 Schweers, J. 67
DSM-5-TR 的第三部分 Section III of DSM-5-TR 74
塞登 Seiden, R.H. 35
自傷 self-harm 18-20
自傷 self-injury 18-20
自我藥療 self-medication 50, 67
自殘 self-mutilation: 定義 definition 18; 與自殺的關係 relation to suicide 18-20
疏離感 sense of disconnection 53-4
敏感度 sensitivity 22, 52, 61, 103, 122
夏佛 Shaffer, D. 66
共享／非共享環境 shared/unshared environment 72
謝伊 Shea, M.T. 40
希克 Silk, K.R. 125
希爾弗曼 Silverman, M.M. 22
西姆金 Simkin, S. 21, 34
西蒙森 Simonsen, E. 89
辛格 Singer, M.T. 79
史科德 Skodol, A.E. 40
史洛森 Slawson, P.F. 49, 57
史密斯 Smith, M.L. 85-6
史尼德曼 Snidman, N. 63
社會資本 social capital 133
索羅夫 Soloff, P. 77

選擇性血清素再回收抑制劑 selective serotonin reuptake inhibitors (SSRIs) 98, 102
史坦貝克 Steinbeck, K. 67
階段式照護模式 stepped care model 88
史戴普 Stepp, S. 62
史騰 Stern, A. 79
史托弗斯－溫特靈 Stoffers-Winterling, J. 89
史東 Stone, M.H. 82-3
史托寶 Storebo, O.J. 89
史崔納 Streiner, D.L. 87
軍人風險與復原力評估研究——縱向研究 Study to Assess Risk and Resilience in Service Members—Longitudinal Study (STARRS-LS) 33
蘇亞瑞茲 Suarez, A. 89-90
物質濫用 substance abuse 14; 青少年 in adolescence 66-7
自殺行為 suicidal behavior 9, 22, 39, 127; 發展起源 developmental origins of 60-2; 自傷並非 self-harm is not 18-20
自殺性格 suicidal character 49
自殺危機 suicidal crises 122-4
自殺作態 suicidal gestures 44
自殺意念 suicidal ideation 35; 形式 form of 11-2; 把關指標 gateway measure 22; 高頻率 high frequency of 13; 處理 management of 1; 作為預測自殺身亡的指標 as predictor of completion 12; 盛行率 prevalence 12-3; 量表 scale 16
自殺意圖 suicidal intent 16-7
自殺傾向 suicidality 1, 8, 32, 39, 44, 49, 69, 110; 與青春期 and adolescence 62-7; 攻擊性面向 aggressive aspect of 50; 長期如成癮 chronic as addiction 133; 溝通功能 communicative function of 57; 定義 definition 11; 指引 guidelines 5, 149-51; 遺傳機制 heritable mechanism for 61; 與 BPD 的長期結果 and long-term outcome of BPD 82-4; 處理自殺嘗試 managing suicide attempts 1, 127; 門診治療有效 outpatient treatment works for 46; 前兆 precursors of 61; 盛行率 prevalence 21, 25-8; 樣態 profiles of 21; 反思 vs. 行動 reflection vs. action 106-9; 忍受 tolerating 7, 105
自殺計畫 suicidal plans 16-7, 66
自殺想法 suicidal thoughts 6, 13, 65
自殺 suicide 37, 149-51; 準確預測 accurate prediction of 6; 進行 commit 109; 死亡 fatalities

1, 9; 致命結果 fatal outcomes 5, 11, 15; 意圖量表 intent scale 16; 缺乏可預測性 lack of predictability 17-8; 作為臨床實務中的常態風險 as normative risk of practice 141-2; 預測與預防 predicting and preventing 31-4; 比率 rates 16, 33-4, 64, 67, 98; 風險 risk 11; 與自殺傾向 and suicidality 11; 在美國 in United States 12
自殺嘗試 suicide attempts 1, 3-4, 9, 17-8; 青少年病人 in adolescent patients 62; BPD 病人 BPD patients 77; 與死亡 and fatalities 60; 芬蘭研究 Finnish study 16; 意圖 intent 16-7; 終生 lifetime 6; 次數 number of 77; 用以預測自殺身亡 as predictors of completion 17-8; 反覆嘗試者 repetitive attempters 15; 自傷 self-harm 19; 紐西蘭研究 study in New Zealand 16; 與自殺死亡 and suicide fatalities 14, 78; 在美國 in United States 13
自殺死亡 suicide completion 45, 47, 84; 實務中的頻率 frequency of, in practice 143; 模式 patterns of 15; 預測 prediction of 18; 風險因子 risk factors 84
自殺防治 suicide prevention: 計算過的風險 accepting calculated risks 46-7; 與手段的獲取 and access to means 34; 基於實證進行 evidence base for prevention 36-7; 住院治療及安全的假象 hospitalization and illusion of safety 37-46; 與病人接觸 and patient contact 109; 基於群體的策略，參見基於群體的介入措施 population-based strategy see population-based interventions; 與預測 and prediction 31-2
自殺學 suicidology 5, 52
情緒預測性與問題解決系統訓練 systems training for emotional predictability and problem-solving (STEPPS) 92

T

電話聯繫 telephone contact 124-7
氣質 temperament 71
治療同盟 therapeutic alliance 120
治療師 therapists 87, 106-7, 115, 125, 128, 148; 焦慮 anxiety of 8; 態度 attitude of 147; 古典的佛洛伊德學派治療 in classical Freudian approach 111; 指引 guidelines for, ix 149-51; 部分成果 with partial results 117; 保護 protecting 116-17; 病人自殺後面臨訴訟？sued after a suicide?

143-4
治療 therapy 109-12, 117-18, 132; 功能失調的特質 dysfunctional traits 128; 個別 individual 130; 處理 managing in 6-7; 新的 new type of 119; 縮短 shortening 138
托多羅瓦茨 Todorovac, A. 89
忍受長期自殺傾向 tolerating chronic suicidality: 避免住院治療 avoid hospitalization 114-16; 希望與復元 hope and recovery 117-18; 病人的情緒 patient’ s emotions 106; 保護治療師 protecting therapists 116-17; 反思 vs. 行動 reflection vs. action 106-9; 退行 regression 110-13; 以同理心回應自殺傾向 responding empathically to suicidality 113-14; 自殺意念 suicidal ideation 105; 反覆住院的惡性循環 vicious cycle of repeated hospitalization 109-10
移情焦點心理治療 transference-focused psychotherapy (TFP) 91
楚奧特曼 Trautman, P. 66
常規治療 treatment as usual (TAU) 89, 93-4
專家治療 treatment by experts (TBE) 89
圖雷基 Turecki, G. 88
泰勒 Tyrer, P. 41

U

美國 United States 6, 24-6, 34, 42-3, 87, 98, 101
恩魯 Unruh, B.T. 139

V

瓦伊達 Vajda, J. 67
凡尼爾 Vanier, C. 21
佛姆 Vollm, B. 89

W

威廉斯 Williams, D. 16
溫蓋特 Wingate, L.R. 57
溫諾克爾 Winokur, G. 17
維琛 Wittchen, H.U. 65
伍德沃 Woodward, L.J. 63

Y

雅格 Yager, J. 125
嚴 Yen, S. 40

Z

薩爾 Zahl, D. 19
薩納里尼 Zanarini, M.C. 83
齊瑪曼 Zimmerman, M. 77

延伸閱讀

- 《我不是想死，我是想結束痛苦：人為什麼會自殺？從動機到行為的研究探索，溫柔而理性地全面了解自殺》（2024），羅里．奧康納（Rory O'Connor），麥田。
- 《疼惜自己與所愛的人，走出自我傷害的困境：從情緒海嘯到身心安穩的辯證行為治療聖經＋身心安穩球》（2024），馬修．麥凱（Matthew McKay）、傑佛瑞．伍德（Jeffrey C. Wood）、傑佛瑞．布蘭特利（Jeffrey Brantley），柿子文化。
- 《辯證行為治療（2 版）》（2023），劉珣瑛、吳書儀等，五南。
- 《受苦的靈魂：從深度心理學看痛苦的經驗與轉化》（2023），萊儂．科貝特（Lionel Corbett），心靈工坊。
- 《聆聽的力量：臨床哲學試論》（2022），鷲田清一，心靈工坊。
- 《懂得的陪伴：一位資深心理師的心法傳承》（2022），曹中瑋，心靈工坊。
- 《心智化：依附關係．情感調節．自我發展》（2021），彼得．馮納吉（Peter Fonagy）等，心靈工坊。
- 《邊緣人格：以愛為名的控制，被恐懼綁架的人生》（2019），李訓維，寶瓶文化。

- 《自殺與靈魂：超越死亡禁忌，促動心靈轉化》（2016），詹姆斯・希爾曼（James Hillman），心靈工坊。
- 《動力取向精神醫學：臨床應用與實務》（2007），葛林・嘉寶（Glen O. Gabbard M.D.），心靈工坊。
- 《愛你，想你，恨你：走進邊緣人格的世界》（2005），傑洛・柯雷斯曼（Jerold J. Kreisman, M. D.）、郝爾・史卓斯（Hal Straus），心靈工坊。
- 《親密的陌生人：給邊緣人格親友的實用指南》（2005），保羅・梅森（Paul T. Mason）、蘭蒂・克雷格（Randi Kreger），心靈工坊。
- 《我和我的四個影子：邊緣性病例的診斷與治療》（2005），平井孝男（Hirai Takao），心靈工坊。
- 《割腕的誘惑：停止自我傷害》（2004），史蒂芬・雷文克隆（Steven Levenkron），心靈工坊。
- 《夜，驟然而降：了解自殺》（2000），凱・傑米森（Key Redfield Jamison），天下文化。

心靈工坊 PsyGarden

PsychoTherapy 078

與死神曖昧：長期自殺傾向病人的治療之道

HALF IN LOVE WITH DEATH：
Managing the Chronically Suicidal Patient（2nd Edition）

喬爾・帕里斯（Joel Paris）──著
廖偉翔──譯

出版者—心靈工坊文化事業股份有限公司
發行人—王浩威　總編輯—徐嘉俊
執行編輯—趙士尊　封面設計—高鍾琪
內頁排版—龍虎電腦排版股份有限公司
通訊地址—10684 台北市大安區信義路四段 53 巷 8 號 2 樓
郵政劃撥—19546215　戶名—心靈工坊文化事業股份有限公司
電話—02）2702-9186　傳真—02）2702-9286
Email—service@psygarden.com.tw　網址—www.psygarden.com.tw

製版・印刷—彩峰造藝股份有限公司
總經銷—大和書報圖書股份有限公司
電話—02）8990-2588　傳真—02）2990-1658
通訊地址—248 新北市新莊區五工五路二號
初版一刷—2025 年 7 月　ISBN—978-986-357-451-4　定價—540 元

HALF IN LOVE WITH DEATH: Managing the Chronically Suicidal Patient (2nd Edition)
By Joel Paris　ISBN 978-1-332-33506-3

國家圖書館出版品預行編目資料

與死神曖昧：長期自殺傾向病人的治療之道 / 喬爾・帕里斯 (Joel Paris) 著；廖偉翔譯．
-- 初版．-- 臺北市：心靈工坊文化事業股份有限公司，2025.07
面；　公分．-- (PsychoTherapy；78)
譯自：Half in love with death : managing the chronically suicidal patient, 2nd ed.
ISBN 978-986-357-451-4(平裝)

1.CST: 自殺　2.CST: 心理治療　3.CST: 自傷防制　4.CST: 慢性疾病

548.85　114009152